بسم الله الرحمن الرحيم

İstanbul - 1436/2014

Nureddin YILDIZ

1960 yılında Trabzon'un Of ilçesinde doğdu. Hafızlığını ve ilk dinî eğitimini babası Hilmi Yıldız Hocaefendi'nin yanında tamamladı. İstanbul-Gaziosmanpaşa İmam Hatip Lisesi'ne devam ederken değişik gazetelerde haftalık yazılar yazmaya ve tercüme haberler kaleme almaya başladı. Aynı zamanda kürsü hatipliğine de devam etti. Öğrencilik yıllarında Milli Türk Talebe Birliği ve Akıncılar Teşkilatı'nda aktif görevler üstlendi.

İmam-hatip lisesini bitirdikten sonra Marmara Üniversitesi İlahiyat Fakültesi'nde bir süre eğitim gördükten sonra Mekke Umm Al-Qura Üniversitesi'ne geçiş yaptı. Burada Usul-u Fıkıh bölümünü bitirdi. Daha sonra Mekke'de bulunduğu süre içerisinde hadis hocalarından özel dersler ve icazetler aldı. Suriyeli büyük Muhaddis Abdulfettah Ebu Gudde, Hindistanlı büyük âlim Ebu'l Hasen En-Nedvi ve Osmanlı ulemasının son devir âlimlerinden Mehmet Emin Saraç Hocaefendi, icazet aldığı hocalardan bazılarıdır.

İstanbul'a döndükten sonra sürekli içinde bulunduğu eğitim ve sivil toplum faaliyetlerine yeni bir ivme kazandırdı. Hafızlık ve din eğitimi alanında değişik kurum ve kuruluşlarda grup eğitimleri verdi.

Teşkilatlanma bilinci ve sivil toplumculuk alanında özel çalışmalarda bulundu. Tercüme eserlerin yanında özgün eserler kaleme almaya başladı. Başta Senabil Hizmet ve Kültür Vakfı olmak üzere birçok sivil toplum örgütünün kuruluşuna katıldı. Hâlen birçoğunun yönetim, denetleme ve istişare kurullarında görevleri bulunmaktadır. Son olarak da Sosyal Doku Derneği'nin kuruluşuna fikrî öncülük yaptı.

Tebliğ ve irşat faaliyetleri kapsamında, çocuk ve gençlerin eğitimi, örnek aile modeli, İslam ahlakı, teşkilat eğitimi, ümmet bilinci vb. konularda yüzlerce seminer ve konferans vermiş, hâlen vermeye devam etmektedir. Çeşitli gazete ve dergilerde düzenli yazıları yayımlanmaktadır.

Senabil Hizmet ve Kültür Vakfı ve Sosyal Doku Derneği'nde çalışmalarını sürdürmektedir. Evli ve dört çocuk babasıdır. Dünya Âlimler Birliği'nin Türkiye'deki ilk üyelerinden olup sohbetleri sosyaldoku.com adresi üzerinden yayımlanmakta, fetvameclisi.com adresinden de sorulan sorulara cevap vermektedir.

Telif Eserleri:

1) İşi Vaktinden Çok Olanlar (4 Cilt)
2) Rahmetin Kapısında
3) Mü'min Kimliğimiz
4) Edep ve Amel
5) Dinimize Hizmetin İç Sorunları
6) En Sevgiliden Uzanan Dallar (2 Cilt)
7) Ramazan Risalesi
8) Anahtar Cevaplar
9) Hani Din Hepimizindi?
10) Kıblegâh Evler
11) Baldan Tatlı Sözler
12) Medine Raporu
13) Bu Zamanın Sabrı
14) Aile Davamız
15) Geminin Neresindeyiz?
16) Mahrem Cevaplar
17) Namaz Muhasebesi
18) Hâlimizin İzahı
19) Hanımlar İçin İnciler
20) Mektubunuz Var
21) Mü'min Ev
22) Arş'ın Gölgesindeki Genç
23) Doğal Aile
24) Elbette Allahuekber
25) Mücahide Kadın
26) Bir Umut Bir Mektup (3 Cilt)
27) Hür Yürekli Genç

Tercüme Eserleri

1) Medine Toplumu
   Prof. Dr. Ekrem Ziya Ümeri
2) Düzeltilmesi Gereken Kavramlar
   Muhammed Kutup
3) Kur'an'da Resûlullah
   Prof. Dr. M. Ali Haşimi
4) İslam İnancı
   Muhammed Kutup
5) İslami Çalışma Metodu
   Mustafa Muhammed Tahhan
6) Kur'an ve Sünnet'e Göre Müslüman Kadının Şahsiyeti
   Prof. Dr. M. Ali Haşimi (Heyet)
7) İslam Fıkıh Ansiklopedisi
   Prof. Dr. Vehbe Zuhayli (Tercüme Heyet)
8) Sosyal Bilimler Ansiklopedisi
9) Et-Tefsirul Münir
   Vehbe Zuhayli
10) Bulûğu'l Merâm Şerhi
    Nureddin Itr (Tercüme Heyet)

Yakın Zamanda Yayınlanacaklar

- Ömer Müslümanlığı
- Tıbba Müslümanca Bakış
- Riyazüssalihin Kapısı
- Kur'an Herşeyimiz
- Siyasete Nübüvvet Mührü
- Sünnet Neden Garip?

Tahlil Yayınları: 6

Nureddin Yıldız Kitaplığı: 4

Yayın Editörü
Sadullah Yıldız

Kapak Tasarım
Semih Taneri

İç Tasarım
Furkan Selçuk Ertargin

Sanat Danışmanı
Abdülbaki Kömür

1. Baskı: Nisan 2009
6. Baskı: Kasım 2014

Baskı - Cilt
Şenyıldız Matbaacılık
Sertifika No: 11964 Tel: (0212) 483 47 91

ISBN
978-605-60158-4-7

İletişim Adresi
Kartaltepe Mah. 60. Sok. No: 50 Bayrampaşa/İSTANBUL
Tel/Faks: (0212) 417 77 75

tahlilyayinlari.com
editor@tahlilyayinlari.com

Edep ve Amel

Nureddin Yıldız

TAHLİL
YAYINLARI

Hamdimiz Salavatımız

Elhamdülillah!

En güzel ameli kimin yapacağını görmek için bizi yaratan Rabb'imiz bize en güzel Kitap'ı gönderdi, en güzel örnek Muhammed sallallahu aleyhi ve sellemi önümüze koydu, hatalarımızı bağışladı, amelimize lütfuyla muamele buyurup sevap verdi.

Dinimizi, yaşadığımız dünyayı ve akıbetimizi düzenleyen en mükemmel kurallarla gönderdi bize. Kimsenin yaptığını karşılıksız bırakmadı. Erkeği de kadını de cennetine götürecek amelleri yapmaya müsait kıvamda yarattı.

Dinimizde bize zorluk koymadı. Nerede tıkanacak olsak rahmeti bize orada yetişti.

O'na hamdetmek kadar gerekli ve yerinde bir başka amel daha olabilir mi? Bu yüzden, balığından kuşuna kadar O'nun rahmetiyle nefes alan her canlı O'na hamdeder. Biz de acziyetimizi ve eksiğimizi itiraf ederek O'na hamdederiz. Elhamdülillah!

Yürüyen Kur'an'ımız, bize bizden daha düşkün olan önderimiz, rahmet vesilemiz, şefaat umudumuz Muhammed sallallahu aleyhi ve selleme de salat ve selam ederiz. Ümmetinden olmakla müşerref olduğumuz hâlde o şerefe uygun bir gayretin içinde olamadık. Gölgesinden yararlandık ama çoğu zaman kıymetini bilemedik. Boynumuz bükük ve mahzunuz.

O'na ve ashabına, ehlibeytine salat ve selam olsun.

Mirasını yüklenip sürdürenlerden Allah razı olsun.

İçindekiler

Ön Söz

On dört asırdan beri "Lailaheillellah Muhammedünresûlullah" diyerek iman edip mü'min olan nesiller arasında bizim neslimiz kadar kolaylık ve imkân içinde yaşayan bir nesil daha yoktur. İçinde yaşadığımız İslami kanunları olmayan ülkelerde, Kur'an'a ulaşma ve onu öğrenme imkânımız halifeli zamanlardan bile daha bol ve yaygındır. Ezanların sesi şimdiki kadar geniş alana hiç yayılmamıştı. Kitap çok, bilen çok, okuyan çok! Ne kıtlık var ne de savaş var!

Evlerimiz saraylar gibi müreffeh. Su bile ısıtmadan yaşayabiliyoruz. Hamurun nasıl yoğrulduğunu bilen kadın kalmadı. Yırtık veya yamalı çamaşır giyen neredeyse yoktur. Tarlalara bile kaliteli ayakkabıyla gidiliyor. Tam anlamıyla nimetler içinde yüzüyoruz. Savaş yok, açlık yok, tehdit yok! Bunun yanında yine on dört asırlık bir zaman dilimi için söylenebilecek önemli bir gerçek daha var:

Düşmanın hilelerinin bu denli bizim rengimize boyandığı bir zaman dilimi daha olmamıştır. Bize hendek kazması için gelip Kur'an'ımızı, Arapçamızı ve hadislerimizi yıllarca öğrenen, bizden iyi Arapça konuşan, bize hadis kitabı yazan bir düşman cinsiyle karşı karşıyayız. Oturup, kalkıp dinimizde ayıp arayan bir nesil türedi. Kavramlarımızı rengârenk yaptılar. Camilerimizi, kültürü düşük tabakanın toplantı yeri; orucumuzu, yemek toplantısı; Kur'an'ımızı, mezarlık kitabı yaptılar. Cihadımızı, dile alınmaz ve tekrarından ar duyulur hâle getirdiler. Tarihimizi katran rengine boyadılar. Aile anlayışımızı kundakladılar. Kadınlarımızın beynini çaldılar. Önderlerimiz durumundaki âlimlerimizi, davetçilerimizi gözümüzde küçülttüler. Onların filmlerindeki aktörler, hayatın gerçeğinde rol alan büyüklerimizden daha muteber hâle getirildi.

Veda Hutbesi'nde, bize Kur'an bıraktığı için içinin rahat olduğunu haber veren Resûlullah sallallahu aleyhi ve sellem efendimize rağmen Kur'an'la doymayı, onunla yaşamayı beceremedik.

Artık, dertlerimizi sayıp dökme zamanında değiliz. Olan oldu. Biz ne geride kalana esef ederek ne de gelecek için kuru temennilerle vakit geçirebiliriz. Zaman, çalışma zamanıdır. Geceyi gündüze katarak, uykumuzdan/yememizden/zevkimizden feragat ederek Allah'a giden yolda koşmak zorundayız.

Allah Teâlâ'nın hiçbir nesle lütfetmediği büyük imkânlarla dolup taştık. Gelişen teknoloji, yaygın hâle gelen bilgi ve iletişim nimeti, çalışmamızın önündeki engelleri kaldırmalıdır.

Nureddin YILDIZ
2009 - Bayrampaşa

Birinci Bölüm

Edebimiz

Allah'ın Adıyla Başla!

Bismillahirrahmanirrahim
Rahman ve Rahîm olan Allah'ın Adı ile...

Besmele, Kulun Allah ile Beraberliğidir

"Besmele ile başlanmayan her iş, bereketsiz ve güdüktür."
Hadisi Şerif

Şeytandan, şeytanlaşmışlardan, nefisten ve bütün sıkıntılardan rahmeti her şeyi kuşatan Allah'a sığınarak bir işe başlamak, başlarken kazanmaktır. Görünen sonucu ne olursa olsun kazanmaktır. Allah'ın adı ile başlanan bir işin sonu, ateşe atılmak bile olsa ondan acı çekmemek, belki acıdan da haz almaktır. Aciz, ölümlü ve korkularla kuşatılmış bir insanın; kudreti sınırsız, her dilediğini yapan ve himayesine gireni koruyan Allah'a sığınması, işe O'nun adı ile başlayıp işi O'nun adı ile bitirmesi kulluğun görülebileceği en açık amellerdendir. Besmele ile işe başlamak yasak bir işi yapmamanın garantisidir. Çünkü Müslüman, yasak bir işe "Allah'ın adı" ile başlamaz. Allah'ın adı ile başlanabilecek iş, mübah olan iştir. Bu açıdan besmele, ölçüleri aşmamanın teminatıdır.

İçki içerken, çalınmış veya gasbedilmiş bir şeyi yerken, yasak bir işi yapmaya başlarken besmele çekmek, bunları meşru sayma anlamı taşıyacağından haramdır.

- Besmelenin söylenmesi bir ibadettir. Çünkü besmele bir Kur'an ayetidir. Söylenmesi, yazılması ibadettir, kazançtır.
- Besmele bereketin anahtarıdır. Besmelesiz başlanan bir iş, görüntüsü ne olursa olsun güdüktür. O iş Rahman'ın rahmetinden kopuktur.

Yemekte Besmele Sünnet'i

Yemeğe başlarken "Bismillah" demek Sünnet'tir. Yemeğin başında unutulacak olursa yemeğin neresinde hatırlanırsa hatırlansın hemen "Bismillahi evvelehu ve ahirehu" denir.

- Besmele ile başlamak bir metottur. Kur'anımız besmele ile başlar. Peygamber aleyhisselam efendimiz her hayırlı işe besmele ile başlardı. Besmele bir yoldur. Kur'an'ın ve Peygamber'in yoludur.
- Besmele bir medeniyet göstergesidir. Besmele, işleyen medeniyetin kimin adına kurulduğunu ve yürüdüğünü gösterir. Besmele, O'nun adı ile başlamak ve yapmaktır; O'nun Rahman ve Rahîm isminin tecellisini beklemek, O'nun kudretine sığınmak, hem dünya hem de ahiret saadeti elde etmeye çalışmaktır.

Besmele, hayvan etinin helal olarak yenmesi için şarttır. Hangi hayvan olursa olsun hayvan boğazlanırken "Bismillah" denerek boğazlanmalıdır.
(En'am, 121)

Av hayvanları için de av aletini kullanırken besmele şarttır.
(Maide, 4)

Besmele Medeniyetimiz

Kur'an okumaya başlarken ve bir sureden diğerine geçerken,

Zikre başlarken,

Bir vasıtaya binerken,

Yemeğe başlarken,

Abdest almaya başlarken,

Eti yenecek bir hayvanı boğazlarken,

Av yaparken,

Eve, iş yerine, mescide girerken ve buralardan çıkarken,

Işığı yakarken ve söndürürken,

Cinsel ilişkiye girerken,

Özel bir konuşmaya başlarken,

Uyurken,

Kitap yazarken,

Ölüyü mezara indirirken,

Önem verdiğimiz ve hayırlı olmasını istediğimiz herhangi bir işe başlarken,

Allah ile beraber olmayı dilediğimiz herhangi bir anı yaşarken...

Nebevi Öğütler

"Biriniz yemek yerken besmele çeksin. Şayet yemeğe başlarken besmele çekmeyi unutursa hatırladığı anda 'Baştan sona bismillah.' desin." (Ebu Davud, Atima 15/3767)

*

"Kişi, evine girerken ve yemek yerken besmele çekerse şeytan, kendi adamlarına 'Burada ne geceleyebilir ne de yemek yiyebilirsiniz.' der.

Eğer o kimse eve girerken besmele çekmezse şeytan, adamlarına 'Geceyi geçirecek bir yer buldunuz.' der.

O şahıs yemek yerken besmele çekmezse şeytan kendi adamlarına 'Hem barınacak yer hem de yiyecek yemek buldunuz.' der." (Müslim, Eşribe 13/5262)

*

Sahabi Ümeyye ibni Mahşî radıyallahu anh şöyle dedi:

-Resûlullah sallallahu aleyhi ve sellemin yanında biri yemek yiyordu. Adam son lokmaya kadar besmele çekmedi. Son lokmayı ağzına götürürken "Bismillahi evvelehu ve ahirehu" (Baştan sona bismillâh.) dedi. Bunun üzerine Resûlullah sallallahu aleyhi ve sellem güldü ve şöyle buyurdu:

"Şeytan onunla birlikte yemek yiyordu. Adam besmele çekince şeytan yediklerini kustu." (Ebu Davud, Atime 15/3768)

*

Âişe radıyallahu anha şöyle dedi:

-Resûlullah sallallahu aleyhi ve sellem, ashabından altı kişiyle birlikte yemek yiyordu. Bu sırada bir bedevi geldi ve yemeği iki lokmada bitiriverdi. Bunun üzerine Resûlullah sallallahu aleyhi ve sellem şöyle buyurdu:

"Şayet o besmele çekseydi yemek hepinize yeterdi." (Tirmizî, Atime 47/1858)

*

"Kapların ağzını örtün. Tulumları bağlayın. Kapıları kapatın ve lambaları söndürün! Çünkü şeytan bağı çözemez, kapıyı açamaz ve kapağı kaldıramaz. Eğer herhangi biriniz, kabının üzerine bir çalı çırpı parçası koymaktan ve besmele çekmekten başka bir çare bulamazsa bunları yapsın. (Lambaları da söndürsün.) Çünkü fare lambayı devirerek içeridekilerin üzerine evi yakabilir." (Tirmizî, Atime 15/1812)

*

"Deve gibi bir nefeste içmeyin. İki, üç nefeste için. Bir şey içeceğiniz zaman besmele çekin, içtikten sonra da 'Elhamdülillah.' deyin." (Tirmizî, Eşribe 13/1885)

Edep Bir Taç İmiş

> Semüre ibni Cündeb radıyallahu anh diyor ki:
>
> "Resûlullah sallallahu aleyhi ve sellem hayattayken ben çocuk denecek yaştaydım. Bu sebeple kendisinden duyduklarımı ezberliyordum. Ne var ki burada hazır bulunan yaşlı kimselere duyduğum saygı, onları söylemekten beni alıkoyuyor."
>
> (Buharî, Müslim)

Bolluk ve aşırılık çağında yaşadığı hâlde büyük bir edep fukaralığı içinde kıvranan neslin, selefisalihinden öğreneceği bir demet edep! Her şeyden önce! Çocukta, büyükte, kadında, erkekte... "Müslüman" adını hak etmek için önce edep!

Şahsi Edebimizin Ana Hatları

a- Umumen temiz olmak, banyo yapmayı en az haftada bir defa ve özellikle de Cuma günü gerçekleştirmek, haftada bir tırnak temizliği yapmak, abartmadan saç temizliği ve bakımı yapmak,

b- Bereket beklenen ve temiz işlerde, abdest ve gusül almada, musafaha yapmada, elbise-ayakkabı giymede, tırnak temizlemede, alıp vermede, yeme-içmede sağdan başlamak; sümkürme, taharet, elbise çıkarma gibi işlerde de soldan başlamak,

c- Kıbleye saygılı olmak,

d- Hapşırmada Sünnet'e riayet etmek,

e- Nimetlere şükredip hatalara istiğfar etmek,

f- Mutedil konuşmak/giyinmek/yaşamak ve abartının her çeşidinden kaçınmak,

g- Nasihatten kaçınmamak ve nasihati kabullenmek,

h- Nimet azmanı olmamaya çalışmak...

Abdullah ibni Amr, Peygamber aleyhisselamın şöyle buyurduğunu rivayet etmiştir:

"Büyük günahlardan birisi de insanın kendi ana-babasına sövmesidir."

"İnsan kendi ana-babasına söver mi?" diye sorulduğunda ise şöyle buyurdu:

"Evet, başkasının babasına söver, o da onun babasına söver; başkasının annesine söver, o da onun annesine söver."

(Buharî-Müslim)

Ev Edebimizin Ana Hatları

"İstiyorum ki insan kendi evinde çocuk gibi duygusal olsun. Ona bir işte ihtiyaç olduğunda ise adam olsun!"

Ömer ibni Hattab radıyallahu anh

a- Eve besmelesiz ve selamsız girmemek, eve girerken okunan duayı okumak,

b- Kendi evine bile baskın yapar gibi girmemek,

c- Yalnız kalındığı anlarda bile Allah'ın gözetimini unutmadan yaşamak,

d- Komşuların hukukuna itina göstermek,

e- Ses, ışık ve koku kirliliğine neden olmamak,

f- Avretin örtülmesine karşı hassas olmak,

g- Mevcuda hamdedip şikâyet etmemek,

h- İsraftan kaçınmak,

ı- Evin sırlarını asla yaymamak...

Ana-Baba Edebimizin Ana Hatları

a- Ana-babayı Allah'ın hakkından sonra en büyük hak sahibi olarak görmek,

b- Yanlarına girip çıkarken onlara selam vermek, onlarla konuşurken arkadaş gibi değil evlat gibi konuşmak, onların sözlerini kesmemek, konuşmalarına ve tavırlarına karşı sabırlı olmak,

c- Taleplerini yerine getirmek, vasiyetlerini uygulamak, dostları ile dostluğu sürdürmek,

d- Gönüllerini almaya vesile olabilecek hediyeleri, ikramı ihmal etmemek,

e- Onurlarını korumak, sövülmelerine vesile olmamak,

f- Yemekte onlara öncelik vermek,

g- Onların önünden yürümemek, giriş-çıkışı onlardan önce yapmamak,

h- Onlardan yüksek bir yere oturmamak, önlerinde ayak uzatmamak, el-kol hareketleri yapmamak,

ı- Onlarla istişareyi ihmal etmemek,

i- Onlar hem hayatta iken hem de öldükten sonra onlara dua etmek,

j- Ölümlerinden sonra kabirlerini sık sık ziyaret etmek,

k- Onlara kızmak, fakirliklerinden ötürü onları hor görmek, "of, puf" edip bıkmak, yanlarında yüksek sesle konuşmak, kendini onlara denk görmek, iyiliklerini unutmak, onlara cimri davranmak gibi tutumlardan uzak durmak...

Kardeşlerimizle Edebimizin Ana Hatları

a- Büyük kardeşe saygı göstermek,

b- Küçük kardeşe şefkat ve alçak gönüllülük göstermek, fedakârlıkta öncelik vermek, ihsanda bulunmak, tebessüm etmek, konuşmayı selamla başlayıp bitirmek,

c- Oruçlu olanın önünde yememek, mahzun olanın yanında gülmemek, sevinçlinin sevincine iştirak etmek gibi onların özel durumuna dikkat etmek,

d- İyiliklerine teşekkür edip en azından bir benzerini karşılık olarak yapmak ve özürlerini kabul etmek,

e- "Evimiz, barkımız ayrı!" gibi bir anlayışla değil "Aynı annedeniz." anlayışı ile yardımlaşmak, elimizden geleni esirgememek,

f- Kardeşler arasındaki sürtüşmeye asla sessiz kalmamak, ıslah sağlanıncaya kadar çalışmak...

Yol Edebimizin Ana Hatları

a- Yolu sadece ulaşım aracı olarak kullanmak,

b- Harama bakmak veya insanların sıkıntıya girmesine neden olmak gibi yanlışlardan uzak durmak,

c- Yol kenarlarında, dükkan önlerinde, kavşaklarda oturmamak,

d- Selamı asla ihmal etmemek,

e- Yolun kirletilmesinden kaçınmak hatta yoldaki zararlı bir nesneyi kaldırmak,

f- Yardıma muhtaç olanlara yardımı bir görev bilmek,

g- Daha güvenli olup yoğunluğu daha az yolları tercih etmek,

h- Yollar için belirlenmiş olan yaya ve sürücü kurallarına uymak,

ı- Yürüyüşünde vakur olmak, ne koşmak ne de sallanmak,

i- Yolda bir şey yememek ve içmemek,

j- Yolu eğlence yeri gibi görmemek...

Öğrenme Edebimizin Ana Hatları

a- İlim ve edebin nihai kaynağı Kur'an'dır. Kur'an etrafında dönmeye çalışırız. Dinimiz ve dünyamız için yarar sağlayan ne varsa onu talep ederiz.

b- İlmi bir din gibi görür, ehlinden alırız.

c- Öğrenmek ve ilim söz konusu olduğunda erkenciyiz. Yitiğimizin peşinde koştuğumuzu unutmayız.

d- Zamanla yarıştığımızın farkındayız. En tehlikeli israfın zaman israfı olduğunu biliriz.

e- Arkadaşın ve çevrenin etkisini dikkate alırız.

f- Başlarken ve çalışırken duayı asla ihmal etmeyiz.

g- Âlime, öğreticiye ve ilmin öncülerine hürmet ve saygıda kusur etmeyiz. Bir harfe kırk yıllık kölelik bedeli biçebiliriz.

> Âlim, iyiyi ve kötüyü bilen kimse değildir. Âlim, iyiyi bilip de yapan, kötüyü bilip de ondan kaçınandır.
>
> (Süfyan ibni Uyeyne)

h- İlmi, amel etmek için elde ederiz. Müzelik ilim peşinde olmayız. Öğrendikçe Allah'tan korkumuz ve zühdümüz artar. Tevazumuz çoğalır. Bilgimizi; vakarımız, olgunluğumuz ve sabrımız süsler.

ı- Hakkı savunmada cesur ve bedel ödemeye hazır olmamız ilmin özünü elde ettiğimizi belgeler. Dinlemesini bilir ve hakka boyun eğeriz ama kör teslimiyetçi olmayız.

i- Dış görüntümüz ve tavırlarımızda, elde ettiğimiz ilmin yansımasını sağlarız.

j- Haddimizi bilir, öğrendiklerimizi yeterli görmeyiz. Nefsi üstünlükten başka bir işe yaramayan tartışmalardan uzak kalırız.

k- Başkalarına bir şey öğretmeyi minnet malzemesi görmeyiz.

l- Sormaya ve bilmediğimizi itirafa utanmayız.

Cami Edebimizin Ana Hatları

a- Camiyi sever ve sahipleniriz. Camiye yürümek ve cami ehli olmak, orada huzur bulmak, orada bulunur olmak kimliğimizin belirtilerindendir.

b- Camiye belirli bir hazırlık ve özenle gideriz, orada iken dış bağlantılarımızı bitirmiş olmaya çalışırız.

c- Camiye sağ ayakla girer, oradan sol ayakla çıkarız. Tahiyyetül mescit kılarız. Üst-baş temizliğinden ağız kokumuza kadar her şeye özen gösteririz. Camide asla ses kirliliğini hoş görmeyiz. Camiyi alışveriş için kullanmayız.

d- Camide cemaatle namaz kılmayı özellikle de sabah ve yatsı namazlarını bilhassa birinci safta kılmayı, mühim bir Sünnet olarak bilir ve bu hasletimizi korumaya çalışırız.

Bayram Edebimizin Ana Hatları

a- Bayrama bayramdan önceki geceden hazırlanırız. O geceyi ihya etmeye çalışırız.

b- Bayram namazına, gusül almış ve temiz giyinmiş olarak gideriz.

c- O günü sadaka ve tebessüm günü olarak görürüz. Af diler, affederiz. Selam verir, selam alırız.

d- Ramazan bayramına çıkarken tatlı bir şey yer, öyle çıkarız. Kurban bayramında ise kurban kesiminden sonra yeriz.

İş-Aş Edebimizin Ana Hatları

a- İşimizi halis bir niyetle yaparız ki yaptığımız, ibadet olsun.

b- Mesuliyetini taşıdığımız kimselerin rızkını temin etmeyi en şerefli görev biliriz.

c- Dünyalık işimizi, ahiret işimizin engeli olarak sürdürmeyiz.

d- Helal ve temiz işler peşinde oluruz.

e- Ne aldanır ne de aldatırız. Dürüst ve disiplinli oluruz. Reklamımızı bile gerçeklerle yaparız.

f- Kamuya ait alanları -yollar ve kaldırımlar da dâhil- kullanmayız ki üzerimizde insanların hakkı bulunmasın.

g- Asla faiz ve kumar olan bir işe bulaşmayız.

h- Hoşgörülü olmaya çalışırız.

ı- Sınırsız bir tamahı tehlikeli görürüz.

Sılayı Rahim Edebimizin Ana Hatları

a- Sılayı rahimi dinî bir görev olarak görür, akrabalarımızın olumsuz tavırlarına rağmen bile onu aksatmayız. Sılayı rahimi kesmeyi bir bereketsizlik olarak görürüz.

b- Sadece bir ziyaret değil her türlü insani ilişki ve görevin, yardımlaşmanın, desteğin adına "sıla" deriz.

c- Sılayı rahimin halvet, gıybet gibi kimi günahlara vesile olmamasına özen gösteririz.

Komşuluk Edebimizin Ana Hatları

a- Komşuluğu, Peygamber aleyhisselam efendimizin önem verdiği -dinî boyutu olan- sorumluluklarımızdan biri olarak görür, komşuluğumuzu "selam" ölçülerinde sürdürürüz.

b- Komşumuzun hastalığı ile ilgilenir, acısını ve sevincini helaller dâhilinde paylaşırız.

c- Hoşgörüyü esas kabul eder, komşumuzun kalıcı olmayan hatalarını görmezden geliriz.

d- Ses, ışık ve çevre temizliğine özen gösteririz.

e- Komşumuzun sırlarına karşı güvenli oluruz. Nasihat görevimizi ihmal etmeyiz.

f- İyilik yapmada komşuluğun öncelik gerektirdiğini bilir, ve gereğini yaparız.

Hastaya Karşı Edebimizin Ana Hatları

a- Hastanın bize yakınlığı ve üzerimizdeki hakkı ile bağlantılı olarak onu ilgi alanımıza alırız, bizden daha öncelikli olarak ilgileneni varsa ziyaret edip ona moral verip dua ederek görevimizi ifa ederiz. Gerekiyorsa da her türlü sıkıntısı ile gücümüz kadar ilgileniriz.

b- Hasta ziyaretini ucuz akıl verme ve bilip bilmeden yönlendirme seminerine dönüştürmeyiz.

c- Hastanın özel hâllerine muttali olmayız. Gözümüze çarpan sırları da yaymayız.

d- Hastaya ve yakınlarına sabrı tavsiye ederiz. Ona hem dua eder hem de onun duasını isteriz.

Cenaze Edebimizin Ana Hatları

a- Cenaze ve ölüm haberini "İnna lillahi ve inna ileyhi raciûn." diyerek karşılarız. Ölüye rahmet dileriz.

b- Cenazenin hazırlanmasından gömülmesine kadar üzerimize düştüğü kadar ilgileniriz.

c- Ailenin yükünü hafifletmeye çalışırız.

d- Sabır tavsiyesinde bulunuruz. Kadere isyan anlamına gelen sözleri ve hareketleri engelleriz. Cahiliye geleneklerinin yaşamaması için gayret ederiz.

e- Ölümü ibret ve öğütlerin en canlısı olarak görürüz.

f- Üç günden sonra başsağlığı dilemeyiz.

Arkadaşlık Edebimizin Ana Hatları

a- Akıllı, dinine sadık, ahlaklı... arkadaş seçeriz.

b- "Cahil" vasfını hak etmiş biri ile arkadaşlığımız olamaz.

c- Arkadaşlığı halis niyetlerle sürdürürüz ki o bizim ecir kaynağımız olsun.

d- Arkadaşımızı kendimiz yerine koyarız.

e- Arkadaşımız hakkındaki samimi hislerimizi kendisine bildiririz.

f- Onun ve bizim durumumuzun gerektirdiği ebatta ziyaretleşiriz.

g- Ziyaretlerimiz külfetsiz olur.

h- Sevgide dengeli oluruz.

ı- Hediyeleşiriz. Sırıtan ve gösteriş olan bir hediye yerine paylaşan, gönül alan, katkıda bulunan bir hediye anlayışımız vardır.

Ömer ibni Hattab radıyallahu anh diyor ki: "Altında ezileceğin kadar sevme. Ezip geçeceğin kadar da kızma."

i- Sırlarımızı koruruz.

j- Gıybet, nemime ve hasetten uzak dururuz.

Selamlaşma Edebimizin Ana Hatları

a- Selamlaşmada İslami kalıpları kullanırız. "Önce selam, sonra kelam." prensibine sadık kalırız.

b- Yürüyen oturana, binekte olan yayaya, küçük büyüğe, tek olan kalabalık olana öncelikle selam verir.

c- Evlerimize -velev ki boş olsun- selamsız girmeyiz.

d- Selamdan sonra musafaha yapmaya özen gösteririz.

Giriş-Çıkış Edebimizin Ana Hatları

a- Kime ait olursa olsun evlere izinsiz giremeyiz. Zil çalmayı, kapıyı tıklatmayı ve selam vermeyi unutmayız.

b- Açılacak kapının hemen önünde durmayıp içerinin mahremiyetine saygılı oluruz. İçerisine girdiğimiz evde de gözümüze hâkim oluruz.

c- Evlerin içinde de özel odalara giriş çıkışlarımız izinle olmalıdır.

d- Zilini çaldığımız evde tanınmıyorsak ad ve kimliğimizi bildirmemiz Sünnet'tir.

e- Girdiğimiz gibi çıkmasını da bilmek zorundayız. Bizi ağırlayanların bizden bıkmamasına dikkat ederiz.

Beraber Oturma Edebimizin Ana Hatları

a- Sohbetin başı selamla açılır, sonu selamla kapanır olmalıdır.

b- Boş olan yere oturulur. Çocuk bile olsa başkasını kaldırıp onun yerine oturmak yoktur. İki konuşanın arasına oturmak da olmaz.

c- Bir meclisin sırlarını ifşa etmek ahlaki değildir.

d- Oturduğumuz meclis, imani kimliğimize ters düşen amellere sahne olmamalıdır. Emri bilmaruf ve nehyi anilmünkeri unutmayız.

e- Birbirimize Asr suresini hatırlatıp meclisi öylece kapatırız.

Nasıl Şükretmeyiz?

Kim sayabilir içinde yüzdüğümüz nimetleri? Tek bir nimetin türlerini bile saymak mümkün mü? Ne güzel soruyor Allah:

"Rabb'inizin hangi nimetlerini yalanlayabilirsiniz?"

Hangisi Nimet Değil? Hangisi Rabb'imizden Değil?

Mahlukâtın en şereflisiyiz. İnsanız. Diğer bütün mahlukât hizmetimize sunulmuş. Mucizelerle dolu bir bedenimiz var. Hizmetimize hazır hâle getirilmiş bir dünyayı ayaklarımızın altında bulduk. Güneş, gezegenler bize hizmet ediyor.

Bizim için okyanuslar, dağlar, nehirler, bulutlar kurulmuş. Yiyoruz, içiyoruz. Gübrelerden bize güller üretiliyor. Kan ve irinlerin arasından bembeyaz süt üretiliyor bizim için. Dün aklımıza, hayâlimize gelmez şeyleri bugün önümüzde buluyoruz. Uyuyoruz, geziyoruz. Biz yaratılmadan bizim için mükemmel bir kader yazılmış. Eşlerimiz, işimiz, aşımız tayin edilmiş.

Biz ana karnına düşmeden erzakımız belirlenmiş. Hangi buğday danesinin ne zaman midemize düşeceği bile o buğday danesine yazılmış. Korunmamız için melekler tayin edilmiş. Hiç olmadık yerde ve zamanda ilahî yardımlar görüyoruz. Çoğalıyor, çoluk çocuk sahibi oluyoruz.

Bizim ciddi bir katkımız olmadan çocuklarımızı Rabb'imiz büyütüyor. O nimetten bu nimete koşuyoruz. Ekmeğimize bir damla bal sürülsün diye bir arıcık milyonlarca defa kanat çırpıyor. Aklımızın almadığı şeyleri kasalarımız, ambarlarımız alıyor.

Yaşıyoruz, ölüyoruz. Ölünce cesedimiz ortada kalmıyor, toprağa yani aslımıza veriliyoruz. Gündüzü, geceyi, yazı, kışı, acıyı, tatlıyı, ovayı, dereyi aynı anda yaşıyoruz. Seviyoruz, seviliyoruz, besliyoruz, besleniyoruz. Gözümüz görüyor, kulağımız duyuyor. Kokluyoruz, tadıyoruz, elliyoruz, sıkıyoruz. Seviniyor, gülüyoruz. Ağlıyor, üzülüyoruz. Daralıyor, dua ediyoruz.

Ve insanlığın buhranlarda boğulduğu, dalaletin kol gezdiği bir zamanda İslam'la şereflendik. Diyar diyar din aramadık. Kulağımıza gelen ilk ses ezan oldu. Allah bildik, Peygamber bildik. Peygamberlerin sultanına ümmet olduk. Kitabımız var, cemaatimiz var. Bize Rabb'imizi tanıtan âlimlerimiz var. İslam kardeşliğinin hazzını tattık, cana can katan din kardeşlerimiz var.

Sübhanellah!

Hoşlandığımız şeyler nimet. Ya hoşlanmadığımız sıkıntılar, acılar, dertler, musibetler? Sabreder, kadere razı olursak onların da akıbeti ecre dönüştüğü için onlar da bir nimet. Hem ne nimet!

"Mü'minin durumu gıpta ve hayranlığa değer. Çünkü her hâli kendisi için bir hayır sebebidir. Böylesi bir özellik sadece mü'minde vardır: Sevinecek olsa şükreder, bu onun için hayır olur. Başına bir bela gelecek olsa sabreder, bu da onun için hayır olur." (Müslim)

Sübhanellah!

Elbette Nimetler de Bir İmtihandır

Nimetler de imtihan vesilesidir. Onun için şükredenlerle nankörlük edenlerin ayırt edildiği dünyada şükredenlerden olmak için gerekenleri yapmak, nimetlerin hakkını vermektir. Sıhhat, zenginlik, rahatlık... Sonunu nasıl getireceğimizin önemli olduğu nimetlerdir.

Mal nimeti, günahlara batırması hâlinde hem şükrü yapılmamış hem de azaba neden olmuş bir fitneye dönüşür. Kibre ve israfa yol açarsa uçurumun başına getirir. Hemen hemen bütün nimetler beraberinde fitnesini de getirir. Kul her hâlükârda dikkatli olacak. Nimetlere dalıp nimetlerin sahibini unutmayacak. En güzeli hem nimetleri elde etmek hem de onlarla Allah'ın rızasına ermektir.

Elden gittikten sonra nimetin kadrini bilmek, "Güzeldi, büyüktü." demek marifet değildir. Suda iken suyun kıymetini bilen, bir solucana okyanusu değişmeyen, balık değildir. O, mükerrem bir insandır.

Şükür Nasıl Yapılır?

- Şükür her şeyden önce kalpte olur. Kalp şu ayeti parola edinmelidir:

  "Size gelen her nimet Allah'tandır." (Nahl, 53)

  Aracıları değil nimetin asıl sahibi olan Allah'ı tanıyan bir kalp şükür yoluna girmiş bir kalptir.

- Dil de şükretmelidir. Yiyip içmeye hamdedilmeli, giymeye hamdedilmeli, sıhhate hamdedilmelidir.

- Organlar şükre katılmalıdır. Organların şükre katılması, Allah'ın razı olacağı işlerde kullanılmaları ve isyan olan işlerden uzak kalmalarıdır.

Nimetler Okyanusu

- İslam bir nimet, hem en büyük nimettir. Cennet onunla kazanılıyor. Hayat onunla çekilir oluyor. O nimetlerin en büyüğü, lütufların en güzelidir. İslam'la şereflenmeye karşı ömür dolusu şükür bile azdır.
- İnsan olarak yaratılmış olmak bir nimettir. İnsanın dışında ne varsa onu inceleyip "Hangisinden olmak isterdim?" diye düşünerek insan olmanın değerini anlayabiliriz. Bir bütün olarak insan olmak şükrü gerektirirken insana ait herhangi bir organ veya sistem de şükür için iyi bir gerekçedir.
- Akıl harika bir nimettir.
- Sıhhat bir nimettir.
- Rızkımız büyük bir nimettir.
- Giyinmek bir nimettir.
- Mal büyük nimetlerden bir nimettir. Malın şükrünü yapmak, malı elde ederken veya harcarken Allah'ın ölçülerine bağlı kalmakla ve Allah'ın maldaki hakkı olan sadakayı ihmal etmemekle mümkündür. Mü'minin mal hakkındaki temel düşüncesi şudur:

  Mal Allah'ın malı, kul Allah'ın kulu. O hâlde kul, Allah'ın malında ne yapabilir ki? Dolayısıyla Allah'ın verdiği malla Allah'a asi olmak hiç mi hiç kabul edilemez.
- Evlerimiz bir nimettir. O nimetin şükrü de evlerin Allah'a kulluğun en iyi yapıldığı yerlere dönüştürülmesi, evlerde isyan olan şeylerin yapılmaması ile olur. Evleri, Allah'ın dinine hizmet merkezlerine dönüştürmek tam bir şükürdür.
- Uyku bir nimettir.
- Güven içinde olmak bir nimettir.
- Salih/saliha bir eş nimettir.
- Çocuklar bir nimettir.

- İlim bir nimettir.
- Şükredebilmek bir nimettir. Allah bir kuluna şükretmeyi nasip etmiş ise o kul, elindeki nimetin devamını sağlayacak, yeni nimetleri çekecek bir işe muvaffak olmuştur. Bu da şükrün, şükrü gerektiren bir nimet olmasındandır.

> "Sizden kim yuvasında güven içindeyse, kimin vücudunda rahatsızlığı yoksa, günlük yiyeceği de varsa âdetâ ona dünya verilmiştir."
>
> (Tirmizî, Zühd 34/2346)

- Gökler, güneş, ay, yıldızlar, bulutlar, su, denizler, nehirler bir nimettir.
- Ateşin kullanılabilir olması bir nimettir.
- Zaman en büyük nimetlerdendir.
- Hayvanların hizmetimizde olması bir nimettir.
- Kardeşler, dostlar edinmek bir nimettir.

Ev

Evlerde bulunan maddi rahat ve manevi huzur öyle bir nimettir ki ancak evleri bulunmayan, maddi ve manevi huzur yüzü görmeyen sürgündeki insanlar gerçek anlamda onun değerini bilebilirler.

> "Allah evlerinizi size barınak yaptı."
>
> (Nahl, 80)

İslam, evin bu şekilde psikolojik huzurun ve duygusal tatminin yuvası olmasını istemektedir. Onun bir rahatlama yeri olmasını istemektedir. Orada kalp ve ruh huzur bulacak, rahata kavuşacak, güvene erecektir. İslam, barınma ve rahat için gerekli olan tüm imkânları temin eder. Böylece o evde bulunanların huzuru için gerekli olan şartları da hazırlar, her biri diğerine bir teselli ve huzur vasıtası olur. Yoksa ev hiçbir zaman tartışma, ayrılık ve düşmanlık yeri değildir. O sadece barış, güven, emniyet, huzur ve rahatlama yeridir.

İşte, bu nedenle İslam eve dokunulmazlık vermiştir. Böylece oranın huzurunu, güvenini ve barışını sağlamıştır. Oraya girmek isteyen ancak izin aldıktan sonra girebilir. Hiç kimse haksız yere otoritenin adını kullanarak oraya dalamaz. Herhangi bir sebepten dolayı evin içinde meydana gelen olayları, nelerin olup bittiğini gözetleyemez. Ve hiç kimse evdekilerin haberi olmadan veya onların evde bulunmadığı sırada onların aleyhinde birtakım haberler toplamak için eve giremez. Onların huzurunu ve güvenini bozamaz. İslam'ın evler için öngördüğü sükûneti ihlal edemez. (Seyyid Kutub)

Bunca Nimeti Neden Göremiyoruz? Neden Elden Giden Kıymetli Oluyor?

Çünkü nimetleri bilmiyoruz, tanımıyoruz. Nimetler elden gidince doğan boşluktan, gidenin nimet olduğu anlaşılıyor. Bir göz nimetinin ne denli değerli olduğunu, bir tek dişin ne kadar önemli bir nimet olduğunu tabibin önünde anlıyoruz. Tefekkür kıtlığımız var. Dostlarla ailede sohbet ederken gündemimiz genelde elimizde olmayanlar üzerine kurulu oluyor.

Çünkü nimetler söz konusu olduğunda bizden daha iyi durumda olanların ellerindekini görüyoruz. Hâlbuki bizden de daha aşağıdakilerin düşünülmesi hem mantık olarak hem de vakıa olarak uygun olandır.

Çünkü geçmişi çabuk unutuyoruz.

Şunlara Dikkat Et ki Şükredenlerden Olabilesin

- Allah'ı ve nimetlerini tefekkür et.
- Nimetleri gündem yap.
- Allah'a yalvar ki seni şükre muvaffak kılsın.
- Nimetlerin hesabının sorulacağını unutma.

- Şükrü yapılan nimetin devam edeceğini, şükrü yapılmayanın elden gidebileceğini bil.
- Birbirimize nimetlerin önemini hatırlatalım. Gaflette olanı uyaralım.

"Ey İnsanlar!
Allah'ın size olan nimetlerini hatırlayın. O'ndan başka size gökten rızık veren bir yaratıcı var mıdır? O'ndan başka ilah yoktur. Nasıl aldatılıyorsunuz?"

(Fatır, 3)

Şükrü Yapılan Nimet Artar, Şükredeni Allah Sever

Nihai kanun şudur:

"Hatırlayınız ki Rabb'iniz size bildirmişti: 'Eğer şükrederseniz size nimetlerimi muhakkak artırırım. Eğer nankörlük ederseniz muhakkak azabım pek şiddetlidir.'" (İbrahim, 7)

İnsan İnsana Şükreder, Teşekkür de Görevdir

Bir türlü iyilik yapana teşekkür etmek, Allah ve Resûl'ünün emrettiği ahlaktandır. İyilikleri unutmamak fazilettir.

"İnsanlara teşekkür etmeyen Allah'a da şükretmez." (Ebu Davud, Edeb 11/4811)

"Size iyilik yapanı ödüllendirin. Verecek bir ödül bulamazsanız ödüllendirdiğiniz kanaatine varıncaya kadar ona dua edin." (Nesaî, Zekât 72/2568)

"Kendisine iyilik yapılan 'Allah senden razı olsun.' deyince yeterli övgüyü yapmış olur." (Tirmizî, Birr 88/2035)

Kurtarıcı Bir Öğüt

"Hayat şartları sizinkinden daha aşağı olanlara bakınız, sizden daha iyi olanlara bakmayınız. Bu, Allah'ın üzerinizdeki nimetini hor görmemenize daha uygun bir davranıştır."

(Tirmizî, Libas 38/1780)

İbret İçin...

Ebû Hureyre radıyallahu anhtan rivayet edildiğine göre kendisi, Nebi sallallahu aleyhi ve sellemin şöyle buyurduğunu işitmiştir:

-İsrâiloğulları arasında biri ala tenli (abraş), biri kel, biri de kör üç kişi vardı. Allah Teâlâ onları sınamak istedi ve kendilerine bir melek gönderdi. Melek, ala tenliye geldi:

"En çok istediğin şey nedir?" dedi. Ala tenli:

"Güzel (bir) renk, güzel (bir) ten ve insanların iğrendiği şu hâlin benden giderilmesi." dedi. Melek onu sıvazladı ve ala tenlilik gitti, rengi güzelleşti. Melek bu defa:

"En çok sahip olmak istediğin mal nedir?" dedi. Adam:

"Devedir (yahut sığırdır)." dedi. Ona on aylık gebe bir deve verildi. Melek:

"Allah sana bu deveyi bereketli kılsın!" diye dua etti. Sonra kele gelerek:

"En çok istediğin şey nedir?" dedi. Kel:

"Güzel (bir) saç ve insanları benden uzaklaştıran şu kelliğin giderilmesi." dedi. Melek onu sıvazladı, kelliği kayboldu. Kendisine gür ve güzel (bir) saç verildi. Melek sordu:

"En çok sahip olmak istediğin mal nedir?" Adam:

"Sığırdır." dedi. Ona da gebe bir inek verildi. Melek:

"Allah sana bunu bereketli kılsın!" diye dua ettikten sonra körün yanına geldi ve:

"En çok istediğin şey nedir?" dedi. Kör:

"Allah'ın gözlerimi iade etmesini ve insanları görmeyi çok istiyorum." dedi. Melek (onun gözlerini) sıvazladı. Allah onun gözlerini iade etti. Bu defa melek:

“En çok sahip olmak istediğin şey nedir?” dedi. O da:

“Koyundur.” dedi. Bunun üzerine ona döl veren gebe bir koyun verildi.

Deve ve sığır yavruladı, koyun kuzuladı. Neticede birinin vadi dolusu develeri, diğerinin vadi dolusu sığırı, ötekinin de bir vadi dolusu koyun sürüsü oldu. Daha sonra melek, ala tenliye eski kılığında geldi ve şöyle dedi:

“Fakirim, yoluma devam edecek imkânım yok. Gitmek istediğim yere önce Allah, sonra senin yardımın sayesinde ulaşabilirim. Rengini ve cildini güzelleştiren Allah aşkına senden yolculuğumu tamamlayabileceğim bir deve istiyorum.” Adam:

“Mal verilecek yer çoook!” dedi. Melek:

“Ben seni tanıyor gibiyim. Sen insanların kendisinden iğrendikleri, fakirken Allah’ın zengin ettiği abraş değil misin?” dedi. Adam:

“Bana bu mal atalarımdan miras kaldı.” dedi. Melek:

“Eğer yalan söylüyorsan Allah seni eski hâline çevirsin.” dedi. Sonra melek, eski kılığına girip kelin yanına geldi. Ona da abraşa söylediklerini söyledi. Kel de abraş gibi cevap verdi. Melek ona da:

“Yalan söylüyorsan Allah seni eski hâline çevirsin.” dedi. Körün kılığına girip bu defa da onun yanına gitti ve şöyle dedi:

“Fakir ve yolcuyum. Yoluma devam edecek imkânım kalmadı. Bugün önce Allah’ın sonra senin sayende yoluma devam edebileceğim. Sana gözlerini geri veren Allah aşkına senden bir koyun istiyorum ki onunla yoluma devam edebileyim.” dedi. Bunun üzerine (eski) kör:

"Ben gerçekten kördüm. Allah gözlerimi iade etti. İstediğini al, istediğini bırak. Allah'a yemin ederim ki bugün alacağın hiçbir şeyde sana zorluk çıkarmayacağım." dedi. Melek:

"Malın senin olsun. Bu sizin için bir imtihandı. Allah senden razı oldu, arkadaşlarına gazap etti." cevabını verdi. (Ve oradan ayrıldı.) (Buharî, Enbiyâ 51; Müslim, Zühd 10)

İhya Edilmesi Gereken Bir Sünnet

Bir nimete kavuşunca veya bir sıkıntıdan kurtulunca şükür secdesi yapmak Sünnet'tir. Sa'd ibni Ebû Vakkas radıyallahu anh şöyle dedi:

-Bir gün Resûlullah sallallahu aleyhi ve sellem ile beraber Medine'ye gitmek üzere Mekke'den yola çıkmıştık. Azverâ denen yere yaklaştığımızda Resûlullah aleyhisselam bineğinden indi. Sonra ellerini kaldırarak bir süre dua etti. Sonra secdeye kapandı, uzunca bir süre secdede kaldı. Tekrar ayağa kalktı, yine ellerini kaldırıp bir müddet dua etti. Sonra secdeye kapandı. Bunu üç defa tekrarladı. Buyurdu ki:

"Rabb'imden dilekte bulundum ve Ümmet'im için şefaat niyaz ettim. O da Ümmet'imin üçte birini bana bağışladı. Ben de Rabb'ime şükretmek için secdeye kapandım. Sonra tekrar başımı kaldırıp Rabb'imden Ümmet'imi bağışlamasını diledim. O da bana Ümmet'imin üçte birini bağışladı. Ben de bunun üzerine Rabb'ime şükür secdesine kapandım. Sonra tekrar başımı kaldırıp Rabb'imden Ümmet'imi diledim. O da bana Ümmet'imin geri kalan üçte birini bağışladı. Ben de Rabb'ime şükretmek üzere secdeye kapandım." (Ebu Davud, Cihad 152)

İcada Ne Gerek? Örnekler Var!

Mukallidiz

Dünyaya geldiğimizde, yürümeyi, konuşmayı, bardakla su içmeyi bilmiyorduk. Yürüyenleri görerek yürümeyi, konuşmaları dinleyerek konuşmayı, bardakla su içenleri görerek bardak kullanmayı öğrendik. Önümüzdekiler, bilerek veya bilmeyerek muallimimiz oldular. Belki biz de bir bardak mucidi olurduk. Ama bu, asırlar alabilirdi. Bizden öncekilerin birikimleri, bizim asırlar süren bir keşif sürecini bir çırpıda elde etmemizi sağladı.

Kolay bir hayat yaşamamızı sağlayan en büyük nimetlerden biri şüphesiz taklit yeteneğimizdir. Taklit yeteneğimiz kadar dil öğreniyor ve konuşuyoruz. Görgü kurallarını, ilişkilerimizi uygun görülmüş kalıplara benzeterek uygulamaya çalışıyoruz. Çaresiz mukallitleriz. Biz öncekilerin mukallidi, sonrakiler bizim mukallidimiz olmaya mahkûm yaratıldık.

Annenin, çocuğu önündeki durumunu emzirmeyle sınırlayamayız. Babanın durumu da eve yiyecek getirmekle sınırlandırılamaz. Anne de baba da çocuklarının ilk taklit ettikleri örneklerdir. İlk göz dolgularıdır. Öğretmen de sadece alfabe öğreten biri olarak görülemez. Aynı şeyleri, bir mahalle camisindeki imam veya bir müezzin için de söyleyebiliriz.

Başkalarının önünde duran hiç kimse, sadece görevini uygulamakla biten bir süreç yürütmez. Arkadakilerin, öndekileri kendileri için örnek gördüğü bir süreci istesek de istemesek de üzerimizde uygulanır buluyoruz. Haber okuyan bir spikerden top peşinde koşuşturan bir futbolcuya kadar görülen herkes izlenmektedir. İzlenmenin doğal sonucu da etki etmektir. Kimi görüp izlediğimiz neticede kimden etkilendiğimizi gösterecektir. Gözler gördükçe, kulaklar duydukça kalp görülene ve duyulana doğru kayacak, beynimizde idealler oluşacaktır.

İman dairesinde yaşayıp ölmeye çalışan bir mü'min elbette istediği ideal bir çevre edinemeyebilir. Nefretinin yoğunlaştığı ortamlarda yaşamak zorunda olabilir. Gözünü açmaya, kulağıyla duymaya cesaret edemediği ortamlara esir olabilir. Kaçacak dağ başı, gizlenecek orman arayabilir. Bulunmak zorunda olduğu ortamın böyle olması, idealinin yükseklerde olmasına mani olmamalıdır.

Mü'min ucuz yiyeceklerle karnını doyurduğu bir zamanda lüks yiyecekleri hayâl ettiği gibi imanı açısından uygun olmayan ortamlarda imanıyla uyumlu hedefler ve örneklerle bezenmiş bir beyin sahibi olabilir. Olmalıdır da. Ameliyat masasına yatarken huzurlu bir hayatı düşlediği gibi en bozuk ortamlarda dahi ideali, örneği büyük bir şahsiyet sahibi olmak gerekmektedir.

Özellikle çocuk yetiştirmede, insan eğitmede örneklerin etkisini küçümseyemeyiz. İyi bir örneğin önünde, zayıf bünyelerden önemli şahsiyetler çıkabileceği gibi nice değerli bünyeler zayıf örneklerin önünde heder olup gitmiştir.

İyi bir ustanın elindeki çıraktan usta yetişebilir. İbadeti ve zühdü güzel örnek oluşturan bir derviş, Allah'a davette başarılı olup iyi insanlar yetiştirebilir. Bir muallim, öğrencilere bilgisiyle fayda sağlamaktan önce insani ve vicdani kimliğiyle etki edip onları yönlendirebilir. Anne ve baba güzel örnek olarak söze gerek bırakmadan eğitebilirler.

Büyük insanlar, büyük hizmetler hayâl ettiğimiz sürece iki gerçeği göz ardı etmemeliyiz:

- Örnekleri stadyumlardan, film sahnelerinden çıkaramayız.
- Gerilere gittikçe "en iyiler" daha yoğun olarak bulunmaktadır. Bize ve günümüze yaklaştıkça "iyilik" kalite kaybetmektedir. (Örnekleri izlemenin önemini vurgulayan ayetler için En'am, 90; Nahl, 123; Mümtehine, 4, 6; Ahzab, 21. ayetler incelenebilir.)

Örnek Kim Olmalıdır?

Müslüman, hayata ahireti de kapsayan geniş bir açıdan bakar. Toprağın üstü kadar altını da hesap eder. Bu bakış tarzı ile hayatı değerlendirirken de ailesinde/işinde/eğitiminde onun örneği olabilecekler, bu geniş açıya uygun isimlerden oluşur. Bir alanın sivrilmişleri ideal örnekler üretmez.

Dünyamız ve ahiretimizi kuşatan hayat anlayışımız için tartışmasız önderimiz ve örneğimiz Resûlullah sallallahu aleyhi ve sellemdir. Aile düzenimizde O'nu esas alan bir yapı oluştururuz. O'na benzeterek çocuk büyütmeye çalışırız. O'nun yediğini yer, O'nun içtiğinden içeriz. Sevdiğini sever, sevmediğinden uzak dururuz. O'nun etki alanında kalmaya hayat deriz. Çünkü O, Allah'ın bize güzel bir örnek olması için gönderdiği peygamberidir. O'nu sevmemiz, beraberinde örneğimizin de O olmasını gerektirir.

Bize Resûlullah sallallahu aleyhi ve sellemin örnek olmasıyla O'nun dışındakilerin örnek olması arasındaki en açık fark, O'nun örnekliğinin tartışmasız ve nihai ölçüleri ihtiva etmesidir. Herhangi bir mü'min, Peygamber sallallahu aleyhi ve sellemi örnekler arasında iyi bir örnek olarak göremez. O, örnekler arasında bir örnek değil tartışmasız ve eşsiz bir örnektir. O'nun boş bıraktığı alanlarda başka örnekler arasından iyi bir örnek bulabiliriz.

Resûlullah sallallahu aleyhi ve sellemin dışındaki örnekler, her şeyin en iyi örnekleri değildir. Yüzde yüz taklit edilebilir, masum ve kâmil bir örnek yoktur. İnsanlığın en iyileri olan sahabiler için bile geçerli bir kuraldan söz ediyoruz. Peygamberlerden sonra en iyi mü'min olduğu naslarla sabit olan Ebu Bekir radıyallahu anh bile kâmil değildir. Masum da değildir. Ondan sadakati, diğerinden adaleti, bir diğerinden hayâyı, başkasından şecaati örnekleyebiliriz. Onda bulduğumuz bazı özellikleri başka bir insanda bulamıyor olabiliriz. Ama bu onun, beşeri kimliğini aşıp melekleşmesini, hatadan arınmışlığını, aşılamaz oluşunu göstermez.

Yiğidin yiğitliğini, âlimin ilmini, infak eden zenginin sehavetini, âbidin ibadet titizliğini, dervişin geceyi ihya etmesini, vaizin nasihatlerini, muallimin becerilerini, davetçinin Allah'a çağırmadaki meziyetlerini, Hasan Basri'nin gözyaşlarını gıpta ile izleriz. Bizde eksik olanları onlardan tamamlamaya çalışır, onları kendimiz için o meziyetlerinde idealler görürüz. Alabildiklerimizi alır, alamadıklarımızı hedef hâline getiririz. Kendimiz ve sorumluluklarını taşıdıklarımız için onları örnek şahsiyetler olarak zihnimize nakşederiz. Bunun ötesine gidip abartmayız.

Ümmete ilim yolunda hizmet etmiş âlimler, meydanlarda kıvılcımlar saçmış mücahitler de böyledir. İlme düşkünlüklerini, yiğitliklerini kendimize örnek alırız. Onları taklit edip yakaladıkları fazileti yakalamaya çalışırız. Ancak ilimlerindeki veya şecaatlerindeki üstünlüklerinden dolayı yüzde yüz ideal örneğimiz olan Resûlullah sallallahu aleyhi ve selleme uymayan yönlerini de kendimize örnek alamayız.

İlmiyle bize örnek oluşturan birinin bir eksikliği -mesela ailevi ilişkilerindeki perişanlığı- onun ilmî şahsiyetini yok saymamızı gerektirmeyeceği gibi onun o alandaki yanlışını körü körüne taklit etmemize de izin oluşturmaz. Arı gibi o çiçekten bu çiçeğe koşar, bal olandan balı alır, gerisini bırakırız. Sadece Resûlullah sallallahu aleyhi ve sellem hariç! O, yüzde yüzdür. O, Allah'ın resmî örneğidir. O, masumdur.

Abartmanın da ötesine gidip ideal gördüklerimizin hatalarını görmeyen hatta o hatalarda dahi kerametler arayan düzeye geldiğimizde bir çelişkiye düşmüş oluruz. Bu çelişkide şu sorunun cevabı bulunamaz hâle gelir:

Melekle insan arasında, masum peygamberle ismet vasfı bulunmayan insan arasında ne fark var? Cebrail'in gelip gittiği ve yönlendirdiği biri ile amellerinin hesabı Mizan'a bırakılmış biri arasında fark yok mudur?

Genel Kurallar

1- İman, hayati değer taşır. Mü'min olmayanın, mü'minin nazarında örneklik teşkil etmesi kabullenilemez. Bilim, teknoloji, sanat gibi bir alanda üstün yeteneklerden istifade etmemizle sahiplerinin ideallerimiz olması arasında fark görmeliyiz.

2- Örnek insanın temel yapısı iman, salih amel sahibi olmak; güzel ahlak ve menhiyattan uzak durmaktır.

3- Örnek insanda aranan en belirgin ahlaki vasıflar doğruluk, şecaat, sabır, tevazu ve merhamettir.

Mevcut İyi Örnekleri Örten Bulutlar

* Toplumsal âdetler, gelenekler, İslami anlayışın dışındaki telakkiler,

* İman zayıflığı, ihtiyaç hissetmeme, paracı ve çıkarcı anlayış,

* Örnekteki çelişkiler veya çelişki görüntüsünün verilmesi,

* Riya veya benzeri bir endişeden ötürü iyi örneklerin kendilerini gizlemeleri,

* Örnek durumdakilerin, şahsi menfaatlerinin etkisinde hareket etmeleri...

4- Örnek olmak büyük bir ibadet türüdür. Çünkü iyi bir işe öncülük eden, onun yapılmasına delalet eden, o işin yapılmasından hasıl olacak sevabın aynısını kazanmaktadır. Örneklik böyle bir kazancın kapısı olarak mü'minin önünde durmaktadır. Büyük bir çerçevede örnek olunabileceği gibi "iyi" olduğu dinen bildirilen tek bir alanda da örnek olunabilir, o da bir kazanç yolu olur. Özellikle ebeveyn, öğretmen, imam, memur olup muhakkak izlenilen bir konumda olanlar önlerindeki fırsatı ve o fırsatın hesabını iyi idrak etmelidirler.

5- Örnekte süreklilik esastır. Örnek olan kişi girdiği yoldan dönmemeli, kendisini muhasebe etmesini bilmelidir.

6- Örnek insanda sözle davranış arasında bir çelişki bulunmaz. Bu noktada, vaaz eden bir vaizle örneklik teşkil eden bir mü'min arasındaki farkı kavramış oluruz. Konuşmayı meslek edinip onu icra edenle örnek olup insan kazanmak isteyen arasındaki fark çok büyüktür. Ancak burada şu üç hususu dikkatimizden kaçıramayız:

a- Resûlullah sallallahu aleyhi ve sellemin dışında hatasız insan yoktur. İlmi ve kimliği ne olursa olsun herkes hata edebilir. Önemli olan, hataların en aza indirilmesi için gayret etmek ve hatada inatlaşmamaktır.

b- Örnek birinin başka bir noktadaki hatası, onu dışlamamız için yeterli bir sebep olmamalıdır.

c- Bir hatamız/eksiğimiz veya yanlış yapma ihtimalimiz bizi gizlenmeye sevk etmemelidir.

7- Temel ölçümüz şudur: Doğruyu insanlara göre ölçerek bulamayız. İnsanları doğruya göre ölçüp sağlıklı sonuçlara ulaşabiliriz. Bu ise asgari düzeyde de olsa temel bilgilere vâkıf olmamızı gerektirmektedir.

8- Özellikle Kur'an ve hadis ilimlerinde mesafe katedenler, örnek olarak bilinecekleri için bir kenara çekilme, emekli olma gibi haklara sahip değildirler. Peygamberlik makamına vekâlet anlamı taşıyan noktalarda bulunanlar, kendilerini sıfırlama hakkına sahip olmadıkları gibi mübahları bile diledikleri şekilde kullanamayacakları bir titizliği göstermek ve kollamak zorundadırlar. Kur'an gibi muazzam bir ilmin kapısında bulunmakla şereflendirilenlerin giyimden yemeğe kadar pek çok alanda gözlenip örnek alındıklarını bilmeleri şarttır. Resûlullah sallallahu aleyhi ve sellemin mihrabında namaz kıldırıp papaz filmi izlemek, kürsülerde Ömer'in zühdünü anlatıp parklarda eğlenmek savunulamaz hatalardır.

Ömer'in Üzerinden Uygulama

Ashabın büyüklerinden Ömer bin Hattab radıyallahu anhın Resûlullah sallallahu aleyhi ve sellemi nasıl örnek aldığını tahlil ederek örnek almanın ve örnek olmanın içeriğini öğrenebiliriz.

- Resûlullah sallallahu aleyhi ve sellemin getirdiği din, sadece namaz ve hac gibi ibadetleri emreden, içkiyi yasaklayan bir din değildi. Hayat neredeyse orada bir hükmü bulunan, insanı hiçbir şekilde kendi başına bırakmayan din İslam dinidir. Ömer radıyallahu anh, her şeyden önce Resûlullah sallallahu aleyhi ve selleme bu gözle baktı.
- Önce bakarken şaşı bakmadı. Resûlullah sallallahu aleyhi ve sellem de kendisini tam tanıttı. Tavizsiz ve eksiksiz bir tanıtım yaptı. Mevsimlik değişiklikler göstermedi.
- Ömer'in hayatında Kur'an her şeydi. Onu öyle büyüttü ki gözünde, hadis okumayı bile neredeyse yasaklayacaktı. Resûlullah sallallahu aleyhi ve sellem gelirken Kur'an getirdi, Ömer de O'nun gelişindeki ana maksadı yakaladı. Kur'an'la başlayan ve süren bir hayat yaşadı, yaşatmaya çalıştı.

- Ashabın arasında "Neden?" sorusunu en çok soranlardan biri Ömer radıyallahu anhtır. Hem Resûlullah sallallahu aleyhi ve sellemin sağlığında benzer soruları sordu hem de ölümünden sonra. Ama bunun yanında "körü körüne" denebilecek teslimiyetlerde de onun isminin öne çıktığını görüyoruz. Haceru'l-esved'i öperken onun bir taş olduğunu, sadece Resûlullah sallallahu aleyhi ve sellemi onu öperken gördüğü için öptüğünü söylediğinde bu açıyı nasıl yakaladığını anlamış oluyoruz. Soru sorulabilecek yerlerde soruyor, teslimiyet gerektiren yerlerde ise tam teslim oluyor.

- Ömer radıyallahu anhın, Resûlullah sallallahu aleyhi ve sellemin aile hayatına, yolculuklarına, ibadetine, ticaretine, savaşlarına ait pek çok alanda onunla beraberliği vardır. Ömer'i Ömer yapan meziyetlere baktığımızda Resûlullah sallallahu aleyhi ve sellemi her alanda taklit etmeye çalışırken görüyoruz.

- Onu gece ibadetini örnek alıp cihadını ihmal ederken, ticari faaliyetini taklit edip ahlakını ihmal ederken görmüyoruz. O, Peygamber'ine bir bütün olarak sarıldığını hem söylüyor hem de gösteriyor.

- Gerek Ömer'de ve gerekse diğer sahabilerde şu nokta dikkatimizi çekmektedir: Bütün sahabiler, canlarıyla ve mallarıyla bu iki şeyden de önce beyinleriyle Resûlullah sallallahu aleyhi ve sellemin peşinde olmak, O'nu kâmilen izlemek için uğraşmışlardır. Fakat bu uğraşıda istediklerini elde ettiklerini ya da bize bunu yansıtabildiklerini göremiyoruz. Resûlullah sallallahu aleyhi ve sellem, yürüyen bir Kur'an'dı. Onlar da O'nu taklit etmeye çalıştılar ancak tam olarak yürüyen bir Kur'an olabildikleri söylenemez.

- Kimini şecaatte iyi bir örnek kimini ilimde kimini ahlakta kimini ailevi ilişkilerde iyi bir örnek olarak görüyoruz. Tam olmak istedilerse de istedikleri kadar olamadılar.

- Bu da onlar için ayıplanmayı gerektirecek bir kayıt olarak geçmedi. Çünkü onlar tam taklit etmek istediler, belli alanlarda becerebildiler. Hepsine bakıldığında Resûlullah sallallahu aleyhi ve sellemin onlara yansıdığını, tek tek incelendiğinde ise bütün özelliklerini yansıtamadıklarını görüyoruz. Bu da onların, büyük niyetlerle büyük ecirler kazandıklarının bir göstergesidir.

> Bizim kadar tarihi güzel örneklerle dolu bir ümmet daha yoktur. Başta ashap olmak üzere Hasan Basriler, Ömer bin Abdülazizler, Salahaddinler, Nevevîlerle dolu bir geçmişimiz var. Hiçbiri de hayâli isimler değil. Hiçbiri meleklerden değil. Bizim gibi kuru ekmek yiyen kadınların çocukları hepsi!

Örnek Olacaksan...

1- Kendin için sevdiğini mü'min kardeşin için de sev,

2- Bugünün işini yarına erteleme,

3- Boş konuşma, tek kelime bile yalan söyleme,

4- Cemaat ehli ol,

5- Önce kendini düzeltmeyi hedef edin,

6- Emîn ol,

7- Senden öncekilerden iyi örnekler seç,

8- Mütevazı ol,

9- Seni ilgilendirmeyen işle uğraşma,

10- Zamanı iyi kullan,

11- İbadette kusur etme, ihlassız ibadet yapma,

12- Sabırsız olma,

13- Kör taklitçi olma,

14- Sosyal ol, hayırda öncü ol,

15- Ayet ve hadis bilgini taze tut, Selefisalihinin hayatından malumatın olsun, kaynaklı bilgilerle mücehhez ol,

16- Şık görün, nazik ol ama bu iki şeyi abartma,

17- Haram ve şüpheli yeme ki üzerinden bereket gitmesin,

18- Allah'ı küstürüp insanları memnun etme çelişkisine düşme,

19- Sılayı rahimi ihmal etme, ebeveyninin duasını almış olmayı unutma, (Onların duasını almadan yaşadığın hayatın bereketini görmen mümkün değildir.)

20- Ailevi ilişkilerinde adın kötüye çıkmasın; iyi bir eş, iyi bir baba, iyi bir evlat, iyi bir kardeş, iyi bir hısım olarak bilin,

21- Örnek alındığın yerde seni örnek alanların anlayış seviyelerine dikkat et, yaptığının doğru bir iş olması kadar doğru anlaşılmasının da önemli olduğunu unutma, köhne bir anlayışla ömür geçirmiş insanların seni takdir etmelerini bekleme,

22- Sakın cimri olarak bilinme,

23- İyiye veya kötüye örnek olmayı sakın küçümseme,

24- Akşamdan sabaha, sabahtan akşama insanların din değiştireceği günlerden söz edilmektedir. Bir insanın bir anlık dalgınlığı veya dikkati bir hayatı kurtarmak, ebedî cennet veya ebedî cehennem olabilir,

25- Ezanı duyar duymaz hemen mescide koşmanla sonra, uygun bir anda namaza geçmenin seni izleyenler arasında ne kadar etkili olduğunu ve etkinin yıllar sonraya bile nasıl yansıyacağını iyi düşün,

26- Sigara içilen bir yerde sessiz kalmanın, oradakilerden birini ona müptela edebileceğini düşün,

27- Ne kendini ne yaptığın bir işi basit gör.

Gamdan Sevince Darlıktan Genişliğe

Stresi Olmayan Bir Hayat ve Huzurlu Bir Kalp İçin...

- Huzurlu bir kalbe sahip olmak için koca evrende kendinizi yalnız ve çaresiz hissetmeyin. Yaratıp yaşatan Allah ile olduğunuzun şuurunda olun. Hatalarınızın hacmi ne olursa olsun şeytan sizi Allah'ın rahmetinden kovulmuş bir insan görüntüsünde tutmasın. Çaresiz değiliz, imtihandayız. Başıboş değiliz, gözetleniyoruz. "Her şeye rağmen ben Rabb'im ile beraberim. Kovulsam da kapım O'nun kapısıdır. Asla yalnız değilim."

İnşirah Suresi

"Ey Muhammed!
Senin göğsünü açmadık mı?
Yükünü üzerinden almadık mı?
Ki o belini bükmüştü.
Senin şanını yüceltmedik mi?
Muhakkak ki
her güçlükle beraber bir kolaylık vardır.
Gerçekten güçlükle beraber
bir kolaylık vardır.
Öyleyse bir işi bitirince
diğerine giriş.
Umduğunu Rabb'inden um."

- Hayatınızı dengeli yaşayın. Ruh ve bedenden müteşekkil olduğunuzu unutmayın. Ruhun ve bedenin ihtiyaçlarını birbirine yedirtmeyin. "Dengesizlik, din adına da olsa hatadır."

- Hakka dikkat edin. Ne zulmet ne de zulme boyun eğ! Asla! Zulme seyirci bile olma, lanete ortak olursun. Etrafınızdakiler, aileniz, çocuklarınız ve diğer insanlar sizden hiçbir hak talebinde bulunmasınlar. Helallik size göre değil onlara göre olsun. "Kul hakkı bir afettir!"

- İş bitirmek için çalış. Denemekten yılma, yorulma. Kaderi de unutma. Üzerine düşeni yaptıktan sonra gerisini havale et. "Kafesin büyüklüğüne aldanma. Kader bizi baştan sona kuşatmıştır."
- En güçlü sermayen ailendir. Onu israf etme. Hantal bir hâlde de bırakma. Minik ama gerçek bir sığınaktır ailen. Kimliğini ve seviyeni gösteren en gerçek gösterge de ailendir. Bütün insanlığın yok olduğunu ve senin ailenin Nuh'un gemisi olduğunu var sayarak çalış, didin. Çocuklarını samimi bir mü'min olarak yetiştirmeyi düşün. Fatih babası, anası ol. Çocuklarına minik hedefler gösterme. Oynarken bile büyük oynasınlar. Çocuklarının hatalarını gözünde büyütüp durma. Şeytan, çocuklarını senden soğutacak bir yol bulmasın. Ne yaparsa yapsınlar, senin kanatların altında olsunlar. Ailendeki bireyleri oldukları gibi kabullen. Oldukları konumun en iyisi olmaları için çalış. "İhya eden de ailelerdir öldüren de."
- Hayâlci olma. Gerçekleri kabullenmekte zorlanma. İşler bizim istediğimiz gibi değil bizim için dilendiği gibi olacaktır. "Kör bir teslimiyete de hayır, hırçınlığa da."
- Bulaşıcı hastalığı olandan uzak durduğun gibi umudu tükenmişten de uzak dur. "Rabb'i Allah olanın umudu tükenmez."
- Sağlığını koru. Hastalık nedeni olan şeylerden uzak dur. "Yediğin içtiğin hem helal hem de temiz olsun."
- Yalnız kalma sakın. Dünya vahşi bir yerdir. Dostların, kardeşlerin ve cemaatin bulunsun. Salih insanları bul. Yanlarında oturup onlara bakmaktan ibaret olsa bile onlarla kal. Onların değerini takdir et. Kusursuz dost arama. Bulundu-

ğun yerde görev al. "Sırf Allah için sevebilmek ve sevilebilmek bütün zamanların en değerli ibadetlerindendir."

- Fitne ve nedenlerinden uzak dur. İnsanların seviyesiz gündemlerine katılma. Fitnenin en yoğun olduğu alanlar mal ve şehvet fitneleridir. "Fitnesi olmayan zaman olmaz. Fitneden korunmaya çalışan mü'minler olur."
- Sabır silahını kuşanmış ol. Ancak sabredenler sonunda kazanacaklardır. Zorluklar kolaylıkların gelmesini engelleyemez. İnşirah suresini hatırla. "Yapabildiğin kadar değil gerektiği kadar sabret."
- Kur'an-ı Kerim'e sarıl. Onu oku. Hikmetlerini öğrenmeye çalış. Yayılıp büyümesine katkıda bulun. Sakın onu sadece tatillerde çocuklarına öğretmek gibi sinsi bir hıyanete düşme. Ne varsa ne yoksa sadece O. "Kur'an, Allah ile aramızdaki en güçlü bağdır."
- Başta namaz olmak üzere istikrarlı bir ibadet disiplini kur. "İmanın pas tutmasın."
- Bizden önceki nesillerin imani hayatlarından örnekleri ailece inceleyin, üzerlerinde tefekkür edin. Salih insanların, dava erlerinin, bedenlerini ve ruhlarını Allah'ın davasına nasıl feda ettiklerini okuyun, dinleyin. Siretinebiyi defalarca ibretle okuyup dinleyin. Ashabı Uhud'u, Asiye'yi ve nicelerini görün. "Musa Firavun'un sarayından geldi."
- Kör taklitçi olmayın. İnsanların ne diyecekleri ve nasıl yaptıkları ölçü değildir. İnsanların rızaları bitmez tükenmez bir yoldur. Siz Rabb'inize dönün, huzuru bulun. "Birilerine göre değil kendinize göre yaşayın."
- Yeme-içmeniz Romalılar gibi olmasın. Daha iyi bir kulluk için yiyin, için. Sözlü ve ameli olarak şükredin. "Nimetler azap sebebi olmasın."

- Dua ve zikre vakit ayırın. Ruhunuz dinlensin, yücelsin. "Rabb'im, Allah'ım!" derken bütün kederlerinizi unutacağınız vecdi arayın. "Dua ve zikir gıdadır."
- Sadaka veren Müslüman olun. Maldan verin, bedenden verin. Dille verin, gönülle verin. Verecek şey bulun, tebessüm edin. "Veren el, alan elden üstündür."
- Sılayı rahimi ihmal etmeyin. Ömrünüzün bereketi gider. "Sılayı rahim, rahmetin kapısını açabilir."
- Allah'a davet çalışmalarına katılın. Her mü'minin yapabileceği, o yapmazsa eksik kalacak nice işler vardır. "Yapacak olan için iş çoktur."
- "Öyleyse bir işi bitirince diğerine giriş, umduğunu Rabb'inden um!"

Hastalık da Allah'ın Kaderindendir

İbnu Huzame'nin babasından anlattığına göre bir adam Resûlullah sallallahu aleyhi ve sellem efendimize gelerek

demiş ki:

"Ya Resûlellah! Dua ile ilaç kullanarak veya herhangi bir yolu deneyerek şifa bulmamıza ne buyurursunuz? Allah'ın kaderini geri çevirir mi?"

Resûlullah sallallahu aleyhi ve sellem efendimiz de şöyle buyurmuşlar:

"O da Allah'ın kaderindendir."

(Tirmizî, İbni Mâce)

Biz, Müslümanca düşünerek Allah'tan sıhhat ve afiyet dileriz. Hastalık gelirse onu da hakkımızda hayra dönüştürürüz.

Neden Hasta Oluyoruz?

1- Hastalık dolayısıyla aciz olduğumuzu, ancak Allah'ın yaşatması ile yaşayabileceğimizi öğreniyoruz. Hastalanınca O'na kızmıyor, O'nu kullarına şikâyet etmiyor, O'ndan gelen hastalık için yine O'ndan şifa bekliyoruz. Bize bizden daha merhametli olduğuna imanımız kuvvetleniyor, aciz ve çaresiz hâlimizle kapısında yalvarıyoruz. Acı da çeksek, kıvranıp gözyaşı da akıtsak O'nun bize takdir ettiğinden hayır ve güzellik umuyoruz. Bütün sebepleri kullanıyor ama şifayı yine O'ndan bekliyoruz.

2- Hastalıklarımız, birikmiş günahlarımızı eritiyor; sevabımızı artırıyor. Belki de yıllarca uğraşıp elde edemeyeceğimiz ecri ve sevabı, kısa bir hastalık döneminde elde ediyor, Rabb'imize yaklaşıyoruz.

Evet, hastalık illa bir ceza değildir. Sıhhat gibi o da Allah'ın kanunlarından birisidir. Biz kendi penceremizden baktığımız zaman, hastalığı ve sıkıntıyı kendimize hiç uygun bulmuyoruz. Hastalığı kapımızdan uzak tutuyoruz. Ne var ki Allah, birimize veya öbürümüze göre değil kaderine göre hüküm veriyor. Bizim kötü gördüğümüz, O'nun kaderinde iyi olarak yazılmış olabilir. İyi gördüğümüz de kötü olarak yazılmış olabilir.

Teslim olmak, O'na dayanmak en güzelidir. Kul olarak önce sağlığımızın kıymetini bilip tedbirli yaşar, bedenlerimizi bir emanet olarak görürüz. Hasta olunca da bütün gücümüzle iyileşmek için uğraşırız. Gerisini ise O'na bırakır ve rahat ederiz.

3- Hastalıklar, zaman ve çevrenin oluşturduğu kabalığımızı düzeltiyor. Biz de incelen duygularımızla geçmişi ve geleceği daha duygusal değerlendireceğimiz fırsatlar yakalıyoruz. Bağışlamadığımızı bağışlıyor, sevmediğimizi sevmeye başlıyoruz. Kısacası kendimize dönme fırsatı buluyoruz. Sıhhatin kıymetini anlıyor, gerek kendimiz gerekse diğer insanlar için sağlığa yönelik tehlikelerin karşısında daha duyarlı oluyoruz.

4- Hastalıkla beraber iyi bir sabır imtihanından geçiyoruz. Vadilere ovalara sığmazken bir-iki metre kare yatağa yığılıp kalıyoruz. Bir türlü ilerlemeyen saate müdahale edemiyor, kundaktaki bebek gibi bekliyoruz. Allah'ın emaneti olan sıhhatimizin değerini anlıyor, kıymetini biliyoruz. Bizden önceki nebilerin, salihlerin geçtiği imtihan köprüsünü tanıyor; Eyyub olmanın ne demek olduğunu daha iyi anlıyoruz.

Bir anlamda insanların asıl hüviyetlerini görme fırsatımız oluyor. Düştüğümüz yerde kimin dost, kimin yabancı olduğunu görüyoruz. "Ele muhtaç olma"nın ne demek olduğunu anlıyoruz.

5- Dünyayı bir kere daha tanıma fırsatı buluyoruz: Fani ve aldatıcı. Bir tuzak... Dışı başka, aslı başka...

Cenneti özlüyoruz. Ayıpsız ve mikropsuz, hastalığı olmayan cenneti... Yiyecekleri hasta etmeyen, perhiz gerektirmeyen, nimetleri derde dönüşmeyen cenneti...

Dilimiz ve kalbimizle Rabb'imize yalvarıyor, umutla kapısında duruyoruz.

Biz inliyor, sızlıyoruz; O duyuyor ve yazıyor.

Biz sabredip bekliyoruz, O yazıyor.

Biz isyan etmeyip şükrediyoruz, O yazıyor.

Yazıların okunduğu gün gelince bakıyoruz ki hastalığımız, bize cenneti yazmış!

Düzeltelim, Öyle Bilelim!

Biz bedenlerimizin sadece emanetçisiyiz. Emaneti korumak görevdir. Yenen, içilen, giyilen dâhil bedene zarar veren her şey emanete hıyanet suçuna girer.

Hasta Olduk, Ne Yapalım?

Hasta olan bir mü'minin ilk işi uzman bir doktora başvurmaktır. Kocakarı ilaçlarıyla veya başka hastalara verilmiş reçeteleri uygulayarak tedaviye kalkışmak doğru değildir. Vaktinin olmadığını ileri sürerek ya da masraftan kaçınarak tedavi yollarını kullanmayan Müslüman, vebal altında kalır. Bedenlerimiz bize emanettir. Emaneti korumak ve kollamak zorunda olduğumuzu unutmamalıyız. Peygamber aleyhisselam efendimiz buyurdular ki:

"Her hastalığın bir ilacı vardır. İlaçta isabet edildiğinde Allah'ın izni ile iyileşme olur."

Tedavi sürecinin tamamlandığını uzman doktoru bildirmedikçe hafif iyileşmelerle kenara çekilmeyiz. Sabır ve sebatla devam ederiz. Doktoru, eczacıyı, hemşireyi, hepsini Allah'ın lütfedeceği şifanın vasıtaları olarak görür, biliriz. Haram olan şeylerden şifa beklemeyiz. Hastalığın şiddeti ne olursa olsun, umutsuzluğa kapılmamız caiz değildir. Ölümü istemek gibi bir hakkımız hiç yoktur.

Hastanın hastalık günlerinde TV izleyerek veya mübah olmayan şeylerle vakit geçirmesi hiç doğru olmaz. Duanın kabul olma ihtimali yüksek olan anlarda gafletten uzak durarak, zikir ve duayla bereketli yazılar okuyarak vakit geçirilmelidir.

Dua ve Okuma ile İyi Olunur mu?

Dua ve okuma, dirinin de ölünün de ihtiyacıdır. Hastanın elbette en önemli ihtiyaçlarındandır. Ancak hastalığın okuma ile tedavisinin caiz olabilmesi için kurallar vardır. Okuma ile tedavide kurallar şunlardır:

1. Tıbbın ilgi alanında olan, ilaçla veya benzeri bir yolla tedavisi yapılabilen hastalıklarda okuma sadece Allah'a sığınmanın tezahürü içindir. Moral takviyesidir. Okumaya güvenip tedaviden kaçınmak doğru olmaz.

2. Organik olmayan ruhi hastalıklarda okuma ile şifa haktır, denenmiştir. Hem Peygamber aleyhisselam efendimiz hem de ashabı kiram hastaları okumuşlardır. Ancak hem

Evet, doğru!

Kur'an'ımız şifadır. Hem de ne şifa! Ama kime? Önce dil uzatıp sonra sıkışınca el uzatana mı?

okuyanda hem de okunan şeylerde aranan şartlar vardır. Sadece "okumak" değildir yapılan. Kur'an'ın bereketinden hastanın iyileşmesi için yararlanmaktır. Kur'an ise ne abdestsiz tutulabilen bir kitaptır ne de her okuyanına kendisini veren bir kitap. Mesele, iman meselesidir. En güzeli ihtiyacı olanın kendisinin okumasıdır. Başkasına da okutabilir.

3. Hastayı okuyan kimse "salih" bir mü'min olmalı, okuma işini bir meslek olarak yapmamalıdır.

4. Hastaya okunan şeyler ya Kur'an ayetleri olmalı ya da hadisi şeriflerde okunması tavsiye edilen dualar olmalıdır. Birtakım rumuzlar, tılsımlarla okuma olmaz. Hasta üzerine okunup tesiri olan belli başlı ayetler şunlardır:
   - Fatiha suresi,
   - Bakara suresinin ilk bölümü,
   - Ayetelkürsi,
   - Bakara suresinin sonu,
   - Haşr suresinin sonu,
   - Kalem suresinin 51. ayeti,
   - İhlas, Felak, Nâs sureleri.

5. Cinlerden gelen hastalıkların varlığı doğrudur. Ancak cinlerle ilgili bu bilginin suistimali cinlerin verdiği zarardan daha fazla olabilmektedir. Cinlerden daha tehlikelisi bunu istismar edenlerdir. Hiçbir iyiliği dokunmadığı hâlde insanların dertleri ile geçim temin edenler için söylenebilecek ilk söz, onlardan uzak durmanın tavsiye edilmesidir.

Hasta Bakmak mı, Hasta Olmak mı?

Hastanın bakımı ve hizmeti, kimi zamanlar hastalığı aratmayacak kadar yorucu olabilir. Bu, elde edilecek sevabın ne denli büyük olduğunu gösterir. Hasta ile ilgilenenler bir sabır taşı olmalıdırlar. Duymadıklarını duymaya, görmediklerini görmeye hazır olmalıdırlar. Bilhassa yatalak hastaların bakımı, o hastaların artık çekilmez görüldüklerini hissetmeden yapılabilirse ne büyük bir kazanç elde edilir. Hayırda sabır yarışı yapılmalıdır.

Hastalık hâlinde eşlerin birbirlerine vefaları çok önemlidir. Etini yiyip kemiğini atmak gibi bir tavır İslami değildir.

Ebeveynin hastalığı anındaki hizmet ise direkt cennete açılan bir yoldur. Allah'tan korkan mü'min bir çocuk/çocuklar böyle bir fırsatı kaçırmamak için yarışmalı, aralarında kura çekmek zorunda kalmalıdırlar. Ama bu kura "Sende değil bende kalsın." diye olmalıdır.

Eğer hasta, kendisine yapılan hizmeti takdir edemeyecek bir hasta ise bakıcıları onun takdirini değil Allah'ın rızasını hesap edip ona hizmet etmelidirler.

Dikkat! Hasta Ziyareti Bir İbadettir

Evet, hasta ziyareti bir ibadettir. Her ibadet gibi o da edebine uyularak yapıldığında sevaba vesile olur. Her şeyden önce hastayı ziyaret "'Gelmedi.' demesinler!" diye değildir. Bu bir ibadet olduğuna göre Allah için ve sevap umularak yapılır.

Hastayı uygun vakitte, oturma edebine riayetle, konuşma nezaketine dikkatle, dua ederek ve isteyerek, gerektiğinde mali ve bedeni yardımda bulunarak ziyaret etmek gerekir. Hasta ziyareti, akraba ziyareti gibi olmamalıdır. Kısa ve saygın ziyaret, en makbul olanıdır. Bilhassa hastanın ve bakıcıların moralini bozacak söz ve kabalıklardan çekinilmelidir. Ziyaretçi, ucuz doktorluk yapmamalı; ilaca ve tedaviye müdahale yanlışlığına girmemelidir.

"O da bize gelmişti." veya "Gitmesem küserler." diye hasta ziyaret edilmez. Böyle bir ziyaret ticaridir. Hasta ziyareti "Allah emretti." diye yapılır ve ecri sadece Allah'tan beklenir.

Hasta ve İbadet

Aslında hastalık, ibadet için en gerekli zamanlardandır. Hastanın hac ibadetini ertelemesi caiz olur. Oruç tutması ise hastalığına bağlıdır. Hastalığının orucu kaldırıp kaldıramayacağını, oruç tutan bir doktorun raporuna dayanarak hastanın kendisi de verebilir. Eğer hasta, oruç tutamazsa iyileştiğinde tutamadığı gün kadarını kaza eder. Artık oruç tutması mümkün olmayacak bir hastalığa tutulmuş ise her günün yerine bir fidye verir.

Hastanın, başını oynatabilecek güçte olduğu sürece namazı ertelemesi caiz olmaz. Abdest için su kullanamıyorsa teyemmüm eder. Ayakta kılamıyorsa oturarak, oturarak kılamıyorsa yatarak, yaslanarak kılar. Rükû ve secde için başını eğerek (ima ile) namazını kılar. Ama namazını ertelemez.

Sıkışınca yanlış yapmamak için sıhhatliyken ilmihâl okunmalıdır!

Hela Adabımız

Gıdaları tüketmek kadar büyük bir nimet de onları vücuttan atabilmektir. Evet, helayı kullanabilmek bir nimettir. Yediğimizden kurtulamasak ne yapardık? Ne kadar depolayabilirdik? Kaç gün zehirlenmeden yaşayabilirdik? Hiç şüphesiz, sevdiğimiz ve iştahla yiyip içtiğimiz şeylerden bir kısmını vücutta bırakıp gerisini zorlanmadan atıp kurtuluyor olmamız Rabb'imizin üzerimizdeki büyük nimetlerindendir. Şükür gerektiren, minnetle anmamız gereken nimetlerindendir. Allah Teâlâ'nın kendimizde görebileceğimiz büyük mucizelerindendir.

Rabb'imizin bütün nimetleri gibi böyle bir nimeti de şükürle karşılamamız, O'na karşı elimizden gelen minneti sergilememiz gerekir. Bir nimetin en güzel şükrü, şüphe yok ki o nimeti lütfedenin istediği gibi kullanmaktır. Nimetlerde devamlılık, ahirette nimetlerin hesabı altında ezilmemek, nimetlerin yerli yerinde ve adabına uygun kullanılmasıyla sağlanabilir. Fıkha uygun hâle getirmek olarak da adlandırabiliriz bunu. Eğer Müslüman olmak sadece muayyen ibadetleri yapmak ve muayyen kisvelere bürünmekten ibaret değilse -ki böyle olmadığı açık bir hakikattir- hayatın bütününü kuşatan bir anlayışla yaşamak olsa gerektir.

Heladan camiye, camiden eve, evden işe, caddeden sokağa... Güneşin ışığıyla aydınlanan her yere dinin damgasını vurabilmek ya da bunun mücadelesini yapmak için varız. Dinimizin şemsiyesi ile örtmediği bir alan tasavvur edemeyiz. Nerede hayat ve insan varsa din oradadır. Velev ki orası tuvalet olsun, banyo olsun. Tuvaletin de Müslümancası ve Müslümanca olmayanı vardır. İslam disiplini helada da vardır. Hatta "O büyük disiplin oradan başlamaktadır." sözü bile yabana atılabilir bir söz değildir.

Camide Müslüman'ız.
Ticarette Müslüman'ız.
Sokakta Müslüman'ız.
Düğünde Müslüman'ız.
Seyahatte Müslüman'ız.
Sofrada Müslüman'ız.
Helada da Müslüman'ız.
Hayatımız ve ölümümüz İslam'la ve İslam için.

Hela terbiyesi, oraya ait dinî hükümlerin konuşulması, yazılması ayıp değildir. Ertelenebilecek esneklikte değildir. İnsan olarak var olmaya devam ettiğimiz her anda geçerli bir ihtiyaç için verilecek eğitim, harcanacak mesai önemsiz tutulamaz.

Bilhassa, İslam namazla ayakta duruyor, namazı da taharete dayandırıyor ve taharet de helada başlıyorsa Müslüman için hela, sadece bir defi hacet yeri değildir. Hesabı sorulan, ayrıntıları vahiyle yönlendirilen bir iş elbette basit değildir.

Helada bize öğretilen din kurallarına, edebe uymayı dinimizin ve dindar olmamızın gereği olarak görürüz. Öğrenir ve öğretiriz. Uygularız. Sorumluluğumuz altındakilere uygulatırız. Bu uyuşumuzda sıhhatimiz için en ideal olanını yaparız, diğer yandan da Rabb'imizin rızasını elde ederiz. Hem nimetin şükrünü yapmış hem de ecir kazanmış oluruz.

Selman Farisi radıyallahu anh diyor ki:

-Müşriklerden biri alay etmek için bana dedi ki:

"Peygamberiniz size her şeyi öğretmiş öyle mi? Helaya gitmeyi de!" Ben de şöyle dedim:

"Evet, öğretti. Defi hacet esnasında kıbleye yüzümüzü ve sırtımızı dönmemeyi öğretti." (Tirmizî)

Hela Adabımız

1- Helaya sol ayakla girilir, heladan sağ ayakla çıkılır.

2- Helaya girmeden önce şu dua okunur:

اَللّٰهُمَّ إِنِّي أَعُوذُ بِكَ مِنَ الْخُبْثِ وَالْخَبَائِثِ (Allah'ım! Pislikten ve pislerden sana sığınırım.)

3- Heladan çıktıktan sonra şu dua okunur:

غُفْرَانَكَ (Mağfiret et Allah'ım!)

4- Helaya girmeden önce, elbiseye idrar sıçramaması için tedbir alınır, paçalar sıvanır.

5- Helanın kıbleye karşı veya ters olmamasına dikkat edilir. Bilhassa açık alanda bu daha da önemlidir. Evlerde ise zaruretten dolayı mekruh olmayabilir. Ancak ev yapan veya alanların bu inceliği aramaları gerekir.

6- Helaya ve hamama girerken Mushaf veya üzerinde ayet, Allah Teâlâ'nın adı gibi mukaddesattan sayılan yazılı bir şeyin olmaması gerekir. Mushafla helaya girmek haramdır. CD ve kaset gibi nesneler Mushaf gibi değildir.

7- İnsan helaya girdiğinde mümkün olduğu kadar, gerekmedikçe kendi avret yerine bile bakmaktan kaçınmalıdır.

8- Helada sesli bir zikir yapılmaz, selam verilmez, selam alınmaz, mecbur kalınmadıkça konuşulmaz.

9- Helada (idrar da dâhil) oturmak gerekir. Oturunca da ayaklar geniş açılır ve sol tarafa meyilli oturulur. Ayakta bevledilmez. Ayakta bevletmek, idrar sıçramasına neden olabileceğinden kerih görülmüştür. Olağanüstü bir mazeretten dolayı ayakta da bevledilebilir. Ancak bu, genel bir uygulamaya dönüşmemelidir. Ayakta bevletme yerlerinin kullanılmaması bir yana, Müslümanlara ait olmayan bu tip şeylerin iş yerlerine, bilhassa camilere tesis edilmemesi için özen gösterilmelidir.

10- Helada temizlenmek için su kullanılır. Yazı yazmak için üretilmemiş olan ve tuvalet kâğıdı olarak bilinen malzemeler de temizlenmede kullanılabilir. Üzerinde yazı yazılmış olan ve "üzerine yazılmak için" üretilmiş bulunan nesnelerin ise kullanılmaları caiz değildir.

11- Helada başın kapalı olması -erkek veya kadın için- bazı âlimlerce müstehap görülmüştür.

12- Banyoda bevletmek caizdir. Eğer bevlettikten sonra idrar zeminde kalıyor ve akan banyo suyu ile üzerine sıçrıyorsa bu durumda banyoda bevletmek caiz değildir.

13- Taharet esnasında ve bevlederken sol el kullanılır. Tıbbi bir özür bulunmadıkça sağ elle taharet yapılmaz.

Mü'minlerin annelerinden Hafsa radıyallahu anha diyor ki: "Resûlullah sallallahu aleyhi ve sellem sağ elini alıp vermek, yemek içmek, abdest almak ve giyinmek için kullanırdı. Sol elini diğer işlerde kullanırdı."

14- Helayı temiz bulmak bir hak, temiz bırakmak bir görevdir. Helayı kullanan, kirlettiğini temizlemeden çıkmamalıdır.

15- Alafranga tuvaletler temizlik açısından güvenli olmayabilir. Yaşlılık ve hastalık hâlinde kullanılabileceğinden evlerde bulundurulabilir. Fakat zaruret olmadıkça defi hacet için kullanılmamalıdır.

16- Su israfından kaçınılmalıdır. Üşengeçlikten ve iğrenmekten kaynaklanan açığı, suyu bol akıtarak kapatmak hatalı bir tutumdur.

17- Suya, yola, gölgeliğe, insan ve hayvan barınağına defi hacette bulunmak caiz değildir.

18- Büyük-küçük abdesti, vakti geldiği hâlde geciktirmek uygun değildir. Prostat gibi bir kısım hastalıkların nedenleri arasında sayılan bu uygulama yanlıştır. İnsanın sağlığı için zararlı olduğundan dince de kerih görülmüştür. O kadar ki hadisi şerifte, idrarı sıkışanın namaza durmaması, idrarını boşalttıktan sonra namaza geçmesi emredilmiştir. (Müslim, 869; İbni Mâce, 610) Âlimler, helada tam bir boşalma sağlanmadan da çıkmayı kerih görmüşlerdir.

19- Hela olarak kullanılan yerde abdest almak doğru değildir. Çünkü abdestte Allah'ın adını anmak vardır. Başka bir yerde abdest almak mümkün değilse zikir yapmadan abdest alınabilir. Abdest yine abdesttir.

20- Taharette vesveseye kayacak şekilde aşırılık ve titizlik de yanlıştır. Temizlik bir imtihandır. Şöyle veya böyle farklı yönlere çekilmesi, şeytanın vesvesesine kapı aralanması hatalı olur.

Lüzumsuz yere helada beklemeye, su israfına, dönüp tekrar helayı kullanmaya, elbise değiştirmeye, daha önce veya daha sonra helayı kullananlardan şüphelenmeye, heladaki -görünürde pis olmayan- malzemeyi değiştirmeye neden olacak kadar titizlik göstermek bir vesvesedir. Böyle bir vesvese de şeytan menşelidir.

Düşmanımız İblis'in bütün tuzaklarına karşı dikkatli olmak zorundayız. Hele hele irademizi eriterek bizi bataklığa çekmesi anlamına gelen vesveseye karşı en küçük ayrıntılara kadar dikkat etmek ilkemiz olmalıdır. Vesvese İblis'ten bir pusudur. Ancak bu pusuya düşen mü'minin iki kusuru kendisindendir:

Bu mü'min ya dininin hükümlerini iyi bilmemektedir ya da aklını ve iradesini kullanamamaktadır. Her iki durumda da sorumluluk, omuzlarındadır.

Âlimlerimiz, sırf vesveseye giden yollar kapansın diye şöyle bir uygulamayı tavsiye etmişlerdir: Küçük abdest bozan bir erkek Müslüman, istibra yaptıktan sonra organına su serper ki bir zaman sonra çamaşırında rutubet hissettiğinde idrar kaçırdığı vehmine kapılmasın. Hissettiği rutubet veya ıslaklık serptiği sudan olduğu için kalbi rahat edecek, vesveseye düşmeyecektir.

İki Fıkıh Deyimi: İstibra ve İstinca

İstibra; erkeklerin küçük abdestten sonra idrar yolunda kalabilecek damla ve sızıntıların tamamen kesilmesinden emin olmalarıdır. Kadınlar için istibra gerekmeyebilir.

İstinca ise idrar ve dışkı yollarından çıkan idrar, dışkı, kan, meni gibi katı ve sıvı pislikleri giderip temizlemeye denir. Türkçede kullanılan "taharet" bu anlamdadır. İstinca yapılırken kullanılan temizlik maddeleri;

- Sağlığa zararlı olmamalıdır,
- Ekonomik değeri olmamalıdır,
- Temizliğe elverişli olmalıdır,
- Yiyecek olmamalıdır,
- Yazı kâğıdı olmamalıdır.

Özür sahibi, istinca yapmayabilir. Akıntısı bir namaz vaktinden öbür namaz vaktine kadar kesilmeyen kimse özür sahibidir. Daha sonra da iki namaz arasında bir defa da olsa akıntısı devam ederse özür hâli devam etmiş sayılır.

Necaset Fıkhından...

Dışkı, idrar, kan, kusmuk, meni, mezi necistir. Dince necis görülen şeyler, bedende ve namaz mahallinde bulunduğu sürece namaza manidir. Bir nesnede necaset görülüp bilinmedikçe o nesne temiz kabul edilir. Eğer necasetin özelliklerinden biri o nesnede görülüyorsa ona pis hükmünü veririz.

Namaz için engel oluşturmayan, yani müsamaha edilen miktar şudur: Ağırlıkta üç gram, hacimde ise üç santimetre karelik bir alandır. Gözün görmesi mümkün olmayacak kadar küçük olan necaset de zararlı sayılmaz. Kaçınılması mümkün olmayan necasetler de bağışlanmıştır. Sokaktaki çamurun elbiseye sıçraması gibi... Pis bir yere serilen temiz bir seccadenin üzerinde namaz kılınabilir.

Nasıl "Çiş" Deyip Geçebiliriz?

İbni Abbas radıyallahu anhüma şöyle dedi:

-Resûlullah sallallahu aleyhi ve sellem, yanından geçmekte olduğu iki mezar hakkında şöyle buyurdu:

"Bu ikisi, kendilerince büyük olmayan birer günahtan dolayı azap görüyorlar. Evet, aslında (günahları) büyüktür. Biri koğuculuk yapardı. Diğeri ise idrarından sakınmaz, iyice temizlenmezdi." (Buharî, Vudû 55, 56, Cenâiz 82, Edeb 49. Ayrıca bk. Ebu Davud, Tahâret 11; Tirmizî, Tahâret 53; Nesaî, Tahâret 26, Cenâiz 116; İbni Mâce, Tahâret 26)

İlahî Destekle Yürümek: Bereket

"Eğer o ülkelerin halkları iman edip kötülüklerden sakınsalardı göğün ve yerin bereket kapılarını yüzlerine açardık. Ama yalanladılar. Yaptıklarına karşılık da onları cezalandırdık."

(A'raf, 96)

Bereketli Bir Hayat İçin...

1- Takva sahibi olmak gerekir. Rabb'imiz, A'raf suresinin 96. ayetinde göklerden inecek bereketin şartı olarak iman ve takvayı göstermektedir.

2- Kur'an ehli olunmalıdır. Kur'an tam bir berekettir, şifadır, bereketin ta kendisidir.

"Sana indirdiğimiz bu Kur'an mübarek bir kitaptır." (R'ad, 29)

3- Dua, bereketin en büyük kaynaklarındandır. Sevgili Peygamber sallallahu aleyhi ve sellem efendimiz evlilere, yemek yedirene ve pek çok kimseye bereket duası yapmıştır. Bu da bize örnek olmuştur.

4- Erken vakitte bereket vardır. Peygamber sallallahu aleyhi ve sellem buyurdular ki:

"Allah'ım! Ümmetimin erkenciliğini bereketli kıl." (Ebu Davud, Cihad 78/2606)

5- Yeme-içme ve adabımuaşerette Sünnet'e uygun yaşanmalıdır. Çünkü Sünnet üzere bir hayat, Allah ve Resûl'ünün rızasına göre yaşamaktır ki bereketin özü de odur.

6- Gerçek anlamı ile Allah'a tevekkül eden bir Müslüman olmak gerekir.

"Eğer siz Allah'a gereği gibi güvenseydiniz Allah, kuşları doyurduğu gibi sizi de rızıklandırırdı. Kuşlar, sabahları kursakları boş olarak çıktıkları hâlde akşam dolu kursaklarla dönerler." (Tirmizî, Zühd 33/2344)

7- İstihare ile iş yapılmalıdır.

8- Sadaka verilmelidir.

9- Haramın ve şüphelinin her çeşidinden uzak durulmalıdır.

10- Çokça şükredilmelidir.

"Eğer şükrederseniz size artırırım." (İbrahim, 7)

11- Farz namaz kaçırılmamalıdır.

"Ehline namaz kılmalarını emret, kendin de onda devamlı ol. Biz senden rızık istemiyoruz, sana rızık veren Biz'iz. Sonuç, Allah'a karşı gelmekten sakınanındır." (Taha, 132)

12- İstiğfar, aralıksız yapılmalıdır.

"Kim sürekli istiğfar ederse Allah, onun her darlığına bir çıkış, her derdine bir çare verir. Ve onu ummadığı yerden rızıklandırır." (Ebu Davud, Vitr 26/1518)

13- Sılayı rahim unutulmamalıdır. Sılayı rahim, ömrün ve hayatın bereketine teminattır.

14- Evlilik bereketin temellerindendir.

"İçinizdeki bekârları, kölelerinizden ve cariyelerinizden iyi olanları evlendirin. Eğer yoksul iseler Allah onları lütfu ile zenginleştirir. Allah lütfu bol olandır, bilendir." (Nur, 32)

15- Eve, iş yerine, vasıtaya giriş çıkışta, güzel olan her işe hatta cinsel ilişkiye besmele ile başlanmalıdır. Besmelesiz başlanan bir iş ebterdir.

16- Yemeğe toplu oturup başlanmalıdır. Cemaat hep berekettir.

17- Zemzem suyu berekettir.

18- Sahur yemeği berekettir.

19- Ramazan gibi mübarek günlerde ev halkına cömert davranmak bereket sebeplerindendir.

20- Yemek yedirmek, yetim barındırmak, darda olana yardım etmek, mü'minin yüzünü güldürecek bir iş yapmak, semt seçip şerlilerin az olduğu bir semtte oturmak, yemek adabına riayet etmek gerekir.

21- Temizliğe özen gösterilmelidir.

22- Uyku müptelası olunmamalıdır.

23- Alışverişte doğruluktan ayrılmamak lazımdır.

Resûlullah sallallahu aleyhi ve sellem şöyle buyurdular:

"Eğer alışveriş yapanlar karşılıklı olarak doğru olurlarsa alışverişleri bereketli olur. Yok, eğer gizler ve yalan beyanda bulunurlarsa alışverişlerinin bereketi kalmaz." (Buharî, Büyû' 19/2079; Müslim, Büyû' 11/3836)

24- Mala tok gözlü yaklaşmak, zillete düşerek kazanmamak esastır. Hakim ibni Hizam radıyallahu anh diyor ki:

-Resûlullah sallallahu aleyhi ve sellemden mal istedim, verdi; bir daha istedim, yine verdi. Tekrar istedim, tekrar verdi. Sonra şöyle buyurdu:

"Ey Hakim!

Gerçekten şu mal çekici ve tatlıdır. Kim onu hırs göstermeksizin alırsa o malda kendisine bereket verilir. Kim de ona göz dikerek hırs ile alırsa o malın bereketi olmaz. Böylesi kişi, yiyip yiyip de bir türlü doymayan obur gibidir. Üstteki veren el, alttaki alan elden daha hayırlıdır." (Buharî, Zekât 50/1472; Müslim, Zekât 32/2384)

İstihare

İstihare, yaptığımız işlerin bereketli ve akıbetinin hayır olması için Peygamber sallallahu aleyhi ve sellem efendimizin bize öğrettiği duadır. Bir mü'min; farz, vacip, Sünnet, mekruh ve haram olmayan mübahlardan bir işi yapacağı zaman vereceği kararın, akıbeti için hayır mı şer mi olacağını tahmin edemiyorsa istihare yapar. İstihareden sonra, o işi yapma yönünde kanaati ağır basıyorsa istiharenin sonucu olumlu, aksi oluyorsa olumsuz demektir. İstihare Sünnet'ini uygun bir şekilde tatbik etmiş olmak için şunlara dikkat edilmelidir:

- İstihare bir duadır. Genel dua adabına uyulması hâlinde kabule daha yakın olur. Karnında haram lokma bulunanın duası kabul görmez. Önce haramlardan arınılmalıdır.
- Kişi, hiçbir kanaat sahibi olamadığı konularda istihare yapar. Görüşünü teyit ettirmek anlamına gelebilecek şekilde bir istihare olmaz.
- İstihare, kulun Allah'a sığınmasıdır. Herkes kendi istiharesini kendisi yapmalıdır.
- İstiharenin sonucu olarak bir rüya görme şartı yoktur. Kalbimizin neye meylettiğine bakarız.
- İstihareden önce kılınacak namazın belli bir niyeti yoktur. Birinci rekâtta Kâfirûn suresini, ikinci rekâtta da İhlas suresi okunabilir.
- İstihare ibadeti, önemli Sünnetlerden biri olarak sahih hadislerle sabittir.

İstihareyi anlatan hadisi şerif şöyledir:

Câbir radıyallahu anh şöyle dedi:

"Resûlullah sallallahu aleyhi ve sellem, tıpkı bir Kur'an suresini öğretir gibi bize her iş için istihare yapmayı öğretirdi. Şöyle buyururdu:

'Herhangi biriniz bir iş yapmak istediğinde farz namazlardan ayrı olarak iki rekât namaz kılsın, sonra da şöyle desin:

Allah'ım! Sen her şeyi bildiğin için hakkımda hayırlı olanı bana da bildirmeni, Sen'in gücün her şeye yettiği için beni başarılı kılmanı ve hayırlı olanı nasip etmeni Sen'in o büyük kereminden niyaz ederim. Çünkü Sen'in gücün her şeye yeter, benimki yetmez; Sen her şeyi bilirsin, ben bilemem. Şüphesiz Sen görülüp bilinmeyenleri de bilirsin.

Allah'ım! Eğer bu işin benim dinim, dünyam ve ahiretim için hayırlı olduğunu biliyorsan onu yapmayı bana nasip et, kolaylık ver ve onu bana mübarek kıl. Şayet bu işin benim dinim, dünyam ve ahiretim için kötü olduğunu biliyorsan onu benden, beni ondan uzaklaştır. Hayır nerede ise onu bana nasip et, sonra da gönlümü bu sonuca razı kıl!' Sonra da isteyeceği şeyi söylerdi." (Buharî, Teheccüd 28, Daavât 48, Tevhîd 10. Ayrıca bk. Tirmizî, Vitr 18; İbni Mâce, İkâme 188)

Şimdi Neredeler?
Helak Olmuş Milletlerin Serüveni

Helak Oldular Çünkü...

- Kul olduklarını unuttular. Bir damla meniden yaratılmış olduklarını unutup ilahlık tasladılar. İnsanları köleleştirdiler. Ya temelden Allah'a imanı reddettiler ya da şirke bulaştılar. Kâinatın sahibini bilmek istemediler.

  Sonradan yaratıldıkları dünyayı kendilerinin sandılar. Şeytanın şişirmelerine inandılar. Onlar yağcılarını, yağcıları da onları azdırıp durdu. Allah'ın nimetlerinin bir imtihan vesilesi olduğunu unuttular.

- Allah'ın en mübarek kulları olan peygamberlerini yalanladılar. Onlara demediklerini, etmediklerini koymadılar. Böylece onlara rahmet için gelen peygamberler azap nedenine dönüştü.

- Ahlaksızlar ve fesatçılar, toplumun çoğunluğu veya etkinleri hâline geldi. Zina, lûtilik, fuhuş gibi ahlaksızlıklar ayıplanmadı, kınanmadı. Ahlaklılar, toplumda ikinci sınıf muamelesi gördüler. Ahlak, ar edilir vasıf oldu. Doğru söz söyleyen, fırsatları kaçırdı. Kendileri bile buna ciddi bir tepki koymadılar.

- Allah'ın nimetlerini isyan malzemesine dönüştürdüler. Şükür bir yana, o nimetlerle asi oldular. Nimetleri kendi emeklerinin mahsulü, güçlerinin bir eseri gibi gördüler.

- Kul hakkına ciddiyetle bakmadılar. Ölçüde ve tartıda güven bozuldu. Kimden çekiniliyorsa onun hakkı korundu. Ahde vefa, söze sadakat kalktı. Zavallıların hakkı göz ardı edildi. Gözyaşlarını kurur, gider sandılar. Açılan elleri gören olur, beddualar Arş'a dayanır zannetmediler.
- Faiz, ekonominin normlarından oldu.
- Dalkavukluk, yağcılık en muteber meslek hâlini aldı. Ehliyete değil ilişkiye önem verildi.
- Toplum, Allah'ın azabına doğru sürüklenirken, âlimler ve salihler sürüye katıldılar. En azından gereği kadar gayret etmediler. Ne içinde bulundukları geminin su aldığını görebildiler ne de geminin su almasının onların da boğulması anlamına geleceğini gördüler. Azap gelince de herkes gibi onlar da helak oldular.
- Allah yolunda cihat ihmal edildi. Belli bir kesimin sorumluluğu gibi algılandı.
- Dinde aşırı gittiler. Üzerlerine görev olmayan konuları karıştırdılar, akılları bulandı, yeni nesillerin gözünde dinin safiyetini lekelediler. Bidatler yaygınlaştı.
- Münafıklık yayıldı. Otorite onların eline geçti. Kâfir olmayanlar bile güç kâfirlerin elindedir diye onlara meylettiler, onları şımarttılar. Fitnelere alet olup ihtilaf ettiler, parçalandılar. Şahsi çıkarlarını ümmetlerinin çıkarlarından üstün tuttular.
- Tepkisiz toplum oldular. Kötüler elini kolunu sallayarak yapacaklarını yaptı. Zalimlerin zulmü, aleni veya dolaylı bir destek buldu. Allah adına hakkı konuşmak aşırılık, kendini tehlikeye atmak olarak görüldü. Allah'a iman etmiş olmak adeta sinmek, ödü kopmak, gölgesinden korkmak gibi algılandı.

■ Bir kere girdikleri sapıklık yolundan bir daha dönmediler. Azap inmeye başladığında bile alaycılığı bırakmadılar. Allah Teâlâ'nın en ağır azapları bile akıllanmalarına yetmedi. Kur'an onların bu vurdumduymazlıklarını şöyle anlatıyor:

"Dediler ki: 'Sen bizi tanrılarımızdan çevirmek için mi geldin? Doğrulardan isen bizi tehdit ettiğin şeyi getir.' Hud da:

'Bilgi ancak Allah'ın katındadır. Ben size, bana gönderilen şeyi duyuruyorum. Fakat sizin cahil bir kavim olduğunuzu görüyorum.' dedi.

Nihayet azabın ufukta geniş bir bulut hâlinde vadilerine doğru geldiğini görünce 'Bu, bize yağmur yağdıracak bir buluttur.' dediler.

'Hayır, o sizin acele gelmesini istediğiniz şey, içinde acı azap bulunan bir rüzgârdır. Rabb'inin emriyle her şeyi yıkar, mahveder.'

Derken onlar o hâle geldiler ki evlerinden başka bir şey görünmez oldu. İşte, biz suç işleyen toplumu böyle cezalandırınız." (Ahkâf, 22-25)

Nasıl Helak Oldular?

Kimi boğularak tufanla helak oldu. Nuh aleyhisselam kavmi, Firavun, Sebe' krallığı gibi... Allah Teâlâ, İsra suresinin 69. ayetinde, kendisini pek güvende hisseden kullarını böyle bir azapla uyarmaktadır.

Kimini rüzgârla helak etti. Âd kavmi böyle helak oldu. Sevgili Peygamber sallallahu aleyhi ve sellem efendimiz, bir rüzgâr çıktığında yüzünün rengi değişir, onun azap olmasından korkardı. (Buharî, 4829)

Kimini sesle helak etti. Salih aleyhisselamın kavmi, sesle helak oldu. Kimini de taşla helak etti. Lût kavmi ve Ebrehe böyle helak oldu. Kimini de Karun gibi yere batırdı. Ahir zamanda meydana gelecek azap çeşitlerinden biri de budur. Buharî'nin rivayet ettiği bir hadiste "Depremler çoğalmadan kıyamet kopmayacak!" buyrulmuştur. Kimini de açlık, kuraklık ve geçim darlığı ile helak etti. Sebe' kavminin helak oluş azaplarında biri de böyle idi. Kimini de korku, ihtilaflar, yabancıların istilası, savaşlar ve toplu ölümlerle, yaygın hastalıklarla helak etti.

Ne Yapsalardı Kurtulurlardı veya Ne Yapsak Uğradıklarına Uğramayız?

- Allah'a imanın hakkı verilmeli. "İman ettim." sözünün arkasında durulmalı. Bedelsiz bir şey olmayacağı gibi imanın da bir bedeli olacağını bilinmeli ve mü'min insan o bedeli ödemeye her zaman hazır olmalıdır.
- İyiler, kötülerden fazla çalışmalıdır. Gemisini kurtaran kaptan değiliz. En az uyuyan, en az dinlenen, en az mal biriktiren biz olmalıyız. Her şeyimiz dinimize ve davamıza feda edilir olmalı. Belki amellerimiz değil ama gayretlerimiz bizi kurtarmalıdır.
- Yaşadığımız gün kadar, önümüzdeki neslin nereye gittiğini görmeliyiz. Çünkü onların yaşayacakları şeyi bir anlamda biz devretmiş olacağız.
- Kalp körelmesine karşı teyakkuz hâlinde bulunmalı; yoğun bir ibadet, tevbe, istiğfar ve zikir içinde olmalıyız. Duamızı hiç eksik etmemeliyiz.
- Hakkı haykıran, kötülüklere set çeken bir yürek sahibi olmalıyız. Yaşadığımız çağda tepki nasıl gösteriliyorsa onu yapmalıyız. Kurumlaşmalı, bu amaçlı kurumlarda fiilî gö-

revimiz olmalıdır. Zulmün kalkması, adaletin yayılması, haklının hakkına ulaşması uğruna gayretimiz olmalı.

- Eylemlerimiz, mü'minlerin gruplaşmasına/bölünmesine neden olmamalıdır. Birlik-bütünlüğün lafını değil gereğini yapmalıyız.
- Yaygın bir başarı elde edemesek bile evimiz ve birinci derecede mesuliyetini taşıdığımız çevreyi kurtarmalıyız.

Vesvese Bir Tuzaktır!

Vesvese Nedir?

Vesvese; kalpte meydana gelen şüphe, tereddüt, vehim, kuruntudur. İnsanın, şeytanın etkisi ile aklını ve iradesini tesirsiz hâle sokmasıdır.

Vesvese İblis'ten Bir Pusudur

Âdem'in çocuklarını aldatmayı hedef edinen İblis'in kullandığı en tehlikeli tuzaklardan biri vesvese tuzağıdır. Niceleri hak yolu bulup o yolda yıllarca yürüdükten sonra vesvese bataklığına saplanıp bir daha düzlüğe çıkamadılar. Önce önemsiz gibi hissettikleri sorucukların ardında koca bir iman bırakıp gittiler. Yılların birikimi, amelleri heder oldu. İblis'e maskaralık yaptılar.

Düşmanımız İblis'in bütün tuzaklarına karşı dikkatli olmak zorundayız. Hele hele irademizi eriterek bizi bataklığa çekmesi anlamına gelen vesveseye karşı en küçük ayrıntılara kadar dikkat etmek ilkemiz olmalıdır.

Vesvese, şeytanın taktiklerinden olduğuna göre bizim vesveseye karşı direncimiz onun meydanlarda karşımıza diktiği kâfir orduları ile yaptığımız cihat gibi bir cihattır. Vesveseye yenik düşmek tam anlamı ile cephe kaybetmektir. Vesveseyi yenmek ise bir cephede İblis'i mağlup etmektir. Vesvese ile cihat, batılla cihat gibidir. Vesveseye karşı direnç, kaleyi içten korumaktır.

Vesvese İblis'ten bir pusudur. Ancak bu pusuya düşen mü'minin iki kusuru kendisindendir:

Bu mü'min ya dininin hükümlerini iyi bilmemektedir ya da aklını ve iradesini kullanamamaktadır. Her iki durumda da sorumluluk omuzlarındadır.

Dinimiz, İtidal Dinidir

İnanırken akidede, ibadet ederken ibadette, sosyal işlerimizi yürütürken muamelatta ve mübahları kullanırken mübahlarda itidalli olmak Müslümanlığımızın gereğidir. Aşırılık ve abartı, dinden değildir. Çünkü abartı, genelde İblis'in pusuna götüren bir ağdır. İnsan ise İblis'ten tuzaklarına karşı bilgi ve irade ile korunabilir.

İblis ile insanın dünyada var olması ile başlayan ve son insana kadar devam edecek olan bir savaştayız. Bu savaşta İblis, farklı taktikler ve hileler kullanıyor. Açıkça görülebilen taktikleri olduğu gibi damarlarımıza girerek yürüttüğü taktikleri de vardır. Vesvese, onun damardan sokuşturduğu ve ne yazık ki ancak sonuçlarını gözle görebildiğimiz taktiklerindendir.

İblis, çıktığı yolda kazanmak için uğraşıyor. Biz de Rabb'imizin rızasını kazanmak için çalışıyoruz. Dün yaptığı işleri cihattan sayıp övünen bir insan, bugün yaptığı o işleri utanılacak işler veya o zaman için mecburen yapılmış işler olarak görüyorsa maalesef İblis, kazanan taraf olmuştur. Verdiği vesvese ile bu mü'minin kalesini içten çökertmiştir. Bu mü'minin "Dün seni yönlendirdiğini söylediğin ayetleri, hadisleri bugün nereye koyacaksın?" sorusuna vereceği ciddi bir cevabı yoktur. Söyleyeceği her söz yeni bir vesvesedir.

Nelerde Vesvese Olabilir?

Vesvesenin en belirgin alanı ve iman açısından en tehlikelisi, Allah Teâlâ hakkında olan vesvesedir. Kimi zaman tefekkür kılığında kimi zaman hakikati araştırma adı altında farklı sorularla Allah Teâlâ'nın zatını, insan beyni ile şekillendirmekten O'nun emirlerini ve yasaklarını irdelemeye kadar bir yığın sorular etrafında bocalamanın adı tam anlamı ile vesvesedir. Sonunda bu vesvese; imandan ve iman davasından şüphe etmeye, dinin içeriğini sorgulamaya, Allah'ın vaadi olan cennet ve cehennemi tartışmaya kadar ulaşabilir. Ancak bu noktadaki vesveseye karşı mü'minin tam bir teslimiyetle Rabb'ine sığınıp şüphe kapılarını şeytanın yüzüne kapatması tam bir cihattır. Böyle psikolojik bir savaşta şeytanı yenmesidir.

Vesvesenin tehlikeli olduğu ikinci alan ise ibadetlerdir. Taharet, abdest, namaz en çok vesveseye düşülen alanlardır. Başka bir açıdan da vesvesenin gözle en rahat izlenebilecek bölümü bu bölümdür. Çünkü şeytan için önemli olan, kulun Rabb'inden uzak kalmasıdır. Eğer bu uzak kalma, imandaki bir şüphe ile sağlanmış ise maksat hasıl olmuştur. İmanda bir şüphe oluşmadı ise imanın bir eseri olarak yerine getirilen abdestte, namazda veya benzeri bir yerde vesvese oluşmasında da şeytan açısından kazanç vardır. Mü'min, ziyanda olsun da nasıl olursa olsun!

Temizlikte titizlik ve daha temiz olmak, namazda kusur yapmamak gibi aslında güzel olan gerekçeler sadece bir pusu olabilir. Bu tip gerekçeler yerine fıkha uygun, hadise-ayete uygun gibi prensiplerin sahibi olmak gerekmektedir. Fıkıh esas alındıktan sonra gerisine aşırılık olarak bakabiliriz. Bu da iyi bir ilmihâl bilgisinin ne kadar gerekli olduğunu anlatır.

Vesvesenin en yaygın olduğu üçüncü alan ma'siyetlerdir. Salih düşünceler ve amellerle dolu olmayan beyinleri haramlara yönlendirinceye kadar vesvese devam edebilir. Gelecek endişesi, menfaat kaybı gibi tehditler vesvese ile beyne sokulur. Bunlar önce basit kuruntular olarak beyne girer ardından da gecenin, gündüzün yekûnunu dolduran düşüncelere dönüşür.

Dördüncü alan ise unutturmadır. Sürekli zihinde tutulması gereken şeyleri en kritik anlarda unutturarak İslami ve insani görevlerimizde ihmalkârlığın nedeni olur.

Ümmetin Büyüklerini ve Değerlerini Hafife Almak Tehlikeli Bir Başlangıç Olabilir

Başta Allah'ın Resûl'ü aleyhisselam olmak üzere ashabı kiram, onların ardından gelen hayırlı nesil ve mü'minlerin gözünde asırlardan beri örnek şahsiyetler olarak bilinen isimler saygınlıklarını yitirmemelidirler. Onların yıpranması, önden gidenlerin kaydığı buzlu bir zeminden gitmek gibi olur. Şeytan, şahsiyetler üzerinde bir vesvese üretebilir.

Mukaddesat olarak bilinen kavramlar da sulandırılmamalıdır. Kavram olarak sulanmış bir amelin ihlasla eda edilmesi artık zor gerçekleşebilir.

Vesvese Asla Basit Değildir

Onurlu bir hayat ve akıbeti cennet olacak bir ölüm uman insan için vesvese hedeften kaymadır. Çünkü vesvese;

- Allah'a itaat yerine şeytana itaattir,
- En değerli varlık olan vakti israftır,
- İbadette eksikliktir,
- Sünnet'e aykırılıktır,
- Su ve benzeri değerlerin israfıdır,
- İnsan onurunun zedelenmesi, cemaat ve kardeş ortamından dışlanmadır.

Elbette Çaremiz Var

- Çareye muhtaç olmadan önce vesvesenin oluşmaması için gayret etmeliyiz. Vesvesenin kaynağını tanımalıyız.

Şeytanla mücadelemizin derinliklerini, onun en eski ve en güçlü düşmanımız olduğunu bilmeliyiz. Bir anlamda vesvese ile mücadele şeytanla olan mücadele olarak görülmelidir.

Şeytanın vesvesesine en uygun tiplerin zayıf iradeliler olduğunu hiç unutmamak gerekir. İstikrarlı düşünememek ve zafiyete teslim olmak, onu kabullenmek iradesizliğin nedenlerindendir.

- Ümmeti Muhammed'den olmak gibi bir meziyete sahip insanın ufkunda gökler ve feza küçücüktür. Derin düşünceler ve yoğunluğu bitmez çalışmalardan vesveseye vakit kalmamalıdır. Keyfinden taviz vermeyen, zevklerini âdeta putlaştıran, dediğini ikiletmemeyi prensip edinenler genelde vesveseye daha yakın dururlar.
- Vesveseye yakalanan, şüpheye değer vermemelidir.
- Yalnızlık tehlikelidir. İnsan yalnızlığı, düşünce yalnızlığı, çevre yalnızlığı tehlikedir. Salihlerle beraber olmak, zikir ve ilim meclislerinde bulunmak, camide cemaatle namaza önem vermek güçlü bir silahtır.
- "Boş vakit" ve "boş yer" vesvesenin kuluçkası olabilir.
- Geniş bir düşünce ağı kurmalıyız. Nefsimizin kusurları, çevremizde olup bitenler, ümmet olarak içinde bulunduğumuz hâl, iman davamıza katkımız gibi durumları tefekkür etmeliyiz. Küçük ve bireysel işlerde eriyip gitmeyi engelleyecek büyük düşünceler şarttır.

Kısır bir döngü içerisinde kalan "Evinden işine, işinden evine!" tarzında ifade edilebilecek basit düşünceli hayatlar, doğal bir sonuç olarak değersiz şeyleri tekrarlayıp büyütmeye mahkûm insanların hayatıdır.

- Allah'ın razı olacağı ve kullarının hayır duasına vesile olacak işler bulup üretmeliyiz. Hayırlara koşuşturan, kendisini insanların hizmetinde efendileştirenlerden olmalıyız.
- Vesvesenin şeytandan olduğu bir gerçektir. Ne var ki şeytanın kendisine maşa olarak kullandığı insanları da vesvesenin bir nedeni olarak bilmeli ve ona göre tedbir almalıyız. Şeytana savaş açtıktan sonra ona neredeyse rahmet okutturacak odaklarla beraber olmak veya onların yörüngesinde olmak tehlikedir.
- Vesvesenin yoğunlaştığı zamanlarda istiâzeyi tekrar edip sol tarafına üç defa "tu" yapmak, Peygamber aleyhisselam efendimizin öğrettiği bir Sünnet'tir. Allah'ın izni ile de güzel bir çaredir.
- Bu mücadelede dua ve zikir en güçlü silahımızdır. Her sabah en az on defa "La ilahe illallahu vahdehu la şerike lehu, lehulmulkü ve lehul hamdü ve huve ala külli şeyin kadir" denmelidir. Yatmadan önce Ayetelkürsi ve Muavvizeteyn okunmalıdır. Bu okumaları da tam bir iman ve ihlas ile yapmalıyız ki bereketi hâsıl olsun. Belirli ayet ve zikirlerden bir vird edinip onu hiç ihmal etmeden istikrarlı bir şekilde sürdürmeliyiz.

Kesin Olan Şey Şüphe ile Kalkmaz

Fıkhın önemli kurallarından biri de şudur: "Kesin olan şey şüphe ile kalkmaz." Mesela, abdest aldığını kesin bilen birinin, abdestinin bozulup bozulmadığı konusunda tereddüt etmesi hâlinde bu kuralı şöyle uygularız:

Kişinin, abdestli olduğu kesindir. Abdestinin bozulup bozulmadığı ise şüphelidir. Şüpheliden dolayı kesin olanı kaldırmayız. Abdestinin devam ettiğine hükmederiz.

Fil Bile Anladı

Fil Suresi Hakkında

Fil suresi, Kur'an-ı Kerim'in 105. suresidir. Beş ayet, otuz üç kelime, doksan üç harftir. Mekke'de inen on dokuzuncu suredir. Mekke müşriklerinin Resûlullah sallallahu aleyhi ve selleme eziyet etmelerine karşılık Allah Teâlâ'nın onları azabı ile tehdit etmesini ihtiva etmektedir. Bir önceki sure olan Hümeze suresinde Allah Teâlâ, malından dolayı şımarıp insanlarla eğlenenlere mallarının fayda vermeyeceğini, Allah'ın azabından kurtulmalarının mümkün olmadığını anlatmıştı.

Fil Suresinin Meali

"Senin Rabb'in fil sahiplerine
neler etti, görmedin mi?
Onların kötü planlarını boşa
çıkarmadı mı?
Onların üstüne
sürü sürü kuşlar gönderdi.
O kuşlar,
onların üzerlerine
pişkin tuğladan yapılmış taşlar
atıyordu.
Böylece Allah,
onları yenilip
çiğnenmiş ekine çevirdi."

Hemen Hümeze suresinin ardından gelen Fil suresinde de malın ve benzeri övünç kaynaklarının Allah'ın azabı karşısında nasıl bir "hiç" olduğunu, güçlü ordularına güvenip Kâbe'yi yıkmaya gelen Ebrehe'yi mini mini kuşlarla helak eden Allah'ın kudretini anlatmaktadır. Yemenliler, o zamanki Mekke müşriklerinden daha güçlü ve daha etkindiler. Ama Allah'ın azabı önünde duramadılar.

Surede tek konu vardır. O da Beytullah'a zarar verme planı yapan bir azgının helak ediliş haberidir. O olayın ayrıntılarına ait bilgiler de surenin içeriğinde yoktur. Sadece ana hattıyla olayın sonucuna işaret edilmiştir. Ayrıca bütün müşriklere ve zalimlere ders olacak şekilde Allah Teâlâ, en büyük hayvanlardan olan fillerine güvenen Ebrehe'yi en küçük hayvanlardan biriyle nasıl helak ettiğine işaret etmiştir.

Bu olay, Resûlullah sallallahu aleyhi ve sellemin doğumu yılındaydı. Mekkeliler olayı iyi biliyorlardı. Bu sure indiğinde "Böyle bir şey olmamıştı." diyemediler. Kuşların koca orduyu helak edişini gözleriyle gördükleri veya görenleri senelerce dinledikleri için surenin tehdidi içlerine oturdu. Kur'an, canlı bir mucizeyi onlara hatırlatmış oldu. Böylece bu sure, Allah'ın benzer azapları diğer kavimlere yapışını anlatan benzer ayetleri de teyit etmiş oldu.

Surenin asıl mesajlarından biri Resûlullah sallallahu aleyhi ve sellemin teselli edilmesidir. Müşriklerin yalanlamaları ve eziyetleri karşısında "Görmedin mi?" diye başlayan sure, görmüş gibi inanan birine hitap ediyordu. Bu da onun üzülmemesini ve kendisini peygamber olarak gönderen Rabb'ine itimat etmesini sağlamaktadır.

Bu ve benzeri sureler-ayetler indikçe Resûlullah sallallahu aleyhi ve sellem ve ashabı, daha güçlü bir imanla ve daha sabırlı bir tavırla Müslümanlıklarını sürdürdüler. Her inen ayet, onlar için bir güç kaynağı oldu. Onların peşinden gitmekte samimi olan bütün mü'minler için de kıyamete kadar böyle olacaktır. Fil suresi, dün inmiş kadar yeni ve canlıdır Allah'ın izniyle.

Hikmet İçinde Hikmet

Fil suresinde geçen helak etme olayını yapan şüphesiz Allah Teâlâ'dır. Bu konu anlatılırken normal bir şekilde "Allah fil sahiplerini helak etti." denebilirdi. Fakat bu surede "Senin Rabb'in fil sahiplerine neler etti!" ifadesini görüyoruz. Burada ince bir anlam vardır. "Allah yaptı." ifadesi, "Senin Rabb'in yaptı." kadar teselli ihtiva etmemektedir. "Senin Rabb'in" deyimindeki sıcaklık, tam bir teselli cümlesidir. Çünkü "Rab" sahip olan, bakan, kollayan demektir.

Resûlullah sallallahu aleyhi ve sellemin teselli olması için inen bu ayetler, bu tür bir anlatımla şu inceliği vurgulamaktadır:

Ey Peygamber!

Evet, Allah seni bir tebliğ maksadı ile gönderdi. Etrafındaki müşrikler seni üzüyor, tehdit ediyorlar; sen de bunalıyorsun. Onlar senden daha güçlü de görülebilirler. Ama seni gönderen Rabb'in var. Ve o Rabb'in, senden önce azan bir grup kâfire böyle yapmıştı. Sen yalnız ve desteksiz değilsin. Kendine güven.

Olay

Yemen'de etkin bir vali olan Ebrehe, Kâbe'nin tavaf edilmek için ziyaret edilen bir yer olmasından şiddetle rahatsız olur. O günlerde Mekkeli müşrikler ve diğer Araplar Kâbe'ye saygı gösteriyor, İbrahim aleyhisselamla olan bağları sayesinde kendilerini Kâbe'nin sahibi kabul ediyorlardı. Ebrehe ise Hristiyanlığın etkisi altındaydı.

Ebrehe kendine göre bir plan yaptı. Bu plana göre Yemen'de büyük bir kilise inşa edecek, kilisenin görkemine kapılan Araplar, tavaf etmek için oraya geleceklerdi. Böyle de yaptı. Görkemli bir kilise yaptı ama kimse gidip onun kilisesinde tavaf yapmadı. Gitmedikleri gibi onu tahkir bile ettiler. Rivayetlere göre Araplardan biri gidip orayı pisletmiş bile.

Ebrehe, Kâbe yerinde durdukça onun kilisesiyle ilgilenenin olmayacağına inanınca iyice kudurdu. Kâbe'yi yıkmaya karar verdi. Büyük bir ordu kurdu. Ordusuyla Yemen-Sana'dan yola çıktı. Aklı başında bazı Araplar karşısına çıkmak istediler. Ordusu çok güçlüydü. Karşısına çıkanı ezdi, dağıttı.

Ebrehe o gün için çok farklı bir ordu kurmuştu. Ordusu hem teçhizat olarak güçlü bir orduydu hem de ordusunda filler vardı. Fil sayesinde bir taraftan karşısındakilere psikolojik etki yapıyor, diğer taraftan gerçekten o zaman için önünde durulamaz bir ordu kurmuş oluyordu. Öyle de oldu. Ordusu Arap yarımadasını susturmuştu. Maksadını bildikleri hâlde onunla pazarlığa bile yanaşmaya cesaret edemediler.

Mekke'ye yakın bir şehir olan Taif'te ordusu konakladı. Geçtiği yerlerdeki insanlara zarar veriyor, bulduğuna el koyuyordu. Taif'te de deve sürülerine el koydu. El koyduğu develer arasında Resûlullah sallallahu aleyhi ve sellemin dedesi Abdülmuttalib'in iki yüz devesi de vardı.

Ebrehe, Mekke'ye yaklaştığını anlayınca kendisiyle görüşebileceği bir muhatap aradı. O zaman Mekke'de söz sahibi şahsiyet olan Abdülmuttalib'i gösterdiler. Abdülmuttalib, Ebrehe'nin önüne çıktı. Heybetli ve gösterişli bir kimliği olan Abdülmuttalib, Ebrehe'nin dikkatini çekmişti.

Ebrehe, Abdülmuttalib'e saygı gösterdi. Onu yanına oturttu. Konuşmaya başlayıp Kâbe'yi yıkmaması için Abdülmuttalib'in ricada bulunmasını bekledi.

Abdülmuttalib söze başladı. El koyduğu develerini geri vermesini istedi. Ebrehe afalladı. Tercümana dönüp dedi ki:

"Buna söyle. İçeri girdiğinde tipine bakıp saygı göstermiştim. Ben onu ciddi biri zannettim. Kâbe'yi yıkmaya gittiğimi bildiği hâlde benden onu yıkmamam için ricada bulunacağını beklerken o, iki yüz deveyi geri vermemi istiyor!"

Abdülmuttalib, Ebrehe'nin cevabını duyunca şunu söyledi:

"Ben develerin sahibiyim. Onları korumaya çalışıyorum. Kâbe'nin sahibi var. O, onu korur."

Ebrehe ona develerini verdi, onu gönderdi. O kızgınlıkla da Mekke'ye doğru hareket emri verdi.

Abdülmuttalib Mekke'ye geri döndü. Mekkelilerden canlarını kurtarmalarını ve dağlara çıkmalarını istedi. Herkes dağa kaçtı. Uzaktan, Kâ'be'nin akıbetini seyretmeye koyuldular. Fakat ordunun önündeki fili hareket ettiremediler. Fil, Mekke'ye doğru dürttükçe kıpırdamıyor; başka yöne çevrilince ilerliyordu.

Biline
Kâbe değerlidir! Resûlullah sallallahu aleyhi ve sellem ise ondan da değerlidir! Bir Müslüman bile Kâbe'den daha değerlidir Allah katında!

Onlar fille uğraşırken Allah sürü sürü kuşlar gönderdi. Her bir kuş mercimekten büyük, nohuttan küçük taşlar taşıyordu. Biri gagasında, ikisi ayaklarına takılıydı. Taşıdıkları o taşları Ebrehe'nin ordusunun üzerine attılar. Koca ordu kısa bir sürede leşe döndü. Ebrehe ölmedi, ağır yaralı olarak Yemen'e geri döndü. Orada öldü. Mekkeli müşrikler bu olaya gözleriyle şahit oldular. Daha sonra Fil suresi inince de bu olay onlara hatırlatılmış oldu.

Fil olayını ayrıntılı olarak anlatan, açık bir rivayet daha yoktur. Hadis kaynaklarında da geniş bir şekilde geçmemektedir. Önemli olan da olayın ayrıntıları değildir zaten. Zira ayrıntısına takılıp kalınan olayların asıl cevheri unutulmakta, vermesi gereken mesajı o olay verememektedir. Olaydan arda kalan net bilgi şudur:

Tarihte böyle bir teşebbüs olmuştur. Bu teşebbüs, sahipleri için kötü bir akıbetle sonuçlanmıştır. Allah Teâlâ, kıyamete kadar mukaddesata saldırmayı düşünebileceklere ders olması için bu bilgiyi Kur'an'ın bir suresine konu ederek bize taşımıştır. Kuşun gagasına ve kanadına takılmadan bakabilenler için anlaşılacak çok şeyler vardır. Anlamak istemeyenler için ise güneş bile yeterli değildir.

Göz Bantları

Fil ordusunu helak eden kuşların türü neydi? Serçe mi, kırlangıç mı? Taşıdıkları taşlar mıcır mıydı, tuğla parçası mı? Kuşlar kaç taneydi? Renkleri neydi? Şimdi o kuşlar yaşıyor mu? Fil isabet aldı mı?

Ne berbat sorular bunlar! Büyük bir mucizeyi ve muazzam bir kudreti örtmek için şeytanın çektiği perdeler değil de nedir bu meraklar? Kuşun türü önemli mi? Allah'ın kudreti tecelli ettiğine göre onu düşünürken kuşa, taşa, renge takılmak ne kötü bir tavırdır!

Büyük Hikmetler

1- Müşrikler asırlardan beri Mekke'de yaşıyor, kendilerini Mekke'nin tabii varisleri olarak görüyorlardı. Ancak Allah, Kâbe'nin korunmasını onlara havale etmedi. Asırlar sonra bile müşriklerin fedakârlığının anılacağı bir malzeme vermedi onlara. Hristiyan olan Ebrehe'ye ona saldırma fırsatı vermediği gibi müşriklere de "Onu biz koruduk." dedirtmedi. Onlar kaçıp dağdan seyretti, cılız bir kuş sürüsü Allah'ın ordusu olarak Kâbe'yi korudu. Bu, Allah'ın kanunudur. Yerde ve göklerde ne varsa O'nun ordusudur. O, dilediğini dilediği zaman kullanır. Kullarının hesabı, planı bir şey değiştirmez.

2- Evs ve Hazrec'in Yesrib'de onlarca yıl süren iç savaşları, Mus'ab bin Umeyr radıyallahu anh oraya gittiğinde halkın onun sunduğu mutluluğa hasretle koşmalarına nasıl sebep oldu ise Ebrehe'nin Mekke saldırısı da Resûlullah sallallahu aleyhi ve sellemin dünyayı aydınlatmasına zemin hazırlayan olaylardan olmuştur. Nitekim Fil suresi, bu olayı anlatırken Resûlullah sallallahu aleyhi ve sellemi üzen müşriklere, daha dün denecek kadar yakın bir zamanda meydana gelen ve çok iyi bildikleri bir olayı hatırlatarak ders verdi. Onlardan kimse çıkıp "Bu doğru değildir." diyemedi.

3- Allah, önceki ümmetleri daha farklı azaplarla cezalandırmıştı. Ebrehe ise kuşlarla helak edildi. Allah dileseydi melekleriyle veya rüzgârla herhangi bir sebeple de o orduyu yok edebilirdi. Nemrut'u da sinekle yok etmişti.

Filiyle ün salmış bir ordu, filin kulağından küçük bir hayvanla imha edildi. İmha malzemesi olarak da filin dişinin onda biri kadar bile olmayan taşlar kullandı kuşlar. Atılan taşlar etlerini çürüttü. Leş gibi çürüdü hayvanlar. Büyük görüntü, minik cevapla yok oldu.

Bu bir mesajdı. Allah, tek hâkimdir. Dilediğini dilediği gibi yapar. Kimseye muhtaç değildir. Eğer kullarından biri haddini bilmezse ona haddini bildirir. Kâbe'yi yıkmak isteyen fillerin ordusunu mini kuşlarla helak eden Allah, aynı Allah'tır. Mukaddesatına dil ve el uzatmak isteyenleri helak etmeyi dilediği zaman, büyük dağları üzerlerine uçurması gerekmez. Onu da yapar, yapmayı dilediğinde ama neyi nasıl dileyeceğini sadece O bilir. Çok basit ve cılız bir sebeple ezilmez, kahrolmaz zannedilen ordular yok olabilir. Büyük planlar, büyük projeler, insanların gözünde büyüktür. Allah için ise büyük ve aşılamaz hiçbir şey yoktur. Bu iman, Fil suresinin vermek istediği mesajdır.

4- Fil suresi Resûlullah sallallahu aleyhi ve sellemi üzen müşriklere tehdit, mü'minlere ise teselli için indi. Allah, Kâbe'yi korumak için böyle yaptı. Allah katında, Kâbe'den daha değerli olan Peygamber'e şunu söylemiş oldu:

Sen Kâbe'den de değerli olduğuna göre Kâbe'yi koruyan Rabb'in, seni zaten korur. Sen onların eziyetinden hiç rahatsız olma. Rabb'inin hükmünü bekle!

5- Allah Teâlâ "Onların kötü planlarını boşa çıkarmadı mı?" buyuruyor. Mesela "Kâbe'yi kurtarmadı mı?" diyebilirdi. "Planın boşa çıkarılması" bir mesajdır. Ümmeti Muhammed'in üzerinde ve imanı etrafında planları ve emelleri bulunanlar için bu ayet bir uyarıdır. Dünle bugünün bir farkı yoktur. Biri Kâbe'yi yıkmayı, öbürü de Müslüman kadınların örtüsünü ifsat etmeyi, bir başkası Kur'an'dan koparmayı planlıyordur. Kıyamete kadar binlerce, milyonlarca plan yapılabilir. Hepsinin akıbeti aynıdır.

Hepsi, Allah'ın azabıyla yok olmaya mahkûmdurlar. Allah, onları bir zaman için erteleyebilir. O ertelemesinde de sadece O'nun bildiği bir hikmeti vardır. Firavun'un sistemini de kaç asır yaşattıktan sonra Musa'yı göndermişti. Bizim için acele olan nice işler, O'nun için henüz vakti gelmemiş işler olabilir.

Ebrehe'yi, Kâbe'yi yıkmayı planladığı an helak edebilirdi. Onun Mekke yakınlarına kadar gelmesi gerekmiyordu. Ama Mekke'nin en yakın yerine kadar sokuldu, ona müsaade etti. Mekkeli müşrikler korktu, kaçtı. Onların gözü önünde azabını gönderdi. Onlar seyretti. Olaydan kırk küsur yıl sonra, Fil suresi indi. Nereden nereye, kimden kime? Hikmet yumağı etrafında dönüp duruyoruz.

6- Allah Teâlâ'nın Kâbe'sini yıkmaya kalkışan filler değil Ebrehe isimli biriydi. Ama Kur'an, olayı fillere mal ederek anlatıyor. O cüreti gösterenler olsa olsa fil akıllı olabilecekleri için Kur'an onların adını bile anmayarak filleri anmayı yeğlemektedir. Allah'ın ve dininin karşısına dikilenler bunu iyi düşünmelidirler.

Düşünmeye Değer!

Müslümanların umumiyetle çocukluk yıllarından ezberleyip hemen hemen her gün namazlarda okudukları Fil suresini, tarihin enteresan olaylarından biri olarak görmeleri ne kadar üzücüdür.

Fil suresini okudukça serin bir su içer gibi küfrün baskılarına karşı umutlanmamak, iman tazelememek, Allah'ın kudretine teslim olmamak en azından bir nasipsizliktir.

"İmanlarını kat kat artırsınlar
diye mü'minlerin kalbine
güven indiren O'dur.
Göklerin ve yerin
orduları Allah'ındır.
Allah bilendir,
her şeyi
hikmetle yapar."
(Fetih, 4)

Öküz Dedi ki...

Ebu Hureyre radıyallahu anh şöyle rivayet etmiştir:

-Resûlullah sallallahu aleyhi ve sellem sabah namazını kılmıştı. İnsanlara yöneldi ve şöyle buyurdu:

"Adamın biri bir öküzü sürüyordu. Hayvana bindi ve ona vurdu. Hayvan adama döndü ve dedi ki:

'Biz bunun için yaratılmadık. Biz tarla sürmek için yaratıldık.'

İnsanlar şaştılar. 'Sübhanellah! Öküz konuşuyor, hayret!' dediler."

Bunun üzerine Resûlullah sallallahu aleyhi ve sellem buyurdu ki:

"Ben buna inanıyorum. Ebu Bekir ve Ömer de inanıyor. Bir kere de adamın biri koyunlarını bekliyordu. Bir kurt, koyunlardan birini kaptı ve kaçırdı. Adam peşinden koştu, koyunu kurdun elinden kurtardı. Kurt, adama dedi ki:

'Bunu benden kurtardın. Yırtıcıların saldırdığı gün gelir, o gün benden onu kim kurtarır? O gün benden başka çobanları kalmaz.'

İnsanlar şaştılar. 'Sübhanellah! Kurt konuşuyor!' dediler."

Resûlullah sallallahu aleyhi ve sellem buyurdu ki:

"Ben buna inanıyorum. Ebu Bekir ve Ömer inanıyor." (Böyle buyurduğu esnada Ebu Bekir ve Ömer orada değillerdi.)

[(Buharî, Enbiya, 52 (3284); Müslim, 2388]

Hadisimiz Ne Anlatıyor?

1- Bir sabah namazının ardından Resûlullah sallallahu aleyhi ve sellem efendimiz, ashabına konuşma yapmaktadır. Ashaptan Ebu Hureyre radıyallahu anh da bu konuşmayı dinlemiş ve bize kadar ulaşacak şekilde rivayet etmiştir. Biz bu hadise Buharî ve Müslim kanalıyla ulaşmış bulunuyoruz. Her iki kitap da Kur'an'dan sonraki en güvenilir birinci ve ikinci kaynağımızı oluşturduğuna göre elimizdeki rivayete güvenme açısından bir sıkıntımız yoktur. Olay, bir hikâye değildir. Hikâye olmayışının da iki nedeni vardır:

a- Her iki olayı da Resûlullah sallallahu aleyhi ve sellem anlatmıştır. Onun anlattığı şeylerde bizim bir şüphemizin olması, Müslüman adını taşıdığımız sürece mümkün değildir.

b- Bu bilginin O'ndan bize ulaşma süreci güvenli bir süreçtir.

2- Resûlullah sallallahu aleyhi ve sellemin anlattığı olayın birinci bölümünde, öküzü binek olarak kullanmak isteyen bir insana, öküzün dönüp yaptığı işin yanlış olduğunu söylemesi söz konusudur. Bu, insan için olağanüstü bir durumdur. Normal durumlarda hayvanlar konuşamaz fakat burada konuşmuştur.

3- Öküzün dile getirdiği şey, bir gerçeğin hatırlatılması olmuştur. Öküz gibi bir hayvan, insana hayvanı yaratılış maksadı dışında kullanmanın yanlışlığını söylemiştir.

4- Ashap bu olaya hayretle yanaşmışlardır. Bu elbette doğaldır. Hayretlerini dile getirmeleri normal olmakla beraber, Resûlullah sallallahu aleyhi ve sellem, o mecliste bulunmayan Ebu Bekir ve Ömer'in anlattığı bu mucizevi olaya kendisi gibi inanacaklarını söylemiştir.

5- Dinleyenlerin bu şaşkınlıkları devam ederken Resûlullah sallallahu aleyhi ve sellem ikinci bir mucizeden söz etmiştir. Bu mucizede de başka bir hayvan (kurt) dile gelmiştir. Bu da olağanüstü bir olaydır. Oradakiler, henüz öküzün konuştuğuna anlam vermeye çalışırken, konuşması beklenmeyen başka bir hayvan olan kurdun dile gelmesini dinleme mucizesi ile karşılaştılar.

6- Kurdun dile gelmesine de yine orada bulunmayan Ebu Bekir ve Ömer radıyallahu anhümayı kendisine şahit göstermiştir.

7- Şüphesiz Resûlullah sallallahu aleyhi ve sellemin anlattığı bu olayda ana maksat, eski ümmetlerde cereyan eden olaylardan ibret alınmasıdır. Buna benzer vakalar Efendimiz zamanında da meydana gelmiştir. Bazılarının da gelecekte vuku bulacağını bildirmiştir. Her hâlükârda mü'minlerin insanı konuşturan Allah'ın, taşı ve mahlukâtından herhangi birini konuşturmaya muktedir olduğunu bilmeleri ve bunda tereddüt etmemeleri gerekmektedir.

Nitekim Neml suresinin 18. ayetinde Allah Teâlâ, Süleyman aleyhisselamın geçtiği bir vadide karıncalardan birinin konuştuğunu bildirmektedir. Gerek hayvanların kendi aralarında bir dille anlaşmaları boyutu ve gerekse hayvanların insanlarla, insanların hayvanlarla konuşmaları olağanüstü bir durum olarak görülebilir. Öyle görülmesi de gerekmektedir. Ama bu olağanüstü olma durumu insan içindir. Allah için hiçbir şeyde zorluk yoktur.

Allah Teâlâ diledi, insanı konuşturdu. Dilediğinde de hayvanı konuşturur; taşı, ağacı konuşturur. Nitekim Kur'an'dan öğrendiğimize göre kıyamet gününde Allah Teâlâ, insanın uzuvlarını kendi aleyhinde şahit olarak konuşturacaktır. Zorluk veya imkânsızlık insan içindir. Allah için zor yoktur.

8- Bu tip bilgilerin bize ulaşma sürecini tahlil ederiz. Hikâyelere inanmak durumunda değiliz elbette. Ancak sıhhatine inandığımız bilgilerin içeriğini, tartışma malzemesi yapamayız. Aklı zorlayan durumlarda Ebu Bekirleşmek en güzeli ve en kurtarıcısıdır.

Dersler

1- Resûlullah sallallahu aleyhi ve sellem, sabah namazı vaktini bile ashabını eğitmek için değerlendirmiştir. Ashabının bir kelime duyabilecekleri her an ve her yer onun için bir fırsattı ve o, bu fırsatları çok iyi değerlendirdi. Ashap da böyle anlarda duyduklarını daha sonra birbirlerine anlattılar, kendilerinden sonra gelen kuşaklara öğrettiler. Bu tür bilgiler de bize böyle ulaştı.

2- Resûlullah sallallahu aleyhi ve sellem, kendi meclisinde bile hayret uyandıracak düzeyde olağan dışı bir vakayı dillendirince ashap, hayretlerini gizleyemediler. Bu hayret ifadesinde kullandıkları "Sübhanellah" sözü üzerinde durulduğunda şunu görüyoruz: "Sübhanellah" Allah'ı noksanlıklardan tenzih etmektir.

Böyle bir durumda refleks olarak bunun dile getirilmesi bir Müslüman'ın, Allah'ın böyle bir şeyi yapmaya muktedir olmasını çok görmediğini ve O'nun kudretine imanını gösterir. Ashap da bunu yapmıştır. Allah onlardan razı olsun.

3- Ashabın hayretli bakışları arasında Resûlullah sallallahu aleyhi ve sellem efendimiz, Ebu Bekir ve Ömer ismini kullanarak kendisinin ve o iki dostunun böyle bir şeyi Allah'ın yaratacağından şüphesi olmadığını söylemiştir. Aslında o mecliste, böyle bir vakayı inkâr edecek kimse belki de yoktu. Herkes "doğru" demişti veya derdi. Bundan daha zor anlaşılır bilgileri doğrulayarak mü'min olmuşlardı zaten onlar. Ancak Resûlullah sallallahu aleyhi ve sellem, refleks olarak kendisinin buna inandığını, Ebu Bekir ve Ömer'in de inandığını söyleyerek bu iki ismin O'na ne kadar yakın olduklarını anlatmıştır. Bu yakınlık da Ebu Bekir ve Ömer radıyallahu anhümanın geçen dönem içinde gösterdikleri vefakâr tavırlarının, can ve malları pahasına O'na verdikleri desteklerinin ve ölçüleri zorlayan sevgilerinin sonucu olarak gerçekleşmiştir.

İmam Müslim, bu hadisi Ebu Bekir radıyallahu anhın faziletlerini anlattığı bölümde zikretmiştir. İmam Müslim'in anlayışına göre bu hadis, her şeyden önce bu sahabilerin faziletine işaret etmektedir. Gerçek de budur. Bir Müslüman için erişilebilecek muhteşem bir hedefe ulaşmaktan başka bir şeyle yorumlanamaz bu. Resûlullah sallallahu aleyhi ve sellem efendimiz, filan muharebe esnasında kendisini müdafaa etmesi için filan şahsa itimat ettiği gibi gayba ait bir konuda Ebu Bekir ve Ömer'e itimat etmiştir.

Akılla yapılacak bir muhakemeye göre reddedilmesi tabii gibi görülen bir meselede, istişareye ihtiyaç hissetmeden "Ebu Bekir de Ömer de..." diyerek onlar adına tasdikte bulunması, bu iki sahabi için anlatılması zor bir şeref vesilesi olmuştur. Peygamber aleyhisselama bu derece itimat telkin edebilmiş olmak da yıllarca süren sebat ve sabrın sonucu olsa gerektir.

Buradaki mesele, sadece savaş anında ölüme katlanıp destek verme meselesinden ibaret değildir. Silahlı bir mücadele anında yalnız bırakmama, cana can katma bir destek olduğu gibi fikir ve davanın fikir ve söz desteğine ihtiyaç hissettiği anlarda destek vermek de uzun süre iz bırakacak bir destek türüdür. Konumuza gündem olan bu iki sahabinin ikisi için de Resûlullah sallallahu aleyhi ve selleme "destek" olarak anılabilecek her vasfı bulmak mümkündür.

Miraç dönüşü Ebu Bekir radıyallahu anhın sözü bir destekti. Hicret anındaki tavrı bir destekti. Ömer radıyallahu anhın canlı bir fedai gibi Resûlullah sallallahu aleyhi ve sellemi izlemesi bir destekti. Yirmi üç yıl süren beraberliklerinin hemen her gününde bir tür destekle sivrilmiş iki isim oldukları için onlar "ben, Ebu Bekir ve Ömer" payesini hak etmişlerdir.

Ebu Bekir ve Ömer radıyallahu anhümanın ikisi de gösterdikleri teslimiyet ve verdikleri desteğe karşılık, Allah ve Resûl'ünden ahirete yönelik büyük müjdeler aldılar. Bu müjdelerden önce de insan için en doğal isteklerden olan, yaşarken sonuç görme olarak anlaşılabilecek semereler de gördüler.

Ebu Bekir radıyallahu anh, Resûlullah sallallahu aleyhi ve sellemin kurduğu İslam Devleti'nin Peygamber aleyhisselamdan sonraki ilk başı olma şerefine erdi. İslam'ı, Peygamber'inden sonra sıkıntılarından düzlüğe çıkaran, en zor günlerini zaferlerle sonuçlandıran başarılı bir yönetimle kıyamete kadar yaşayacak bütün mü'minlerin gönlünde taht kurdu. Daha sonra da hayatını uğruna feda ettiği sevgili hicret arkadaşının yanı başında kabre kondu.

Ömer radıyallahu anh için de benzer şeyler söylenebilir. Ömer radıyallahu anhın Resûlullah sallallahu aleyhi ve sellemden sonraki ikinci adam oluşu, onun sağlığında olduğu gibi vefatından sonra da devam etti. İkinci halife olarak ümmetin başında on yıl durdu. Adaleti ve idari sistemi sayesinde bir beşerin sevilebileceği noktanın çok üstüne çıktı. Takdir ve övgülerle dolu bir hayat yaşadı. Neticede o da kıyamet sabahına kadar bekleyeceği kabir hayatında insanlığın en büyüğü ve ümmetin en değerlisi ile yani kendisinden önceki iki iyi ile beraber bırakıldı.

4- Öküzün dile gelmesi olağanüstü bir olaydır. Önceki ümmetlerde bu tür olayların daha çok cereyan ettiğini görüyoruz. Bizim ümmetimizde Resûlullah sallallahu aleyhi ve sellem efendimizin dönemi özellikle dikkate alınacak olunursa bu dönemde de benzer olağanüstü olayların gerçekleştiği görülür. Bu olayların bazıları, sağlam bilgiler şeklinde bize kadar ulaşmıştır. Önceki ümmetlerde meydana gelen olayların Kur'an ve Sünnet kaynaklı olanlara inanmak ve bu olaylardan kendimize dersler çıkarmak durumundayız.

Resûlullah sallallahu aleyhi ve sellem efendimizle devenin konuşması, ağacın kendisine selam vermesi, üzerinde konuşma yaptığı kütüğün terk edilmesi üzerine çocuk gibi ağlaması, onu okşayınca susması ve benzeri olağanüstü olaylar meydana gelmiştir. Bu olayların pek çoğu yüzlerce sahabinin gözleri önünde olup bitmiştir.

Bizim itikadımız şudur: Allah için, insanı konuşturmakla herhangi bir hayvanı konuşturmak arasında bir fark yoktur. O, dilediğini dilediği gibi konuşturur.

5- Hayvanlar da dâhil olmak üzere her canlı, muayyen bir iş için yaratılmıştır. Canlının, o işin dışına taşırılması bir zulümdür. Öküze yapılmak istenen de böyle bir olaydır. Öküz, eti yenmek ve tarla sürmek için yaratılmıştır. Öküzün binek hayvanı olarak kullanılması öküzün yaratılış maksadı dışına taşırılmasıdır ki bu bir zulümdür. Bu zulüm, öküz gibi bir hayvanın dile gelip insanı uyarmasını gerektirecek hadde gelmiştir.

Tabii olmak sadece üzerine beton yığılmamış, ağaçlık ve dereli bir çevrede olmak olarak görülmemelidir. Hilkate göre kalmak, hilkate uyumlu işler yapmak da en tabii görülmesi gereken durumlardandır. İnsan, tabiatın bozulmasından söz ederken sadece ağaçların imha edilmesinden, çevrenin bozulmasından söz etmekle bir nevi zulüm işlemektedir. Aynı insan aslında yaratılış maksadı dışına taşırdığı herhangi bir işi yapmakla da tabiatı tahrip etmektedir.

- Kadının kadınlığının, erkeğin erkekliğinin, çocuğun çocukluğunun yanlış yönlendirilmesi de öküzün ikazını gerektirecek türden görülmelidir. Bu hassas anlamı anlatan önemli hadislerden birisinde Resûlullah sallallahu aleyhi ve sellem efendimiz "yönetimini kadına devreden bir toplumun felah bulmayacağını" söylemiştir. Çünkü kadının asıl görevi, insanın yaratılması için yegâne sistem olan doğurmak ve büyütmektir. Kadın, bu kutsal nitelikli görevi ifa etmeye direkt veya dolaylı bir engel oluşturacak başka bir işe yöneldiğinde asıl görevini ifaya karşı hata işlemektedir. Kadın, bu görevini oturduğu evin temizliği ve aksesuarı ile ilgilenirken bile aksatmış olsa hatalıdır. Kadın veya erkek her taşın, olduğu yerde ağır olacağı ilkesini zedelememelidir. Bu hassasiyeti Resûlullah sallallahu aleyhi ve sellemin başka bir örnekte daha ortaya koyduğunu görüyoruz:

Resûlullah aleyhisselam kadının erkeğe, erkeğin kadına benzemesini, kılık kıyafette dahi böyle bir kaymaya meydan verilmesini bir nevi lanet konusu olarak önümüze koymaktadır. Bir elbise giymek veya çıkarmak olarak görebileceğimiz basit bir tutumdan, lanetli olmak veya lanetten kurtulmak gibi bir sonuç çıkmasının ana nedeni budur. Herkesin yaratıldığı ve konduğu konumda kalması gerekiyor. Öküzle ineğin süt verme ve verememe özelliklerini değiştirmelerinin mümkün olmadığını kabullendiğimiz gibi ineğin binek hayvanı olarak kullanılmamasını da kabullenmemiz gerekmektedir. Aynı şekilde, Allah'ın erkeğe biçtiği rolle kadına biçtiği rolü de değiştirmeye kalkmamız da tabiatı tahrip etmektir. Burada tartışmaya müsait bir konu ortaya çıkmaktadır:

Peki, Allah'ın kadına biçtiği rol sadece evde oturup doğum yapmak; erkeğe biçtiği rol ise eve hiç girmeyip hep cihat etmek midir? Biz önce şunu tespit etmek durumundayız:

Gerek Kur'an'ımızda ve gerekse hadislerde erkek ve kadın için santimlik ölçüler yoktur. "Şu kadar saat evde, şu kadar dışarıda..." diyemeyiz. Ama Kur'an'ın, kadınlar için "Evinizde oturun!" talimatı kesindir. Santimlik ölçülerden söz edilemez ama kesin kurallardan söz edilebilir. İnsan doğurup büyütmek, iffete dikkat etmek, ziyneti göstermemek, erkeği tatmin etmek gibi görevler kesin talimatlardır.

Erkeğe ise camide cemaate devam etme, sosyal işleri izleme, cihat meydanlarına koşma gibi görevler verilirken yoğunluğu dışarıda geçen bir hayat tarzı telkin edilmiştir.

Erkeğin dışarıda olması ile kadının içeride olması arasında buluşulabilecek ortak bir payda vardır. Bu paydayı biz bir denge noktası olarak da görebiliriz. Ashap üzerinde tatbik edilen ilk ve onaylı Müslümanlığın bu dengeyi oturttuğunu görüyoruz. Çok çocuklu olan ve Uhud'da pansuman yapan kadınlar bu denge noktasında durmaktadırlar.

- İlim adamlarının, ilmin yanında değersiz kalan yönlerde harcanması da sonuçları açısından tabiiliğin dışına taşma olarak görülmelidir. Âlimin siyasette, ticarette veya ilmiyle uygun olmayan herhangi bir alanda yer almasıyla heder edilen aslında ilimdir. Derelerin, ormanların, nesillere devredilecek ortak değerlerin tabiiliğinin bozulmasına karşı duruşumuz, ilim adamlarının yanlış alanlarda harcanmasına karşı da devrede olmalıdır. Çünkü ilim de insanlığın ortak değerlerindendir.

- Çocukları hayata hazırlayanların, onların fıtri yeteneklerine dikkat etmemeleri de bir tür tahriptir. Bir çocuğun eve yakın okula verilmesi, çocuğun o okulun vereceği şeye uygun bir yapısının olup olmadığının incelenmemesi olsa olsa geri kalmışlık olabilir. Böyle bir uygulamayı eğitim diye adlandırmakla eğitim icra edilmiş olamaz.

  Örneklendirmeyi çeşitlendirmemiz hâlinde mevsiminde yetişmemiş yiyeceklerden görselliğin etkisinde kalınarak giyilen giysiye kadar tabiiliği zedelediğimiz pek çok örnek bulabiliriz. Tamamında söylenebilecek söz şudur:

  Sadece ormanların, akarsuların, havanın kirlenmesiyle tabiat tahrip edilmiş olmuyor. Tabiatta var olan ilahî kuralların, fıtratın yanlış yönlendirilmesi de bir tahriptir.

6- Kurdun koyun kaçırması ve çobanın koyununu kurttan kurtarması olayını anlatırken sevgili Peygamber aleyhisselam efendimiz, kurdun dilinden geleceğe ait bir olayı anlatmıştır:

"Bunu benden kurtardın. Yırtıcıların saldırdığı gün gelir, o gün benden onu kim kurtarır? O gün benden başka çobanları kalmaz."

Burada kurdun ağzından ama Resûlullah sallallahu aleyhi ve sellemin aracılığıyla gelecekteki sıkıntılardan biri bildirilmektedir. Bildirilen bu olay da "ben, Ebu Bekir ve Ömer" üçlüsünün inandığı bir bilgidir. Bugün veya yarın, er veya geç tahakkuk edecek bir haberdir bu. İnsanlığı bekleyen tüyler ürpertici olaylar dizisinden biri bildirilmektedir bu haberde. Başka hadisler de incelendiğinde Resûlullah sallallahu aleyhi ve sellem efendimizin benzer şeylerden haber verdiği görülmektedir: Yırtıcı hayvanların insanlarla konuşması, insana kırbacının konuşması, terlik kayışının konuşması, uyluğunun insana evinde olup biteni haber vermesi gibi bilgiler, önemli hadis kitaplarında kıyamete yakın gerçekleşecek olaylar olarak bildirilmiştir.

İçeriği ne olursa olsun Resûlullah sallallahu aleyhi ve sellemin lisanından bize ulaşan bu tür bilgilere olduğu gibi inanırız. Muhtevalarında insanı tehdit eden, sıkıntılara işaret eden malumat varsa ondan da Allah'a sığınırız. Bu tip bilgileri, vahiy menşeli oldukları için akıl süzgecinden geçirme denemesi yapmayız.

7- Hayvanların dilsiz ve çaresiz olmaları, onları dilediğimiz gibi kullanmamıza yol açmamalıdır. Resûlullah sallallahu aleyhi ve sellem efendimizin hadislerinden açık bir şekilde, hayvanlara eziyet etmenin ahiret diyarına intikal eden sorumluluklar arasında olduğunu görüyoruz. Özellikle evcil hayvanların, sahipleri tarafından horlanması muhatabı hayvan dahi olsa ortaya bir "hak" mefhumunu ortaya çıkarmaktadır. Bizzat Resûlullah sallallahu aleyhi ve sellemin müdahale ettiği olayları hadis kitaplarında görüyoruz.

Müslüman'ın hayvanlarla ilgili hassasiyetini belirleyen temel faktörün hayvan-insan ilişkisinden çok, hayvanın yaratıcısı-insan ilişkisi olarak belirlenmesi meselenin anlaşılmasına yardım edecektir.

Dinimizde, hayvanların boğazlanmasına bile merhamet ve hassasiyet kuralları getirilmiştir.

Hayvanların helal görülenlerden olmaları hâlinde yük veya binek için kullanılmaları, etleri ya da diğer ürettikleri için beslenmeleri, üzerlerinden ticaret yapılması mahzurlu değildir. Ancak temel ölçünün böyle belirlendiği bir ortamda insanın hayvanı eğlence metaı olarak kullanması ve hayvanın eziyet çekmesinden zevk alması sözünü ettiğimiz tabiiliğin yok edilmesidir. Bu durum bir başka yönden de insanın kendisi dışındakileri hizmetinin ötesinde bir maksat için kullanmaya yeltenmesidir. Öyle veya böyle bu, insanlık olamaz. Belki mahza bir hayvanlık olabilir. Bunu yapanın ayak sayısı, diliyle konuşuyor olması sonucu değiştirmez. Nihayetinde kurtlar da konuşabilmektedir.

Cabir bin Abdillah radıyallahu anh anlatıyor:

-Resûlullah sallallahu aleyhi ve sellem, Cuma günleri bir ağaç veya kütüğün üzerinde konuşma yapardı. Ensardan bir kadın ya da bir erkek şöyle dedi:

"Sana bir minber yapalım mı ya Resûlellah?" O da:

"Siz bilirsiniz." dedi. Onlar da O'na bir minber yaptılar. Cuma günü olunca minbere çıktı konuştu. Kütük kenara atıldı. Kütük, kullanılmadığını görünce çocuk gibi ağlamaya

başladı. Resûlullah sallallahu aleyhi ve sellem, minberden indi. Onu bir bebek gibi kucakladı, sıvadı. Kütük sustu. Sonra da şöyle buyurdu:

"Bu kütük, ben üzerinde iken dinlediği ayetleri dinleyemeyeceği için ağlıyordu."

(Buharî, Menakib, 22)

Daha sonra bu kütüğü mescidin bir kenarına cenaze gibi defnettiler. Bu olay bir Cuma günü yüzlerce sahabinin gözü önünde gerçekleşti.

Ötelerden Haber Var!

İnsanlık İçin Çıkarılmış En Hayırlı Ümmet

Şimdi o ümmet, kanı en ucuz, değeri en düşük ümmet oldu. En hayırlı iken en sefil oldu. Kendi vatanında parya, kendi malından mahrum, kendi evladı üzerinde etkisiz, umutsuz, yurtsuz oldu. Geçmişini unuttu, geleceğini sildi. Elindeki Kur'an'a, önündeki Peygamber mirasına rağmen dik duramadı. Hastalandı, yataklara düştü.

O'nun hastalığı düşmanlarını güldürdü. Onun, yatağında öleceğini zannettiler. Ezan susar, Kur'an okunmaz sandılar. Namazlar unutulur, zekât verilmez umdular. Kendi dinleri, sistemleri gibi unutulup gider, tarih olur diye beklediler. İşgal etmekle, sömürmekle toprakları ele geçirilir; yeni nesiller köleleştirilir diye düşündüler.

Sürü sürü geldikten sonra başaramayacaklarını anlayınca yeni yollara koyuldular. Masa başında yaşanmamış bir tarih yazdılar; yazdıkları tarihe inandırıp sonucunu benimsetmek için uğraştılar. İblis'e taş çıkartan desise ve tuzaklar kurdular. Plan, plana eklendi. Şer, şeri izledi. Bir olup saldırdılar. Dışarıdan vurdular, içeriden satın aldılar. Ezanla uğraştılar; kâh sesini kıstılar kâh ezanı susturdular. Kur'an'la uğraştılar; onu topladılar, yırttılar, yaktılar, yasakladılar. Kur'an, unutulur ya da tahrif edilir sandılar. Kur'an'ın akıbetinin ellerindeki İncil'in akıbeti gibi olmasını istediler. Onlar istedi. Allah dilediğini yaptı. Şimdi ilk günkü berraklığında bir Kur'an ve gür bir ezan, her gün yükselen bir İslam gerçeği ile irkiliyorlar.

Çok hesaplar yapmışlardı. Hâlâ da hesap-kitap peşindeler. Onların bir hesabı var, bir de Allah'ın hesabı. Kur'an ve hadisler o hesaptan söz ediyor, geleceği haber veriyor. Ötelerden haberler var. İslam'ın geleceğinden, Kur'an'ın hâkimiyetinden haberler var. Yeni fetihlerden, tamamlanmamış fetihlerden haber var. Göz yummakla görüş mesafesinden kaybolmayacak, inkâr etmekle silinmeyecek haberler var. Her haberi dosdoğru olan Allah'tan ve O'nun elçisinden haberler var. Düşünenler için umut ve enerji olacak, masa başında yazılmış gelecek senaryoları yerine Levh-i Mahfuz'da yazılmış gelecek bilgilerini öğrenmek isteyenlere iyi haberler var. Bu haberler, hasta ümmetin geleceğini bildiriyor. Yarını, belki yarından da yakını bildiriyor.

Haber: "Onlar, Allah'ın nûrunu ağızları ile söndürmek istiyorlar. Oysa Allah, kâfirlerin hoşuna gitmese de nûrunu kesinlikle tamama erdirmekte kararlıdır." (Tevbe, 32)

Haber: "Kâfirler, insanları Allah yolundan alıkoymak için mallarını harcarlar. Onlar mallarını bu uğurda harcayacaklar, sonra da bu harcama onlar için yürek acısı olacak, arkasından da yenilgiye uğrayacaklardır. Kâfirler cehennemde bir araya getirileceklerdir." (Enfal, 36)

Haber: "Eninde sonunda emir Allah'ındır. O gün mü'minler sevinecekler." (Rûm, 4)

Haber: "Onlar yeryüzünü gezip daha önceki yoldaşlarının karşılaştıkları acı sonu görmezler mi? Oysa onlar, kendilerinden daha güçlü idiler. Göklerde ve yeryüzünde Allah ile başa çıkabilecek hiçbir güç yoktur. Hiç kuşkusuz O, her şeyi bilir ve O'nun gücü her şeye yeter." (Fatır, 44)

Haber: Huzeyfe radıyallahu anh anlatıyor:

-Resûlullah sallallahu aleyhi ve sellem şöyle buyurdular:

"Allah'ın dilediği zamana kadar aranızda peygamberlik kalır. Sonra gitmesini dilediğinde gider. Sonra peygamberlik izinde bir halifelik olur. Allah'ın kalmasını dilediği kadar o da kalır. Kalkmasını dileyince de kalkar. Sonra zorlu krallıklar olur. Kalmasını dilediği kadar o da kalır. Kalkmasını dileyince de kalkar. Sonra kötü dönem gelir. Kalmasını dilediği kadar o da kalır. Kalkmasını dileyince de kalkar. Sonra tekrar peygamberlik izinde bir halifelik olur." Sonra sustu. (Ahmed, 17680)

Haber: Temim ed-Dari radıyallahu anh Resûlullah sallallahu aleyhi ve sellemden şöyle işittiğini söylemiştir:

"Bu din, gece ve gündüzün ulaştığı her yere ulaşacaktır. Kıl çadırdan veya yün çadırdan yapılmış olsa bile Allah, her eve bu dini sokacaktır. Onurlu veya onursuz, İslam'ın onuru ile onurlanarak veya küfrün zilleti ile zelil olarak..." (Ahmed, 16344)

Haber: Sevban radıyallahu anh, Resûlullah sallallahu aleyhi ve sellemin şöyle buyurduğunu bildirdi:

"Allah, yeryüzünü bana gösterdi. Doğusunu, batısını gördüm. Ümmet'im bana gösterilene sahip olacaktır. Kırmızı ve beyaz hazine bana verildi." (Müslim, Fiten 5/7187)

Haber: Ebu Kubeyl anlatıyor:

-Abdullah bin Amr bin As'ın yanında idik. "Önce hangisi fethedilecek, Konstantiniye mi Roma mı?" diye soruldu. Abdullah, bir sandık getirtti. Ondan bir yazı çıkardı ve dedi ki:

-Biz Resûlullah sallallahu aleyhi ve sellemin etrafında oturuyor, söylediklerini yazıyorduk. Bu soru O'na soruldu. Resûlullah sallallahu aleyhi ve sellem buyurdular ki:

"Önce Konstantiniye fethedilecek." (Ahmed, 6358)

Güneş Gibi, Ay Gibi Parlak Gerçekler
Bugünden Belli Yarınlar

1- Sevgili Peygamber aleyhisselam efendimiz, tarihin çizgilerini çizmiştir. Tam da tarif ettiği gibi devam eden bir süreç geldi, sürüyor. Mucizevi bir haberi canlı canlı izliyoruz.

Peygamberli günler, yirmi üç yıl sürdü. Görenler, o günleri yaşadı. Mucizeler, ayetler ardı ardına yağdı. İnsanlık yeniden doğdu. Güneş bir başka aydınlattı. Tam yirmi üç yıl...

Sonra otuz yıl süren, Peygamber'in izinde olan halifeler dönemi geldi. Duygusal ve güzel günler yaşandı. Tarih nakşedildi. Yirmi üç yıla ilave edilebilecek otuz yıl yaşadı insanlık.

Ardından yolu aynı ama metodu bozuk olanların dönemi geldi. Ağlandı, gülündü ama ezanlı, zekâtlı bir dönem yaşandı. Yokuşu, inişi derken başı belli, dibi belli bir yolda yol alındı. "Kötü, ama bizden" bir süreç geldi, geçti. Osmanlı Hilafeti'nin yıkılması ile bu da bitti.

Sonra ipin koptuğu kötü dönem geldi. Müslümanlardan olmayanların kararlar verdiği dönem başladı. Temeller oyulmak istendi. Afet, afeti kovaladı. Bir yuvarlanıştır başladı. Fırtınalar, yaprakları döktü; dalları kırdı; kökleri sarstı. Eldeki korla buzun üzerinde yürümek gibi çetin bir zamana gelindi. Ne var ki bu, haber verilmiş bir dönemdi. Günü, zamanı belli değildi ama ne olacağı belliydi; oldu. Şimdi peşinden gelecek dönem gözlenecek artık.

Bundan sonraki dönem "Peygamber'in izinde olan Hilafet" dönemidir. Bugün değilse yarın ama muhakkak gelecek bir dönemdir o. Bütün gayretler o günün yakın olması için, emeller o güne ermek içindir.

Raşid Halifeler dönemi gelecek ve bu Hilafet'in merkezi de Kudüs olacaktır. Kıyamet kopmadan Peygamber aleyhisselamın Miraç'a çıktığı yerler, dininin hükümranlığını ilan ettiği yerler olacaktır. Bu gerçeği bilerek veya bilmeyerek şimdi bütün dünya, bir nebevi mucizenin gerçekleşmesi için uğraşıyor.

2- Sevgili Peygamber aleyhisselam efendimize dünyanın bütünü gösterildi. Ümmet'inin o bütüne hâkim olacağı da iletildi. Ne O'nun sağlığında ne de sonraki zamanlarda tüm dünya Müslümanlaştı. En iyi rakamla İslam, dünyanın dörtte birine ulaştı. O ise kıldan yapılmış çadır evlere bile İslam'ın gireceğini, gece ve gündüzün ulaştığı her yere İslam'ın sancağının dikileceğini haber vermiştir. O'nun haberi kesindir. Açık seçiktir. Verdiği bilgi zan değildir. Kesin sonuçtur. Bu da gösteriyor ki yayılma sürecinin dörtte üçü gelecek günlerdedir. Mevcut olumsuzluklar Allah'ın vaadinin, Peygamber'inin müjdesinin gerçekleşmesine mani olamaz.

3- "Önce Konstantiniye..." demişti. O fetih, sekiz asır sonra gerçekleşti. Öncesi sekiz asır sonra gerçekleştiğine göre sonraki Roma için geç kalınmış değildir. Geç kalma veya atlama yok! Fethin zamanının gelmesi gerekiyor. Fetihler yoldadır. Bütün işaretler fetihler dönemine doğru çevrilmiştir.

4- Kur'an, kâfirlerin İslam'ı ezmek için büyük bütçeler harcayacağını zaten haber vermişti. Onların yaptığı harcamalara, yatırımlara şaşmayız. Her harcadıkları, kursaklarında tıkanan bir lokma ve yüreklerini sızlatan bir acı olacaktır.

Allah'ı onlardan öncekiler mağlup edemediler. Onlar da mağlup edemeyecektir. Galibi belli bir savaştır bu. Galip, Allah'tır. Dün de bugün de yarın da... O hep galiptir. O, kendi bildiği birtakım sebeplerden ötürü kâfirlere mühlet verebilir. O'nun her işi bir hikmettir. Biz anlasak da anlamasak da O'nun hikmetine teslim oluruz. Galip bellidir.

5- Altmış-yetmiş yıl yaşayan insanın üzerinden yapılan hesapla "galip-mağlup" tasnifi yanlıştır. Ancak ezelî ve ebedî olan Allah'ın hesabı ile bakıldığında kimin galip kimin mağlup olduğu anlaşılır.

6- Hesap ortadadır. Küfür cephesi neden, kime karşı kudurdu? Eriyip giden bir İslam'a karşı mı yoksa her gün yükselen, akidesi güçlenen bir İslam'a karşı mı? Hesap açıktır. İslam, yükseliyor. Üzerine gelindikçe, yasaklarla çevrildikçe o güçleniyor. Budandıkça gürleşiyor. Mekke, hacılarla dolup taşıyor.

Bütün yasaklamalara rağmen Kur'an en çok okunan, en çok merak edilen, en kolay ve en çok ezberlenen, hiç doyulmayan bir kitap oldu. Çocuk okur, genç okur, yaşlısı okur, dirisi okur, Arap olanı okur, olmayanı okur; ölüsüne okunur. Okunur, bitmeden tekrar tekrar okunur.

Müslümanların gayretleri önceki beş-on asırda benzeri görülmemiş bir şekilde arttı. Dünyanın diğer ucundaki kardeşleri için vakıflar, kuruluşlar geliştirdiler. Çalışmalar branşlaştı. Bir asır önce kaç cami vardı, şimdi kaç cami var? Bir asır önce faizin ne olduğunu bilen ne kadar Müslüman vardı, şimdi ne kadar Müslüman faizle savaşıyor? Bütün bu sansüre ve baskıya rağmen "cihat" şuuru nereden nereye geldi ve nasıl yayıldı? Yeryüzünde ezan bir saniye susuyor mu? Namaz kılınmayan bir yer var mı? İslam kadar genç nesil potansiyeli olan bir din, bir sistem daha var mı? Komünizm, Asya ülkelerinde çökünce enkazın altından ne çıktı? İslam nasıl taptaze kaldı?

İslam'ın her şeye rağmen yükseldiğini görmemek için kör olmak gerek! Yoksa küfür neden münafıklığa ihtiyaç duydu? Neden düşmanlıklarını açık bir dille söyleyemiyorlar?

Hesap ortadadır. Gelecek, hem de yakın gelecek İslam'ındır. Çünkü küfür, sırasını devirdi. Batıl sistemler bir bir çöktü, çökmeye de devam ediyor. Müslümanlar bir dönemlik gafletlerinin bedelini ödediler. Yükseliş sırası İslam'dadır. Genç birikim İslam'dadır. Hayata en kapsamlı bakış sahibi Müslümanlardır. Emel yüklü nesil Müslümanlardır. Müslümanlar hatalarını anladılar, yeni hamlelerle açığı kapatmak için kollarını sıvadılar. Şimdi düşmanlarının yaptığı yatırımlar da İslam'a yarayacak. Ümmet hastalandı ama ölmedi!

7- Yarın, fetihler günüdür; her eve İslam'ın güneşinin gireceği gündür. Kader yazıldı, mürekkep kurudu. Bugüne bakıp kederlenmek yerine yarını düşünüp gayretlenmek daha akıllıca bir iştir. Bugünü gayretsiz geçirenler yarın esef edecektir.

Duamızla, kendimizi Allah'ın yardımına uygun hâle getirmekle, çalışıp çabalamakla, sabır zirvesine tırmanmakla, takva ehli olmakla hazır olalım. Fetihli günlere, "Konstantiniye"den sonrakilere hazır olalım. Müjde kesindir. Müjde bir mucizedir.

Tarihten Bir Satır

Hülagü Han, İslam toprağına girdiğinde ölüm saçtı. Hilafet'i düşürdü. Abbasi medeniyetini yıktı. Kütüphaneleri yaktı. Namaz kılmayı yasakladı. "Artık, İslam geri dönmez." dedirtecek kadar yaktı, yıktı. Her gün binlerce Müslüman öldürdü. Fırtına gibi esti. Artık, İslam yeşermez sanıldı. Ama kaderinde ölmek olmayan İslam'ı öldüremedi. Hasta edip yatağa düşürdü ama öldüremedi.
Sadece iki yıl sonra, Bağdat'ı ele geçirdikten iki yıl sonra ordusu İslam akidesinden etkilendi. Tek tek Müslüman oldular. İşgal için geldikleri yerden Müslüman mücahitler olarak ülkelerine geri döndüler!

Firavun'un Kur'an'da İşi Ne?

Şu Meşhur Firavun!

Firavun isim değil unvandır. Belli bir dönemde Mısır'a hâkim olan ceberut bir sülalenin yöneticilerinin anıldığı sıfattır. Kurdukları uygarlıkları ve akla hayâle gelmez işkenceleri ile insanoğlunun başına o dönemde bela olmuş, sicili bozuk tağutların ortak adıdır.

Mısır'da tam anlamı ile bir despotluk oluşturmuşlar, Mısır'ın kanunu, hâkimi, her şeyi olmuşlardır. Onlar Mısır, Mısır da onlar gibi anılmıştır. Mabetlerde onların adına ibadetler yapılmış, emirleri ve yasakları tartışılmaz doğrular olarak görülmüştür. Dilediklerini yaşatmaya, dilediklerini de öldürmeye muktedir olduklarına inanmışlardır! Firavunlar o kadar firavunlaşmıştı ki öldüklerinde bile onların ilahlaştıklarına inanılır olmuştu. Bir firavun iktidara gelir gelmez, ölünce konulacağı mezarını yaptırmaya başlardı. Ölüp helak olması bile bir azamet, bir kibir konusu idi.

Kur'an'ın hususiyetle kastettiği firavun ise Musa aleyhisselam döneminde Allah'ın nebisine karşı savaşan ve kendisini Mısır'ın maliki ve ilahı olarak ilan eden Firavun'dur.

Kur'an'ımızda yetmiş dört yerde "Firavun" geçmektedir. Kur'an gibi bir kitabın öyle bir sıfatı yetmiş dört defa tekrar etmesi, Kur'an'a iman edenler açısından mükemmel bir derstir.

Kur'an'ımız bir şahıs olmasından çok, sembol olan firavundan söz etmektedir. Çünkü Firavun, etrafındakilerle beraber bir simgedir. Şirkin ve azmanın temsilidir. Ezdiği ve benliklerini imha ettiği kitlelere ilahlığını kabul ettirdikten sonra dalkavuklarını üretmiş, dalkavukları da onun güç ve şöhretini büyütmüşlerdir. O, bu yönüyle tam bir semboldür.

Kur'an'ı bir öğüt ve ders kitabı olarak görüp iman edenler Firavun'dan alınacak çok ders bulurlar. Bugünü anlamak için onun zamanını anlamak oldukça önemlidir.

Firavun, boş değildir. Hiç boş değildir. Çünkü o, kendisinden sonra gelen nice zalim insan kılıklıların ve sistemlerin aslıdır. Onu tanımak şerri ve zulmü tanımaktır. Onu tanımak Musa'yı bilmektir. Bugün olanların yarın nasıl sonuçlanacağını görebilmek için Firavun'un bilinmesi önemlidir. O, bu nedenle Kur'an'dadır.

Firavun Hakk'ın Negatifidir, Batılın Simgesidir

Musa'nın karşısına dikilen, Allah'ın kulu olmayı acizlik gören Firavun ne ilktir ne de sondur. İnsanlığın uzun tarihi onun gibi niceleri ile doludur. Ancak o, kurulu bir sistemin başında giriştiği çocuk ve kadın katliamları, insanları kendisinin tabii köleleri olarak görmesi gibi eşsiz zulümleri ile Kur'an'da küfrün ve isyanın simgesi azgın bir tağut olarak karşımızda durmaktadır. Kur'an'ın onu yetmiş dört defa anmasındaki anlam büyüktür:

Negatifi bilinmeyenin pozitifi nasıl bilinebilir? Kötüyü tanımak, iyiyi tanımanın şartı değil midir?

Firavun Tek Değildi

Karûn'u ve Hâmân'ı ile Firavun, Firavun oldu. O insanlardan emip onları besledi, onlar da onu kudurttu. Karûn, onun döneminde serveti temsil ediyordu. Hâmân ise dalkavuk bürokratı ve kamuoyu oluşturan güçleri temsil ediyordu. Kur'an'da Firavun anıldıkça onlar da anılmakta, Firavun'dan çıkacak her derste onlara da pay çıkmaktadır.

"Ölümlü bir insan nasıl ilahlaşır, ilahlığını iddia etse bile kalabalık kitleler böyle bir safsataya nasıl destek olur hatta tüm bunlara nasıl sessiz kalır?" sorusunun en tabii cevapları Firavun'dadır. Halkın büyük bir bölümü sefalet içinde iken küçük bir azınlığın zevk içinde nasıl yaşayabildiğini anlamak için o bir derstir. Ezilenlerin ezilmişliklerini anlamaları için bir derstir. Ebedî cehenneme yuvarlanışın nasıl başladığının en iyi görülebileceği bir derstir.

İnatçıya Hiçbir Şeyin Yararı Yok

Aslında Firavun ilah olduğunu söylüyordu ama işleri de yolunda gitmiyordu. Değil ilah, elinde sınırsız güçler olan bir insan dahi olmadığını ona hatırlatan nice işaretleri ne gördü ne de anladı. Musa aleyhisselam gibi bir peygamberin latif sözlerini anlamadı, anlamadılar. Yıllarca süren kıtlık oldu anlamadı, anlamadılar. Tufan oldu anlamadı, anlamadılar. Çekirge afeti oldu anlamadı, anlamadılar. Haşerat yağdı anlamadı, anlamadılar. Kurbağa yağdı anlamadı, anlamadılar. Kan yağdı anlamadı, anlamadılar...

Firavun; inatçı kâfire ne güzel sözün ne de başına yağan azabın fayda edebileceğini anlatmak için Kur'an'dadır.

Asıl Sorun Hâkimiyet Sorunudur

Firavun'un asıl sorunu insanların iradelerine hâkim olma sorunu idi. Emri altındakilerin kendisi gibi düşünmelerini, zevklerine varıncaya kadar onun gibi olmalarını istiyordu. Tek söz sahibi o olmalıydı. Allah'a asi oluşu bundandır. Musa aleyhisselamı düşman edinmesi de bundandır. Bütün firavuni sistemlerin temel karakteri de budur. Bunun için bütün ilahları reddedip sadece Allah'a kulluğa çağıran Kur'an, Firavun'u örnek göstermiştir.

Psikolojik baskı, Allah'ın dinini engelleme, hapis ve işkence ile ezme, soykırım gibi yollarla hakkın karşısına dikilenler için bir örnektir o.

Önemli Olan Sondur

"Bugün, senden sonra gelecekler ibret olsun diye cansız vücudunu bozulmaktan kurtaracak, onu sahilde bir tümseğe atacağız. Gerçi insanların çoğu bizim ibret verici belgelerimizin farkına varmazlar."

(Yunus, 92)

Firavun derin hesaplar içindeydi. Plan üstüne plan yapıyordu. Ama sonunda Allah'ın dediği oldu. O, boğulup gitti. Sadece adı kaldı. "Benim!" dediği şeyler başkalarının oldu. "Musa'nın Rabb'ini yakalayacaktı." O yakalandı ve boğuldu. Kıyamete kadar ibret olarak kaldı.

Bir çocuktan korkup binlerce çocuk öldürttü. Gelmesinden korktuğu çocuğu hem engelleyemedi hem de onu sarayında besledi. Sonunda da onun eliyle denize gömüldü. Onu ilahlaştıran ordusunun önünde boğuldu. Boğulurken de savaştığı Musa'nın Rabb'ine iman ettiğini söyledi. Debdebesine rağmen maskara oldu. Öldürttü, astı, kesti ama karısının iman etmesine bile engel olamadı. Onun en büyük destekçilerinden olan sihirbazların toplu imanını engelleyemedi. Kendi çöplüğünde ötemedi. İbret oldu. Ders oldu. Bütün tağutlara ve bütün ezilenlere asıl gücün kimin elinde olduğunu, kimin ebedî kimin fani olduğunu gösteren bir ders oldu. Allah, denizde boğulan cesedini karaya attı. Cesedi binlerce yıl sonra karada bulundu. Müzeye kondu. Kraldı, müzelik eşya oldu.

> Ne intikâm-ı ilâhî, ne sermedî hüsran:
> Gelen, geçenlere ibret, yatar sefîl üryan!
> Soyulmadık eti kalmış, bilinmiyor kefeni;
> Açıkta, mumyası hâlâ dağılmayan, bedeni.
>
> Mehmet Âkif ERSOY

"Hüküm ve hükümranlık sadece Allah'ındır. Gerisi boş ve fanidir." densin diye Kur'an'da o da anıldı. Firavun'un zulmü sadece Musa aleyhisselamın gelmesini yakınlaştırdı. Allah'ın kaderini engelleyemedi.

Musa Geçer, Firavun Boğulur

Günü geldiğinde Allah'ın yardımı gelir. "Çare tükendi." denirken denizler yol olur. Dalgalar kimini korur kimini boğar. Kendisini ilah zannedenler, insanları kul edinenler "Ben de iman ettim." der ama imanın faydası olmaz. Şımaranlar helak olur, sabredenler kazanır. Olsa olsa Firavun kadar olanlar kendilerine öğüt bulsunlar, onların zulmü altında ezilenler de denizlerin yol olacağı günü beklesinler, diye o Kur'an'da anıldı.

Her Zamanın Bir Firavun'u Olur

Ya sistemi ile ya da adı ile bir Firavun muhakkak bulunacaktır. Yazı kovalayan kış gibi, gündüzü kovalayan gece gibi...

Ama gelecek olan Musa'dır. Onun haşmetli sarayında da olsa gelecek olan Musa'dır.

Riddet Fırtınası
Dini İkinci Plana Atmanın Öbür Yüzü

En Heyecanlı Günlerde Baş Gösteren Sıkıntı: Riddet (İslam'dan Dönme)

Riddet, henüz Resûlullah sallallahu aleyhi ve sellem efendimizin irtihâlinden yıl geçmeden Medine'yi sarsacak bir tehlike olarak ortaya çıktı. İnsanlar dün girdikleri dinden bugün çıkmaya başladılar. Kimi İslam'ı temelden reddedip gitti kimi de zekât vermeyi reddederek gitti. Bazıları da Peygamber aleyhisselamın ölümlü bir insan olmasına anlam veremedi. Şeytan, her grup için ikna edebileceği felsefeler geliştirmişti. En heyecanlı ve en genç günlerinde riddet tehlikesi, İslam'ın geleceği açısından büyük bir tehlike olmuştu. İslam, ilk günlerinde kendi yatağında boğdurulmak isteniyordu. Tehlike çok büyüktü.

Allah, Ebu Bekir radıyallahu anhı bu büyük tehlikeye karşı koyacak ve çekirdeği koruyacak ordunun başında tuttu. O da hiçbir tavizi kabul etmeden dimdik durdu. Dinden dönme hareketine karşı, dini korumaya muvaffak oldu. İlk ciddi tehlike, Allah'ın lütfu ile dine bir zarar gelmeden geçirilmiş oldu.

Daha sonraki asırlarda ve çağımızda farklı isimlerle anılan ama özünde İslam'dan kopma olan hareketler maalesef eksik olmadı. Yirminci asrın âlimlerinden merhum Nedvi'nin benzetmesi ile "karşısında Ebu Bekir'i olmayan riddet hareketleri" bir sorun olarak var oldu ve olmaya da devam edecektir.

Sıkıntımız, riddetten çok, riddetin karşısında Ebu Bekir olmayışındandır.

İslam, batılın karşı cephesini oluşturduğu için elbette sürekli bir düşman olgusu ile yaşayacaktır. Ancak bu düşmanın en ağır tehlikesi, İslam'a iman edenlerin arasından taraftar bulup kendi cephesine çekmesidir.

İslam akidesinin sarsılması, inananlarının inançlarından tereddüt etme tehlikesi, Ebu Cehil'in ordusuyla Bedir'de İslam'ın karşısına dikilmesinden daha vahimdir. Müslümanların arasında yaşadıktan sonra kâfirlerin saflarına geçen, orijinal kâfirden daha ürkütücüdür. Çünkü İslam'ı insanlar arasında ayakta tutan, akidesi ve imanıdır. Akide ve iman çatladıktan sonra İslam, Allah'ın kullarına indirdiği İslam olarak kalmaz. İnsanlar kendi istekleri ile zorluk görmeden girdikleri dinden gelişigüzel çıkma hakkı gibi bir hakkı kullanamazlar. İslam, beşerî bir din değildir oyuncağa dönüştürülemez.

İslam'dan tamamen kopma ya da hoşa gitmeyen, zevkleri engelleyen bölümlerini dışlamak şeklinde başlayacak bir riddet fırtınası nice çatıları uçuracak çapta bir afettir. Böyle bir afetin hissedilememesi ise daha büyük bir afettir. Riddeti tehlike üstüne tehlikeye dönüştüren bir başka tavır da şudur:

Kimileri, İslam'ı gönüllerinden sildikleri hâlde zevklerini tatmin etmek, gizli emellerini gerçekleştirmek için Müslümanların arasında kalmayı tercih etmişlerdir. Bunların, isminden kimliğine kadar İslam'a ait değerleri sahipleniyor görünmeleri tehlike üstüne tehlikedir. İslam'ı bir bütün olarak reddetmekle İslam'dan olduğu kati olan bir şeyi zedelemek arasındaki fark, sonuç açısından büyük bir fark değildir.

Riddet

İnançta Riddet: Allah'ın varlığı, zatı ve sıfatları hakkında şüphe ve inkâr, Allah ve Resûl'ü ile ve ayetleri ile alay, ahiret gününden, cennet ve cehennemden şüphe, İsra ve Miraç gibi temel hakikatleri inkâr...

Eylemde Riddet: Bir puta secde etme, Mushaf gibi değerleri tahkir...

Sözlerde Riddet: Riddet sayılacak eylemleri sözlü olarak dillendirme...

Müslüman'ın Kafasında Oyuk Açma Oyunları

- Mü'minlerin kulağına hoş gelecek "İbrahimî dinler, semavi dinler" gibi kimi sinsi tuzaklar kurularak İslam'ı, geçerliliği kaldırılmış dinlerle aynı masaya oturtma oyunu...
- Hürriyet ve insan hakları gibi bir maskenin altından, dinden dönmeyi ve dini içten kemirmeyi normal bir davranışa çevirme oyunu...
- Mü'minlerin en temel akidevi özelliğini oluşturan, muhalefet etmesi hâlinde mü'mini imanıyla çelişkiye düşüren esasları sarsma, yeniden şekillendirme oyunu...
- Ulemanın mü'minler üzerindeki saygınlığını kullanarak Müslümanların içinden kâfirlere beyaz bayrak sallayanlara alkış tutma oyunu...
- Cihadı İslam'ın gündeminden kaldırma, onun yerine değişik isimler kullanma ve geçmişteki cihat hareketlerini ar duyulacak hâle dönüştürme oyunu...
- Damarlardaki imanı gevşetecek müzik, faiz vb. menhiyata esneklik getirme, tüketim çılgınlığını teşvik etme oyunu...
- Bidatlere sempati toplayarak İslam'ı soğuk ve zor yaşanır gösterme oyunu...

- Kadın dünyasını cephenin önünde tutarak onların duygusallığını kalkan yapma oyunu...
- Müslümanların kendi dinlerinden olmayanlara karşı aşırı derecede esnek ve müsamahalı davranmaları telkin edilirken kendi aralarındaki ayrılıkları, zamanı geçmiş kimi olayları tekrar sahneye koyma oyunu...

Tehlikeli Adlandırmalar
Kâfir, Münafık, Fâsık, Zındık, Mürtet

Allah, insanlar cennete giden yolu bulsunlar diye kitap gönderdi. Gönderdiği kitabı açıklayan bir Resûl gönderdi. Sonra da herkese dilediğini seçme hakkı verdi. Dileyen hakkı, dileyen de batılı tercih etti. Hiç kimseyi de İslam'a girmeye zorlamadı. Müslüman olan, kendi iradesi ve isteği ile Müslüman oldu. Müslüman olduktan sonra dinden çıkan birinin yaptığı iş, hürriyetini kullanmaktan daha ileri bir iştir. Kendi hürriyetini kullanırken insanların gözünde Allah'ın dinini küçük düşürmek gibi bir suç, cezalandırılması gereken bir suç olarak görülmüştür.

Bir insan, Allah'ın gönderdiği dine iman ettiğinde mü'min olur. Allah'ın dinine hiç inanmayan kimse ise mü'minin karşısındaki ismi hak eder; o, kâfirdir.

Müslümanlar arasındaki menfaatlerini korumak için iman etmiş gibi göründüğü hâlde aslında iman etmemiş olan da münafıktır.

Mü'min olduktan sonra imanını muhafaza eden ancak sık sık ağır suçlar işleyen ve suçlarına istiğfar etmeyen de fâsıktır.

Müslümanlar arasında yaşayıp onlar hakkında kötü niyetler taşıyan, Müslüman toplumun içinde şeytanın casusu gibi duran zararlının adı da zındıktır.

İslam nimeti ile şereflendikten sonra o şerefi terk edip giden de mürtettir. Mürtedin yaptığı eylemin adı da "irtidat" veya "riddet" olarak anılmıştır.

Sahibi Allah Olduktan Sonra İslam'ın Ha Bütünü Ha Bir Parçası

İslam'ın bütününe karşı bir saldırı veya toptan İslam'ı reddetmek gibi bir durum bütün Müslümanların dikkatini çektiği hâlde bütünün parçalardan oluştuğu gerçeğine dikkat edilmemektedir. Basit bir yapıda bile parçalar bütün gibi yer tutarken tamamı Allah'a ait olan bir dinden taviz verilebilecek parçalar, feda edilmesinde sakınca görülmeyecek unsurlar olarak tasavvur edilebilir mi? Kur'an'ı kabul etmemekle Kur'an'dan bir ayeti kabul etmemek ne kadar farklı şeylerdir ki? "Bunu kabul etmiyorum!" demekle "Buna inanıyorum ama..." diye başlayan şüpheleri dillendirmek ne kadar farklıdır?

Yıkmak ve altını oymak... Hangisi tehlikeli, hangisi basit? Bu açıdan tahlil edildiğinde şu hususları İslam'dan çıkma, onu reddetme tehlikesi olarak ele almak zorundayız:

- Dinle ve dine ait olduğu kesin olan bir hükümle istihza edip eğlenme,
- Allah'ın hükmünün sabit ve açık olduğu bir meselede beşerî bir hükmü benimseme,
- Allah ve Resûl'ünün "var" dediğini yok, "yok" dediğini var sayma,
- Nübüvvet iddia etme veya böyle bir iddiası olanı destekleme, ona inanma,
- Yahudi ve Hristiyanların kâfir olmadıklarına inanma,

- Üç dinin eşitliğine inanma,
- Muhammed aleyhisselama iman etmeden de cennete girilebileceğine inanma,
- Sihir ve kehanet ile uğraşmayı mübah görme,
- Allah'ın "haram" dediğine "helal", "helal" dediğine "haram" deme,
- Ashabı kiramı bütünden itham etme,
- Mushafla alay edip onu tahkir etme...

Neden Riddet Ederler?

Eğer bir kasıt yoksa riddetin temel nedeni cehalet ve İslam'ı tanımamaktır.

İslam'a mal olmuş şahsiyetlerin veya İslamileşmemiş örf ve çevrenin zulme dönüşen uygulamaları zayıf iradelilerin riddetine zemin hazırlayabilir.

İslami olmayan kanunların tahakkümü altında şahsiyet kaybına uğrayan nesiller arasında, İslam'a girip çıkmanın bir hak gibi telakki edilmesi de bir sebeptir.

Kiliseye sıkıştırılmış Hristiyanlığın ve hür ortamda dilediğini yapan Hristiyanların bilinçaltını oluşturan bir etkiyi Müslümanların içine sızdırması ile de riddet yolu açılmış olur.

Fikir teatilerine İslam'ın en muhkem kaidelerinin bile dâhil edilmesi ile ayete, hadise karşı fikirler beyan eden bir neslin yetişmesi sonucu İslam'ın azametinin kaybolması riddete davetiyedir.

Âlimlerin irşat görevlerini ihmal etmeleri, fetvalarda siyasi otoritelerden etkilenilmesi, "durumu kurtarma" adı verilebilecek gevşekliklerin benimsenmesi ile de riddete yol açılmış olur.

Allah'ın dininde sabit kurallardan olarak bilindiği hâlde "önemli-önemsiz", "birincil-ikincil" çağrıştırması yapacak tavırlara sessiz kalınması tam anlamıyla bir alt olma hareketidir.

Çok Önemli!

Bir mü'minin dinden çıktığını (mürtet) ilan etme hakkı, din adına hüküm verme yetkisine haiz kadıların, kurulların yetkisi dâhilindedir. Mü'minler birbirlerini kâfir, dinden sapmış gibi görme hastalığına yakalanmamalıdırlar.

Hata ile hıyaneti, cehaletle kastı, bilmeden başkasını taklit etmekle bilinçli bir izlemeyi ayırmak zorundayız. Biz Allah'ın dininden ne kadar insanı kovduğumuzla övünemeyiz, ne kadar insanı topladığımızla övünebiliriz.

Kendisi artık Müslüman olmadığını ilan etmedikçe veya açık seçik ayetleri, hadisleri, ahkâmı inkâr etmedikçe bir Müslüman'ın dinden çıktığı hakkında kararı verme hakkımız yoktur. Çünkü riddet, dünyada da ahirette de cezası ağır bir suçtur.

Riddetle İlgili Fıkıh Kuralları

Riddetin gerçekleşmesi için şu şartların tahakkuk etmesi gerekir:

1- Şahsın daha önce Müslüman olduğu bilinmelidir.

2- Şahsın akli bir engeli olmamalıdır.

3- Şahıs, baliğ olmalıdır.

4- Şahıs, ölümcül bir tehdit sonucu olmayarak kendi ihtiyarı ile irtidat etmelidir.

5- Riddete konu olan şey âlimler arasında ittifak edilmiş bir konu olmalıdır.

Riddetin gerçekleşmesi ya kişinin itirafı ile ya da fıkıhta adil kabul edilen iki şahidin şehadeti iledir. İtham edilen şahıs, riddet ettiğini inkâr ederse bu, onun namına bir tevbedir.

Riddetin Sonuçları

1- Şahsın daha önce yaptığı amelleri iptal olur.

2- Şahıs, tevbeye davet edilir. Üç gün süre verilir. Düşünme mühleti isterse verilir. Tevbe etmezse öldürülür.

3- Şahsın eşi boş olur. Çocukları Müslüman sayılır. Kestiği hayvan yenmez. Bir Müslüman'a mirasçı olamaz.

Batı Bataklığı

Doğuda Doğup Batıda Batmak

Medine neresi, Viyana neresi? Medine medeniyeti ile Viyana medeniyeti buluşur mu? Kur'an etrafında kenetlenmiş, sıfırdan bir medeniyet kurmuş, yiyeceğinden giyeceğine, mescidinden evine, düğününden cenazesine her şeyini kendine has yapmış bir ümmet başkalarına muhtaç olur mu? Güneş'in doğduğu yerde yaşayanlar neden önceki güneşlerin battığı yere özenirler? Batı'da ve Batılıda ne var? Asırlar oldu, bunun ne cevabı bulunabildi ne de alternatifi. Her geçen gün acı hatıralarla dolu olduğu hâlde doğudan batıya yöneliş özentisi bitmedi. Bitmek bir kenara, özenti arttı.

Özenti önce teknolojide başladı. Araba, uçak, gemi derken kültüre sıçradı. Örf ve âdeti etkiledi. Artık imanın en temel ilkeleri, akide bile Batı'dan etkilenme durumuna geldi. Evlerimizi, mekteplerimizi, kılık kıyafetimizi hatta camilerimizi etkisi altına alan bir Batı hayranlığı, Batı'ya göre olma, ondan aşağı kalmama, kimi zaman da Batıcılıkta yarışma kasırgası yaşıyoruz.

Ya orduları ile gelip işgal ettiler. Sömürdüler. Ölçüp, biçip şekil verdiler. Veya eğitim adı altında ayaklarına çağırdılar. Fabrikalarında iş verdiler. Sokaklarını temizlettiler. Kendilerine hayran bıraktılar. Ve siyasetten kültüre insanlar üzerinde en etkin kurumları kendilerine çevirdiler. Önce haçlı orduları olarak geldiler. Topraklarımızı, medeniyetimizi tarumar ettiler. Barbarlıkları yere, göğe nakşedildi. İşgalci, sömürgeci olarak nam tuttular. Umduklarına eremeyince asırlar sonra kurtarıcı gibi geldiler. Fakirliğe karşı, cehalete karşı, kağnı arabalarına karşı çarelerle geldiler. Şeker gösterip peşlerinden sürüklediler. Ordularıyla yapamadıklarını ağızlarıyla, kalemleriyle yaptılar. Silah yerine parayı, paranın geçmediği yerde cinsiyeti kullandılar. Kim ne ile kanacaksa onu bulup verdiler. İçi ne ile dolu olduğu belli olmayan süslü kavramlarla geldiler. "Hürriyet, demokrasi, eşitlik, kadın, onur, saygı, hoşgörü, zenginlik, lüks, medeniyet..." dediler.

Sonra da onların giydiğini giymeyeni öcü, sakalı uzun olanı köylü, çatalı sağ elle tutanı barbar gördüler. "Hoşgörü" dediler, onlara ait olmayan hiçbir şeyi hoş görmediler. İçi dolmamış vaatlerle asırlardır konuşuyorlar. Ama peşlerinden sürükleyebildiler. Kaç nesil onların statlarına, salonlarına koştu. Oyunlar oynandı. Düdükler çalınca ne dünya kaldı elimizde ne de din! Ne doğulu olabildik ne de batılı.

Evimize, Odamıza Nasıl Girdiler?

- İçimizden Batı'ya yönelenlerin kimisi İslam'dan sıyrıldığı için Batı'yı yeni kimliği gibi gördü.
- Kimi, İslam toplumunda İslam'ı temsil ettiği varsayılan şahsiyetlere tepki olarak Batı'ya özendi.
- Kimi, zaten Müslüman olmadığı için İslam toplumunun zayıflamasını fırsat bilip kıblenin Batı olması için uğraştı.
- Kimi, cehaletinin/açlığının/gafletinin sonucu tuzağa düştü, Batı adına kullanıldı.
- Ve büyük bir kitle de işiyle, eşiyle meşgul olduğu için olup biteni anlamadı. Anladıysa da aldırmadı. Varlığı yokluğundan daha tehlikeli oldu.

Batı Bataklığında Üreyen Mikroplar

İnsan, İlahlaştırıldı!

İnsan; kendi kaderini yazan, evrenin yegâne hâkimi olan, değiştiren ama değişmeyi kabul etmeyen, zevkini put edinen bir varlık hâline geldi. Bu özellikleri bütün insanlara vadettiler ama sadece Batı'nın öz evlatları için kullandılar. Üvey çocuklar sadece şeker yaladılar.

"İnsan hakları" diye ürettikleri felsefeyi, insanın olduğu her yerde uygulayacaklarını iddia edip çıkarları olan yerlerde uyguladılar. Batıya döndüğümüzde önümüzde zevkiyle, çıkarıyla, işi ve aşıyla ilahlaştırılmış bir insan tipi gördük. İnsanı ilahlaştırdılar ama batırarak, sefil hâle getirerek. Şehvetinin kölesi olmuş, tüketen ve azan bir insan olarak...

Ölçüler Değişti

Yegâne ölçü "takva" idi. Çünkü Allah, kullarını takva ile değerlendiriyordu. Ümmet -gizli ve açık- takva yarışındaydı. Ne kadar müttaki olursan o kadar iyi insan, o kadar iyi bir bireydin. Örnek tipler takvaları ile meşhur tiplerdi. Hasan Basriler, Fudayller, Ebu Hanifeler meşhurdu. Çocuklara onların adı verilir, onlar gibi yaşamaya gayret edilirdi.

Futbolculara, film yıldızlarına, şu veya bu yolla basında fotoğrafı çıkmış insanlara imrenilmeye başlandı. Gözler göklerde idi, çöplüklere takıldı. Cennetten aşağısına razı olmayan nesillerin çocukları birkaç metrekarelik kayalıklara gömülüverdi. Bir Müslüman'ın Müslümanlığını simgeleyen bir değere sahip çıkması ayıp gibi telakki edildi.

Alkol bile Allah haram etti, diye değil sağlığa zarar veriyor diye kötü oldu. Bir Müslüman kendi düğününde dahi "Rabb'imin rızasını ölçü alacağım." diyemez oldu. Ayıplıların, haram yiyenlerin sesi daha gür çıktı.

Her Şey Madde Oldu

Neredeyse "Kaç yaşındasın, nerelisin?" gibi tanışma soruları yerine "Kaç paran var?" soruları sorulur hâle geldi. "Paran olsun da canın çıksın, zararı yok!" anlayışı esir etti. Ruh ve maneviyat kapı dışı edildi. Parası olan ama asla mutlu olmayan insanlar, işi olan ama eşini boşayan insanlar, tertemiz evi yerine pis kahve köşelerinde oturan insanlar, futbola veya film izlemeye saatlerini feda eden insanlar ibret vesikası zavallılar olarak görülmedi.

Kendi çocuklarına/ebeveynine vakit bulamayan insanlar, vakit darlığından şikâyet edenler vakti en ucuz nesne olarak harcayıp tükettiler. En muteber slogan şu oldu: Paran olsun da ne olursan ol!

Çıkarcı/Menfaatçi Bir Çağ Oldu

Nezakete, ahlaka, sevgiye, nefrete, akrabalığa bile menfaatler çerçeve çizdi.

Din ve Dünyanın Ayrıldığı İddia Edildi

Gerçekte ise asla din ile dünyayı ayırmadılar. Dini, dünyaya ezdirdiler. İstedikleri zaman dini kullandılar. Samimi bir din yaşamak isteyen ise "laiklik" kıskacına alındı. Mescitlere hapsedilmiş bir din istediler. Sonra da mescitleri bile şekillendirdiler. Gitgide Müslümanları bile "Modern çağda din olmaz!" safsatasına ikna ettiler. Gerçek ise şuydu:

Eğer din, papazların elinde zevklere ve yorumlara uygun hâle sokulabilmiş bir din ise o din, Batı'ya da Doğu'ya da uygun bir dindir. Eğer Allah'tan geldiği gibi berrak hâli ile yaşanacaksa o din, teknolojiye, uygarlığa, kılık kıyafete, çağdaşlığın bütün gereklerine aykırı ve ayak bağı bir dindir. "Din ile dünyayı ayırdık!" dediler ama sözlerinde durmadılar. Müslümanları dinleri ile hiç baş başa bırakmadılar.

Ölümü Kafalardan Sildiler

Herkes hiç ölmeyecekmiş gibi yaşar oldu. Ölüm öldürülemedi ama yok sayılabildi.

Bıçağı Kemiğe Dayadılar!

Neye inanıp neye inanılmaması gerektiğini belirlemeye başladılar. İman esaslarını zedeleyecek düşünceleri zihinlere soktular. Kur'an tartışılabilir, Peygamber aleyhisselamın sözleri temelden reddedilebilir veya elenerek alınabilir hâle getirildi. Kur'an'ı ve Kur'an ilimlerini öğrenmek, öğretmek yatırıma değmez emeklerden addedildi; kimilerine göre geleceği olmayan, tatillerde vakit ayrılabilecek çalışmalardan sayıldı.

Kadından Tabyalar Kurdular

Kızların doğmaması için her türlü teşvik yapıldı. Sekreter oldu. Ticarete alet edildi. Paranın en cazip davetçisi oldu. Erkeğin tahakkümünden kurtarıldı, hayatın bütün yükü sırtına kondu. Erkeğin kendisinden kurtuldu, parasına esir oldu. Doğurduğuna 18 yaşına gelinceye kadar konuştu. Ondan sonra yılda bir güne gömüldü.

Teyze oldu, nine oldu, meşhur oldu ama ayağının altında kuru toprak bile bulamadı. Kadını silikon kadına çevirdiler. Erkeği ile kadını ile herkes, kadını ve kadının haklarını savundu. Kadını en çok sömürenler ise onun haklarını en çok savunanlar oldu!

Bunalımlar Çağını Açtılar

Evinden, işinden, çocuklarından hatta parasından bunalan insanlar ihdas ettiler. Huzuru sadece "huzur evlerinde" verebildiler. Huzur ve saadetin kaynağı olan ibadeti kenara itince insanları uyuşturuculara, ağrı kesicilere mahkûm ettiler. İnsanları büyücülere, üfürükçülere esir ettiler.

Sorun, Doğu-Batı Sorunu Değil Hayır-Şer Sorunudur

İslam, Batı'dan veya başka bir yerden "yararlı"yı almamızı engellemiyor. İyinin ve hikmetin peşinde olmamız zaten dinimizin emridir. Dinimizin yasakladığı şey, ayrım yapmadan her ne gelirse almak, helal ve haramı bir kenara itmek, önemli ile öncelikliyi tefrik edememektir. Buna göre, Batı bataklığından gelenle Batı kökenli olan aynı terazide tartılmamaktadır. Batı'dan alınanlar için şu ölçüleri kullanabiliriz:

"Doğu da batı da Allah'ındır. Ne tarafa dönerseniz Allah'ın yönü o tarafa doğrudur. Şüphesiz Allah'ın kudreti her şeyi kapsar ve O, her şeyi bilir."

(Bakara, 115)

a- Batı'dan alınan şey, onların dinine ait ise veya geldiğinde bizim dinimizin temellerinden birine sızacak ve akidemize etki edecekse bu alıntı küfre kadar kayabilen bir risktir.

b- Ahlakı yönlendiren ve faziletlerde erimeye neden olan bir alıntı ise en iyimser ihtimalle böyle bir alıntı fâsıklığa teşviktir.

c- İslam toplumunun değerlerini, değerlendirme anlayışlarını, dinden kaynaklanan örfünü değiştirecek alıntılar ise haramdır.

d- Teknik, sanat, ziraat ve yönetim tarzına ait konularda ölçüleri aşmayan alıntılar ise mübahtır.

"Resûlullah sallallahu aleyhi ve sellem, ashabıyla birlikte imani düşünceyle, sosyal düzenle ve insan hayatını yönlendiren konularla ilgisi bulunmayan ziraat, savaş taktikleri gibi pratik hayatta daha çok deneye ve

bilgi edinmeye bırakılan konularda görüş bildirme ve tecrübe edinmede son derece hoşgörülü olmakla beraber, akide ve hayat metodu için başvurulacak kaynak konusunda son derece titizdir. Bu ikisi arasındaki fark gayet açıktır. Yaşam tarzı başka şey, deney ve uygulamaya dayanan pozitif bilimler başka şeydir. Allah'ın iradesine göre insanlığa önderlik etmek için gelen İslam aynı zamanda insan aklını, bilgiye ve hayat metodu dairesinde bütün maddi buluşlardan yararlanmaya yöneltmektedir."

(Seyyid Kutub, Fızılali'l-Kur'an, Âl-i İmran, 101. ayeti tefsiri)

Güneş Başka Mum Başka!

İslam Şeriat'ı, Rabbanî ve İlahîdir
İslam ve O'nun Şeriat'ı Güneştir

Din ve hayat sistemi olarak İslam, sondur. Tek geçerli olandır. Değişim görmemiş, erimemiş, tozlanmamıştır. Allah'ın, kulları için göndermiş olduğu ondan önceki mensûh dinler olan Yahudilik ve Hristiyanlık şimdi İslam'ın muadili değildir. Muadil olmadıkları gibi benzer de değildirler. Asıllarındaki birlik dallarında sürmemektedir. Biri tevhide dayalı diğeri teslise dayalıdır. İslam sadece İslam'dır.

Beşerin kendi icadı ve abartması olan yaşam tarzları, allayıp pulladığı sistemler, olgun bir hayatın vazgeçilmez kuralları diye şişirdikleri de İslam'ın getirdiği hayat sisteminin muadilleri veya benzerleri değildir. Onlar, bir bütün olarak İslam'ın karşısında görülemeyecekleri gibi hayatın herhangi bir alanında bile İslam'ın koyduğu tarzın daha iyisini veya benzerini ortaya koyamazlar.

Allah'ın dini İslam; bir konuda yön göstermiş, kural koymuş veya yasak getirmiş ise beşeriyet için en mükemmel ve en elverişlisini yapmıştır. İnsanların kendi ürettikleri alternatifler koftur, beyhudedir. En mükemmeli, en elverişliyi ancak Allah yapar. Kulunu en iyi O düşünür. Kulun kula lütfu ile Rabb'inin kuluna lütfu hiçbir şartta denk olamaz hatta benzemeye aday bile değildir.

İnsanın aradığı akılsa Kur'an, akıllıların kitabı olarak din koymaktadır; Şeriat göstermektedir. Söz konusu ruh/madde dengesi ise her ikisinin de yaratıcısı olan Allah'ın razı olup gönderdiği din İslam'dır. Bir uygarlık özlemi çekiliyorsa İslam, dillere destan uygarlığını kurmuş ve yaşatmıştır. İslam'ın kurduğu uygarlık, masa başı uygarlığı veya sadece kitaplarda yazılı teorilerden ibaret değildir. Beşeriyete eşsiz bir "Asr-ı Saadet" yaşatmıştır. Geldiği yere huzur ve adalet getirmiş, fıtratı ayağa kaldırmıştır. Tamir etmiş, tahrip etmemiştir.

Toplayıcılık bir idealse ilk nebiden son nebiye kadar bütün enbiyayı aynı Şeriat'ın görevlileri olarak gören, tamamına imanı iman kabul eden İslam, etrafında birleşebilecek en büyük idealdir. Benzeri birleştirici bir çatı tasavvur bile edilemez. Beyazla siyahı, zenginle fakiri, kadınla erkeği, büyükle küçüğü çatlayıp ayrılmaya, birbirini itmeye müsait insan fıtratını başka ne birleştirebilir?

İslam, en üstündür. Onun dışındakiler, yanında veya altında değildir. İslam ve başka bir şey aynı listede değildir. İslam, tektir.

İslam ve Şeriat'ı Güneştir, Gerisi Mumdur! Çünkü...

- İslam'ın kaynağı, kulların rabbi olan Allah'tır. İslam, kulların "ilahımız" diyerek önünde kulluk ettikleri İlah'a aittir; akide kökenlidir; daha yukarısı olmayan en üstten gelmiştir; özünde ne insan, ne melek, ne başka bir mahlukun müdahalesi vardır.

- İslam, ulvidir; yücedir. Onun kanun koyup kural belirlediği bir ortamda ezen ve ezilen, sömüren ve sömürülen yoktur. Menfaatini putlaştıranlar, başkalarının ekmeğine yağ sürmek için yaşayanlar yoktur. En azından öyle olmak isteyenlere revaç yoktur. Öylelerinin kabul görmesi, tasvip edilmeleri muhtemel değildir.

- İslam'da kulun kula itaati değil kulun kulların Rabb'ine itaati vardır. O ortamda, göklerdeki ve tabiattaki insicamın bir benzeri vardır. Her şey tabiidir. Çünkü göklerde ve tabiattaki kural koyucu ile birliktelik vardır.
- Kullar için dünya hayatında gerekenler ve ahiret saadeti için gerekenler aynı anda verilmiştir. İslam, sadece ahireti göstermediği gibi sade bir dünya yörüngesi de çizmemiştir; kapsamlıdır; bir elinde dünya, öbür elinde ahiret vardır.
- İslam Şeriat'ı masumdur. Aslı yanılmayan, unutmayan, aldanmayan Allah'a ait olduğu için o da masumdur; hatalı bir bölümü yoktur. Uygulandıktan sonra yanlış veya yersiz olduğu anlaşılıp değiştirilmesi gereken bir kısmı yoktur. Masumluğu da süreklidir. Günümüze kadar, kıyamete kadar süreklidir. İndiği gün gibidir. Allah'ın koruması altındadır.
- İslam Şeriat'ı özgündür, etkilenmemiştir. Kendisinden önceki dinlerden alıntı olmadığı gibi muasırı veya komşusu olmuş sistemlerden de alıntı değildir. Derleme olmamıştır. İnsanı alakadar eden ne varsa, yaşaması ve dareyn saadeti elde etmesi için ne gerekiyorsa onu koymuştur. Ekonomisi şu sistemden, ahlakı bu sistemden değildir. Bütündür, mütekâmildir. İslam, insanlara din ve Şeriat olarak indikten sonra bizzat Allah'ın elçisinin sağlığında, O'nun denetimi altında topluma yerleşti; insanlar tarafından uygulandı. Anlaşılmayanı açıklandı. Müphemi giderildi. Bir ihtilalin sonucu olarak veya toplumsal bir hareketin etkisi ile ortaya çıkmadı.
- O, gönüllere hâkimdir. Rabbanî olduğu için onun hâkim olduğu yerlerde emirleri ve yasakları karakollardan önce gönüllerde güç bulur. İbadet edecek olan, ibadetini kendisi yapar; kanuna gerek olmadan ezana icabet eder. Kimse izlemese de orucunu yemez. Zorlayan olmasa bile sadakalar verilir. Zekât vermek zevk olur. Suç işleyen, canına

mal olacağını bilse dahi cezasını ister. "Allah görüyor ya!" anlayışı ruhlara siner. Herkes kendisine bekçi olur. Korkular güven unsuruna dönüşür.

Cezaların uhrevi boyutu, henüz dünya hayatında iken arınma samimiyeti getirmiş; inananlarını, işledikleri suçun cezasını infazın peşinde koşar hâle sokmuştur. Diğer yandan dünyevi boyut da ihmal edilmemiştir.

Yöneticilerin dinin arkasına sığınıp halkı ezmelerine fırsat vermemiş, şûra prensibini getirmiştir. Kullar, Allah'ın hududunu çiğnememek kaydıyla kendi kararlarının sahibi olma hakkını korurlar.

- İslam, evrenseldir. Bütün zamanlar ve bütün insanlar için gönderilmiştir. Onu gönderen Allah, insanların siyahının da beyazının da Rabb'i olduğu için dini de bütün renklerin ve bütün zamanların dinidir. Değişime ve düzeltmeye gerek bıraktırmayacak esneklikte ve genişliktedir. Zaman aşımı sorunu olmamıştır. Coğrafya farklılığından etkilenmemiştir. Irklar arasında farklılık doğurmamıştır.

İslam, köleyle efendiyi aynı sofraya oturtmuş; kadınla erkeği aynı seccadeye secde ettirmiştir. Bireyi öne çıkarmadığı gibi toplumun menfaatlerini de bireyi ezecek şekilde abartmamıştır. Ahlakı, korunacak değerler arasında tuttuğu için "insani" olan değerleri evrensel boyutta muhafaza etmiştir. Hâlbuki bütün beşerî kanunlarda ahlakın kanunla bir ilgisi yoktur. İnsanları ulvi bir gayenin etrafında topladığı için işinden evine, evinden işine giden insan tipi değil fazilet yarışı yapan toplum oluşturmuştur.

Ayrıca İslam, dinle siyaseti ayırmamış bilakis siyaseti en önemli unsurlardan biri olarak ayakta tutmuştur. Devletin başında olup Müslümanları yöneten kişiyi, Peygamberin makamındaki vekil kimliğinde görüp ondan nebevi adaleti ve gayreti göstermesini istemiştir. Lider standardını böyle oturtmuştur. Onu sorgulanamaz yapmamış; yazılı olmayan, kuraldan kaynaklanmayan işleri yapmasına ruhsat vermemiştir.

- İslam Şeriat'ı kolaydır. Darbe ve etki görmemiş fıtratlar için kolay ve uygulanabilir bir şeriattır. Asla zor değildir. Getirdiği cezalarında bile insanların kalıcı menfaatleri gözetilmiş, acıtsa bile yararlı olanı tutulmuştur.

  Hasta olanın hastalığını, zorda olanın zorluğunu dikkate almış "Kanun kanundur!" dememiştir. İnsanı mükerrem görmüş ama insanın azmasına mecal bırakmamıştır.

- Ufku geniştir. Müslümanlardan şu beş esası koruyan bir çalışma yapmalarını istemiştir. Yasalardan ticari çalışmaya ve sosyal ilişkilere kadar bugünkü ifadesiyle İslam'ın kırmızı çizgileri şunlardır:

  1- Dini koru!

  2- Cana dokunma!

  3- Mala değer ver!

  4- İnsanlık farkı olan akla zarar verme!

  5- İnsan neslinin sürmesini engelleyen iş yapma!

İslam Ne, Şeriat Ne?

Allah, cinleri ve insanları kendisine kulluk etsinler diye yarattı; nasıl kulluk yapacaklarını bilmeleri için de nebiler ve din gönderdi. Bu gönderdiği dinin adı İslam'dır. İslam'ın inanılması gereken kurallar bölümü vardır. Bunlara "akide" yani "inanç" bölümü denir. Bu bölüm, kulun Rabb'i ile olan bağının adıdır. İkinci olarak da kişinin ahlakını belirleyen kurallar vardır. Bu da "ahlak" bölümünü oluşturur. Üçüncü bölüm "ibadetler" bölümüdür. Dördüncü bölümde "insanların kendi aralarındaki ilişkileri düzenleyen kurallar" vardır. Neyin serbest neyin yasak olduğu, kimin kiminle nasıl evlenebileceği, insanları kimin nasıl yöneteceği gibi konuların dâhil olduğu bu bölüme "muamelat" adı verilir. Kur'an bu bölümü "Şeriat" olarak adlandırmaktadır. İslam Şeriat'ı dendiğinde İslam'ın sokağa, eve, ticarete, uluslararası ilişkilere vb. getirdiği kurallar kastedilmektedir.

İslam'ı din olarak benimseyip -bilinçli veya bilinçsiz olarak- Şeriat'a karşı olmak İslam'ın inanç, ahlak ve az bir bölüm ibadetleri hariç asıl, insanlara yaşatmak istediği hayat tarzına karşı olmaktır. Bu yaklaşım başka bir açıdan bakıldığında bir devleti tanıyıp yasalarını, bayrağını kabul etmemek gibi bir çelişkinin adıdır.

Medine ve Washington

İslam'dan önce ve İslam'ın ilk yıllarında Araplar içki tüketiyorlardı. Vakti gelince Allah, Müslümanlara içki içmeyi yasakladı. Sadece bir ayet indi. Maide suresinin 91. ayeti geldi. İçkinin ve kumarın şeytandan olduğunu bildirdi. Sonunda da Allah Teâlâ "Artık onu bırakır mısınız?" dedi. O kadar! İçki bitti. Medine sokakları evlerde kalan içki fıçılarının boşaltılması yüzünden sırılsıklam oldu. İçki, tarihe karıştı.

1920 yılında Amerika'da içki yasaklandı. Yasak isteği halktan gelmiş ve büyük destek görmüştü. Kanundan önce de toplum, içkinin zararları ile ilgili bilgilendirildi. 1920-1933 yılları arasında iki yüz kişi içki kanununa muhalefet ettiği için öldürüldü. Beş yüz bin kişi hapsedildi. Bir buçuk milyon kişi ceza yedi, mallarına el kondu. Yasaktan önce ABD'de dört yüz içki fabrikası vardı. Yasaktan sonra içki üreten fabrika sayısı sekiz bin oldu. Yasaktan önce içkiden ölenler iki yüz elli iki kişi iken yasaktan sonra ölenler yedi bin beş yüz kişi oldu. Ve sonunda 1933 yılında kanun iptal edilmek zorunda kalındı.

Medine'de içki yasaklandı ve bitti. Amerika'da yasaklandı, bitmedi bilakis güçlendi. Medine'de "ayet", Washington'da "kanun" vardı!

Fark Şu:

Şu veya bu sistemler, üzerlerinde hâkimiyet kurdukları toplumları memnun etmek için kanunlar üretir. Beşerî kanunların yükselebileceği nihai nokta, toplumların arzularının ulaştığı noktadır. Şehvetine esir insanın gözünün nerede olabileceği ise bellidir. Daha çok kazanmak, en önde olmak, yasaksız ve eli kolu bağsız kalmak, engelsiz yaşamak...

Beşerin beşere hâkimiyeti ya elin el üstüne konması ya da elin cebe konması ile özetlenebilir. Memnun edilmesi gereken kitle ile memnun edecekler arasındaki istekler ve ihtiyaçlar aynıdır.

İslam ise Arş'tan gelen bir Şeriat olduğu için en yakın hedef olarak melekleri göstermiş; elle, gözle erişilemeyecek ve bitip tükenmeyecek muazzam bir hedefe koşmaya davet etmiştir. Öyle ki bu koşu, hayat boyu sürer ve sonunda cennette noktalanır. Güneşle mum arasındaki fark da budur. Enerjisi kendinden ve tükenmeyen enerji ile ışık verdikçe eriyen, ancak boyu kadar yeri aydınlatabilen enerji!

Beşer, kendi çizdiği dairede dönüp duran sistemler kurar. İslam ise yerde yürüyene yükselecek Arş'ı gösterir. Fark budur! Bu fark kapatılamaz! Çünkü mumu, güneşin önüne rakip olarak koysak da güneş, mumun ışığını göstermesine fırsat vermeden onu eritecektir. Fark budur!

Bilyeli Prangalarımız: Şehvetler

"Kadınlara, oğullara, kantar kantar altın ve gümüşe, nişanlı atlar ve develere, ekinlere karşı aşırı sevgi beslemek
insanlara cazip gösterilmiştir.
Bunlar dünya hayatının nimetleridir
oysa gidilecek yerin güzeli Allah katındadır.
De ki:
'Size bunlardan daha hayırlı olanı haber vereyim mi?
Muttakiler için Rableri katında sürekli kalacakları,
altından ırmaklar akan cennetler, el değmemiş eşler
ve Allah'ın hoşnutluğu vardır.
Hiç kuşkusuz Allah kullarını hakkıyla görür.'
Onlar ki
'Rabb'imiz!
Biz şüphesiz inandık, bunun için günahlarımızı bize bağışla
ve bizi ateşin azabından koru.' diyen,
sabreden,
doğru olan,
gönülden kulluk eden,
hayra harcayan
ve seher vakitlerinde bağışlanma dileyenlerdir."

(Âl-i İmran, 14-17)

Şehvetler ve Şüpheler

Şehvetler ve şüpheler akidemizin gevşeyip sulanmasına, ibadet eksikliğimizin ve kul haklarımızın çoğalmasına en çok neden olan iki hastalığımızdır. Yaratılış maksadımız olan imtihanın en bariz görünen noktası şehvetlerimizdir. Hayatın neresinden tutulursa orada bir şehvet etkisi görülebilir. Sabah namazını ihmalde uyku şehvetimizin etkisi olduğu gibi bir kul hakkını ihlalde de bencillikle özetlenen tamah ve biriktirme şehvetimiz vardır.

Şehvetler yüzünden Allah'ın bir nûru olan şer'i ilimden mahrum kalıyoruz. Rızkımız ve bereketimiz eriyor. İbadete soğuk kalıyor, değil gerekeni asgariyi bile eda edemiyoruz. Ancak şehvetler, bize sonradan bulaşmış mikroplar değildir. Onlar ilk yaratılışımıza Allah'ın yerleştirdiği, öz bünyemizde var olan hususiyetlerimizdir. Şehvetlerle ama onlara esir olmadan ve onları köreltmeden yaşamak zorundayız. Çünkü imtihanı kazanmamız, şehvetlerimizi dizginleme ve şehvetlere rağmen kulluk yapabilmemizle doğru orantılıdır. Şehvetlerle iç içe bir hayat, doğal bir hayattır. Bizi Allah'a kulluktan koparmaya çalışan şeytanın bize sokulacağı menfezler şehvet menfezleridir.

Biz şehvetlerimize esir olmadan kulluk yapabilmenin yollarını öğrenmek ve imtihanı kazanıncaya kadar gayret etmekle yükümlüyüz. Şehvetleri kökünden yok etmek gibi bir amacı uygulamak isteyenler, daha ağır sıkıntıları kendi elleri ile icat etmiş oldular.

Şehvetlere Esir Düşme Nedenlerimiz

- Yaratılış maksadını bilmekten uzak olmak, yani cehalet birinci nedendir. Cahil olan, şehvetine esir yaşamaya daha yakındır. Ne var ki "bilmek" de kesin kurtulmak değildir. Bilenin de önünde bir başka şehvet imtihanı beklemektedir. O imtihanı geçenin bir diğer imtihana hazır olması, ondan bir başkasına geçmesi, yakîn gelinceye kadar usanmadan gayret etmesi esastır. Çünkü şehvetler,

Rabb'imizin dünya hayatını bir imtihan alanı olarak belirlemesinden kaynaklanan değerlerdir.

- "Şehvet" denince sadece cinsel isteklerimizi düşünmemiz de hatadır. Evet, cinsel isteklerimiz en bariz şehvetimizdir. Fakat insanın bünyesinde en az cinsi şehvet kadar etkili olan başka şehvetler de vardır. Mal biriktirme, çocuk sahibi olma, şöhret kazanma, dünyanın cazibesinden yararlanma gibi... Her biri imtihan maksatlı olarak etrafımıza dizilmiş ve gözümüze, beynimize hoş gösterilmiş şeylerdir. Cinsel şehvetimiz kadar onlardan da sorumluyuz.

- "Tûl-i emel" bir afettir. Hiç ölmeyecekmiş gibi yaşamak, ölümü bizim değil başkalarının kaderi gibi görmek, beraberinde şehvetlere esir olmayı getirmektedir. Hâlbuki ölümle burun burunayız. Öyle inanıyoruz ama dünyada ebedîliği yansıtan bir anlayışla yaşıyoruz.

  Ölümün edebiyatını yapıyoruz sadece. Toprağın altında kalacağımız sürenin üstünde kalacağımız süreden çok daha fazla olduğunu kesin bildiğimiz hâlde emeklerimizin büyük bir bölümü toprağın üstünde hem de altına yararı olmayacak şeylerden oluşmaktadır.

- "Âl-i himmet" değiliz. Büyüklerle çocuklar aynı şeyleri konuşabiliyor, sesi daha gür olanın sözü dinleniyorsa o zaman şehvetler esir eder, hatta ezer. Meclislerimizde konuşulan meselelerimiz, ebedî bir hayata hazırlanan bir mü'minin meseleleri olması gerekirken, üzerimize suni gündemle salınan konuların basitliği altında kaybolup gidiyoruz. Mü'minlerin ve insanlığın derin meseleleri, bizim derin dertlerimiz dar bir grubun konuları gibi algılanıyor. Ciddi konuları konuşmaya utanacak hâle geldik. Para, arsa, yatırım, araba, spor, gezi, ev, iş yeri, diploma... Sübhanellah! Ne kısır bir döngü!

- "Egoistliği" özümser olduk. Ümmete mal olmak, insanlık için yaşamak edebiyat oldu. Her şeyde ölçü "ben" olunca şehvetlerle dolu bir "ben"den başka ne beklenebilir?
- Çevreden, örf ve âdetlerden aşırı etkileniyoruz. "Ne derler?" sorusuna hak ettiğinden fazla değer biçtik. "Ne derse desinler, yeter ki hak olsun!" demekte zorlanıyoruz. Durum bu olunca da birbirimizin şehvet kamçılayıcısı, maşası oluyoruz. Birbirimizi hayra teşvik edecek yerde, kapitalist akla sürüklüyoruz. En büyük değerlerimizi, mukaddesatımızı bile bu anlayışa harcıyoruz. Büyük bir ecir kaynağı olan "oruçluya iftar ettirmeyi" bir mutfak şovuna çevirebiliyoruz. Hac gibi bir ibadeti "dinî turizm" olarak görebiliyoruz.
- Boş vakit üretiyoruz. Üretiyoruz çünkü ahirete doğru giden bir yolda mü'minin boş vakti olması mümkün değildir. Dinleniriz, yer-içeriz ama boş vaktimiz olmaz.
- Örneklerimiz basit ve geçici değerlerin örnekleri olmaktadır. Maalesef zenginleri, meşhurları, meşgalesi helal olmayanları örnek görüyoruz. Alenen olmasa bile sinsi bir şekilde onlar gibi olma özentimiz bizi kemiriyor.

  Kur'an'ın örnek gösterdiği insanlar bizim için etkileyici örnekler olamıyor. Yazlık, villa, yalı yapanlar gözümüzde büyürken sarayları bırakıp mağaraya kapanan Ashabı Kehf'i sadece konuşuyoruz. İkinci defa evlenenlerden konuşuyoruz da yatağından şehadete koşan Hanzele'yi anlayamıyoruz. Ne iz bırakıp giden iyi örnekler ne de hâlen yaşayan iyi örnekler bizi etkiliyor.
- Evliliği geciktirmede bir sakınca görmüyoruz. Evlenme vakti gelmiş de geçmiş olan gençler, evlilikleri geciktiği için şeytanın ağlarıyla iç içe bir hayatı yaşayabilmekte; veliler de diploma/iş/askerlik gibi sathi özürleri harama karşı tek barınak olan evliliğe engel yapmaktadırlar.

- Kadınların üzerinde oynanan oyunları sadece onların açısından irdeliyoruz. Kadınların açılıp saçılmaları, kapitalist ekonomiye motor olmaları sadece onları eritmiyor; anneyi, eşi alıp götürüyor. Kadını bir dünya görüp onun yükselmesi ve alçalmasını bütün bir insanlığın yükselmesi ve alçalması olarak görmek istemiyoruz.

- Istılahlarımızın içeriğini ya tarihileştirdik ya da bize göreleştirdik.

  Bize ait bir "mahrem-namahrem" vardı! Bir "haremlik-selamlık" vardı! Bakma edebi, utanma vardı. Ev ahlakımız vardı!

- Kültür etkileşimini basit uygulamalardan görüyoruz. Hayatı yaşama tarzını özetleyen kültürlerin aslında inanç ve ilkelerden oluştuğunu; yeme-içmeden dinlenmeye ve gezmeye kadar hayatın bütün renklerinde kültürler arası benzeşmenin inancı da etkileyebileceğini ve akıbet olarak maddeyi ve şehveti abartan bir kültürü taklit etmenin aynı sonuca götüreceğini; şehvetperest bir mantıkla hayata baktıracağını anlayamıyoruz.

- İsraf alıp başını gitti. Sudan zamana kadar en değerli neyimiz varsa israfında beis görmüyoruz. Şehvetler israfı, israf da şehveti körüklüyor.

Şehvetlere Esaret Sadece Uhrevi Bir Yıkım Değildir

Şu veya bu şehvet çılgınlığı sadece ölümden sonraki hayatta cezalandırılacak bir aşırılık değildir. Şehvetler, henüz dünya hayatını yaşarken musibete dönüşen bir bataklıktır. İnsanlığı tehdit eden salgın hastalıklar, şehvetlere esaretin sonucudur.

> Şehvetlerden korunup uzak durmak, onlara battıktan sonra kurtulmaktan daha kolaydır!

İnsanoğluna yetmeyen ve bir bölüm insanın aç kalmasına neden olan toprak ürünlerindeki seyreklik şehvetlere esaretin sonucudur.

Yaygınlık kazanan ve önü alınamayan bağımlılıklar, sapık ilişkiler şehvetlere esaretin sonucudur.

Savaşlar, katliamlar ve işgaller büyük şehvetlere esaretin sonucudur.

Aile bağlarının çözülmesi, ailevi ilişkilerde doyumsuz bir noktaya gelinmesi de şehvetlere esaretin bir sonucudur.

En Büyük Şehvet: Cinsiyet

Şeytan, nefis ve beşerî şer odakları, insandaki cinsellik şehvetini âdeta kudurtmak için yarışmaktadırlar. Neredeyse bütün yönler onu göstermekte, bütün yatırımlar ona yapılmaktadır.

Sonu gelmez istekler, sınırsız zevkler, zapt edilemez arzular hep onun etrafında dönmektedir. Ümmetine "kadın fitnesi" kadar zararlı bir fitne bırakmadığını söyleyen sevgili Peygamber aleyhisselam efendimiz ne güzel söylemiştir!

Mal da Büyük Bir Şehvettir

Kalplere hâkim olmuş bir mal sevgisi, sınırsız biriktirme arzusu, küçük değerlerle başlayan ama büyüdükçe büyüyen edinme hırsı, abartılı tamah, haram-helal ölçülerini çiğneyip geçen tavizler, mal edinme şehvetinin sonuçlarındandır.

Ocaklar söndüren, aileler çökerten kavgalar, cinayetler genelde malın etrafında oluşmaktadır. Ancak mal şehvetindeki zararın ağır basması, dengenin bozulması yüzündendir. Malı sevmek değil maldaki Allah'ın hakkını vermemek, onu haram yolla elde etmek, onu elde ederken diğer görevleri ihmal etmek sakıncalıdır.

Çaresiz Değiliz

Çeşidi ne olursa olsun şehvetlerle imtihan edildiğimiz bir dünyada eli-kolu bağlı, çaresiz değiliz. Ne şehvetlere esir oluruz ne de şehvetlerin kökten yok olması için çalışırız. Ortada ve dengedeki programımız şudur:

1- Kâmil bir iman için uğraşırız. Takvası, murakabesi, korku-umut dengesi, vela-berası, ilmi-ameli ile kâmil bir iman mücadelesi içinde oluruz.

2- Göze ve kulağa dikkat! Göz, şeytanın oklarından bir oktur. Gören düşünür, düşünen şehvete dalar. Şehvete dalan, şeytanın istediğini yapar. Gözü çıldırtan uygarlığın şerrinden Allah'a sığınırız. Müziğin, şeytanın araçlarından olduğunu unutmayız.

3- Evliliği kurarken ve sürdürürken ciddiye alırız. Herkes evlendiği için değil yaratılmanın bir gereği olduğu için evleniriz. Vücudumuzun ihtiyacını tatmin edecek bir evlilik yapmaya çalışırız. Evliliğin gecikmesini tehlike görürüz.

4- Şehvetlerimizi kamçılayacak yer ve etkilerden uzak kalmaya çalışırız. Kadın-erkek baş başa ya da karışık bulunulan ortamlarda bulunmayız. Allah Teâlâ'nın Kur'an'da "Zina etmeyin!" değil de "Zinaya yaklaşmayın!" demesindeki hikmeti kavramaya gayret ederiz.

5- Şeytanın, boşu doldurmayı daha kolay başardığını unutmayız. İbadet ve ibadete kaim çalışmalar yerine boş vakit üretirsek –Allah korusun- şeytan için daha kolay yutulur bir yem olabiliriz.

6- Düşünce kalkmayı ihmal etmemeliyiz. Düşmekten değil düşüp kalmaktan korkmak gerekir. Belirli bir Kur'an ve zikir virdi takip etmek kuvvetli koruyucudur. Vaktinde ve cemaatle kılınan namazın koruculuğunu ise hiç unutmamalıyız.

7- Çevre, kimliktir. Kiminle beraber olduğumuz, kimin sofrasında yiyip içtiğimiz, dertlerimizi/sevinçlerimizi kiminle paylaştığımız ziyadesiyle önemlidir. Beraber bulunduklarımızın etkisinde kalmadan yaşamamız neredeyse mümkün değildir.

8- Ve hiç unutmayız ki hayatımız, bir cihat bütünüdür. Küfürle cihat, şeytanla cihat, nefisle cihat! Cihat! Cihat!

İkinci Bölüm

Amelimiz

Uzun Yaşamak Elimizde!

Kapalı Üçgenimiz

Faniyiz, işimiz çok, vakit ve imkânımız sınırlı. Bu üç gerçekle kuşatılmış bir hayat yaşıyoruz. Kendisi de fani olan bir dünyada faniliği kati olan bir hayat yaşıyoruz. Cehennemden kurtulup cennete girmek, Allah'ın rızasına ermek yegâne hedefimizdir. Bu hedefimizin gerçekleşmesi için dünyayı imar etmemiz, ahireti kazanmamız gerekiyor. İşimiz çok, imtihan gereği imkânlarımız da sınırlı. Her tuttuğumuz elimize gelmiyor, her söylediğimiz dinlenmiyor. Biz diliyoruz ama bizim üstümüzde kesin bir dileyen var.

Bu üçgen içinde sadece yeme, içme ve uyuma eksenli bir hayat yaşayamayız. Diğer canlı türlerinden farkımızı ortaya koyacak hedefimiz olmalıdır. Bulunduğumuz dünyayı ahirete intikale uygun hâle getirmek ve Allah'ın rızasını kazanacak salih ameller yapmak... Hedefimiz için kısa bir hayat yetmez. Uzun ve verimli bir hayat geçirmek zorundayız.

Elbette ecelimiz mahduttur. Bir saniye ileri ve geri alınamayacak, son kararı verilmiş ömrümüzü tüketiyoruz. Değil saatler, saniyeler bile sayılıdır. Saniyeler kesinlikle azalıp çoğalmaz. Ama bir saniyenin gördüğü iş değişebilir. Saniyelerin saatler kadar değerli hâle gelebileceği gibi günlerin saniye gibi boşa harcandığı da olabilir. Önemli olan, saatlerin sayılmasından çok hangi sonuçların elde edildiğidir. On yılda elde edilenle on günde elde edilen aynı ise yılla gün arasında ne fark vardır? Rakamların sayılmasına takılıp kalmak yerine, onun içini doldurmaya uğraşmak akıllıca olandır.

Yaşamayı istemek, uzun yaşamayı arzulamak günah değildir. Ancak bizim uzun yaşama arzumuz, "bin yıl" yaşamak isteyen Yahudi'nin isteğiyle aynı değildir. Onların yaşama arzusu, tapındıkları dünya metaına dalma ve Allah'ın azabından kurtulma umududur. Müslüman ise çok yaşamak ister ama bu "çok", üzerine bastığı toprak için değildir. Toprağı bereketlendirip hasenatını artırmak, Allah'a ve rızasına daha yakın olma yollarını yakalamak için uzun yaşamak ister mü'min.

Kalmak istediğimiz dünya, güzelliklerine doymadığımız dünya değil ahirete götürecek amellerimizi yapabileceğimiz bir dünyadır. Allah'ın hükmünün icra edildiği, O'nun sözünün en üstün olduğu dünyadır. Eğer kalmamız bizi daha derin fitnelere ve altından kalkamayacağımız belalara sürükleyecekse Rabb'imize kavuşmayı yeğleriz.

Biz, ömürlerin kısa olduğu bir zamanda yaratıldık. Eski ümmetlere göre daha az yaşıyoruz. Resûlullah sallallahu aleyhi ve sellem, Ümmet'inin ömür ortalamasının altmışla yetmiş arası olduğunu, bunu geçeceklerin az olduğunu haber veriyor. (Camiussağır, 1199) Bu kadar kısa zamanda büyük işlere imza atmak, imar edilmiş bir dünyadan mamur bir ahirete gitmek kolay değildir.

Uzun yaşamayı istemek hakkımızdır. İşimiz çok, vaktimiz az. İmkânlarımız ve takatimiz sınırlı. Ancak uzun yaşayarak fazla kazanabiliriz. Uzun yaşamak da elimizdedir. Yeter ki yaşamaktan ne anladığımızı bilelim.

Ömür Nasıl Uzar?

İmanımız şudur: Allah Teâlâ bizi dünyada muayyen bir zaman kalmamız için yaratmıştır. Bu zaman da bizim için belli değildir. Ne kadar ve nasıl yaşayacağımızı sadece Allah bilmektedir. Bizim için takdir edilmiş olan sürenin uzaması veya kısalması mümkün değildir. Her insan, henüz yaratılmadan binlerce yıl önce eceli belirlenmiş olarak yaratılmaktadır. Bu konuda Allah'ın yazgısı katidir. Buna rağmen Peygamber sallallahu aleyhi ve sellem efendimizin bazı hadislerinde filan işi yapanın ömrünün uzayacağı tarzında bilgiler vardır. Âlimler, bu hadisleri şu şekilde yorumlamaktadırlar:

a- Müslüman'ın ömrünün uzun olması; ömrünün bereketli olması, hayırlı işlerde önünün açılması, vaktini ahireti için yararlı işlerde kullanmaya muvaffak kılınması ve kaymalardan korunmasıdır. Bu noktaya getirilen Müslüman, kısa bir hayat geçirmiş olsa bile büyük işler becerir; az zamanda çok iş yapar; yaptığının hayrını görür; ailesinde düzen kurmaya muvaffak olur; nesil yetiştirir; ibadetlerini hakkıyla eda eder; kullarla bir alıp vereceği olmadan Rabb'ine gider.

b- Allah'ın ona takdir ettiği ömür belli ve kesindir. Ancak meleklere verilen yazılarda kayıtlar vardır. "Şu işi yaparsa ömrü bu kadar, yapmazsa şu kadar..." şeklinde ayrıntı getirilmiştir. Ama neticede Allah, onun kaç yaşında öleceğini yani nihai durumu bilmektedir.

c- Uzun yaşamak, öldükten sonra da hayırla anılmaktır. Müslümanlar arasında hayırla anılıyor olmak, asırların geçmesine rağmen unutulmamak, bir köyde miskin bir hayatı yaşamaktan daha evladır. Bunu da Allah her kuluna nasip etmemektedir.

Ömür, tüketilen yıllarla hesaplanacaksa onun uzunu hiç olmaz. Çünkü insanın "yeter" diyebileceği bir sınır yoktur. En uzun yaşayan bile biraz daha yaşamak için gayret etmektedir. Dünya hayatının doyumu yoktur.

Gerçek ömür ise portakalın sıkıldıktan sonra atılan tortusuyla kalan saf suyu arasındaki benzerlik gibi insanın geride bıraktığı hayırlı amelleri, sağlığında görebildiği güzel çalışmalarıdır. Bu ise rakamların kabarıklığıyla değil başarının kalitesiyle ölçülebilir.

Ahiret hayatını kurtarmaya yeten bir kelimei tevhid, saniyelerle ifade edilecek kadar kısa bir zamanda dillendirilmektedir fakat sonucu ebedî bir saadettir. Bir kere "Sübhanellah" diyebilecek kadar fazla yaşamak, dünyevi ölçülerle asla ölçülemeyecek kadar değerlidir. Hayat bizim ana sermayemizdir, sermayemizin çokluğu kâr kaynağıdır.

Uzun Yaşamak İçin Acil Uygulamalar

1- Sılayı Rahim Hayattır

Kur'an'da on dokuz ayette sılayı rahim tavsiye edilmekte, üç ayette de onu ihmal edene azap vadedilmektedir. Hadisler ise onu, ömrü uzatan bereket kaynağı olarak göstermektedir. Zamanı kullanamayışımızı bahane ederek ömrümüze bereket katacak bir kaynağı kurutamayız.

Başta anne-baba olmak üzere dede-nine ve yakınlık derecesine göre diğer akrabaların hak sıralamasına dikkat edilerek sılayı rahimle gözetilmesi kesinlikle hayatı etkiler. Ancak şunu bilmek gerekir: Sılayı rahim, ziyaret etmek demek değildir. Sılayı rahim, yakınlığın hakkını vermektir.

2- Güzel Ahlak Hayattır

Güzel ahlak üç şeydir: Güler yüz, iyilik yapmak ve zarar vermemek. Bu üç şeyin birleştiği yapının adı olan güzel ahlak, mü'minin mizanında kıyamet günü en ağır hasenattandır. Şehirlerin imarı da güzel ahlaka bağlıdır, insanların ömürlerinden bereket görmeleri de. Farklı hadislerde mü'minin, güzel ahlakı sayesinde gündüz oruç tutup gece ibadet edenlerin seviyesine ulaşabileceği bildirilmiştir.

3- İyi Komşuluk Hayattır

Komşuluk dinden bir parçadır, Kur'an ve hadis kaynaklı bir meseledir. Komşuluk, Müslümanlar arasında bir kültür değil Allah'ın ve Resûl'ünün emrettiği işlerdendir.

Komşuluktan yoksun bir hayat yaşamamızın ana nedenlerinden biri camiyi ve cemaati ihmal edişimiz olmuştur. Cami bizi, yeni komşularla tanıştıracağı gibi mevcutlarıyla da ortak zeminde buluşturacaktır. Çünkü komşuluk, imandandır. Resûlullah sallallahu aleyhi ve sellem: "Kim, Allah'a ve ahiret gününe iman ediyorsa komşusuna iyi davransın." demiştir.

Uzun Yaşamaya İşaret Eden Hadisler

- Bir adam Resûlullah sallallahu aleyhi ve selleme geldi ve dedi ki:
"İnsanların en hayırlısı kimdir?" Ona şu cevabı verdi:
"Ömrü uzun olup ameli güzel olandır." Adam:
"İnsanların en kötüsü kimdir?" diye sordu. Şu cevabı verdi:
"Ömrü uzun olup ameli kötü olandır." (Tirmizî, 2330)

- "Rızkının çok olmasını ve ömrünün uzamasını isteyen, sılayı rahim yapsın." (Buharî, 2067; Müslim, 2557)

- "Kaderi duadan başkası geri çevirmez. Ömrü de iyilikten başkası uzatmaz." (Tirmizî, 2139)

- "Sılayı rahim, ömrü uzatır." (Camiussağir, 5001)

- "Kime incelik verildiyse ona dünya ve ahiretteki nasibi verilmiştir. Sılayı rahim, güzel ahlak ve iyi komşuluk şehirleri imar eder; ömürleri uzatır." (Ahmed, el-Benna, 19-53)

Uzun Yaşamak İçin Örnekler

Haremeyn'de Namaz Kılmak Yaşatır: Bir namaz Mescid-i Haram'da yüz bin, Mescid-i Nebi'de ise bin yazılıyor. Küçük bir hesapla evde bir yıl kılınan nafile namaz miktarı 450 bin civarında iken Harem-i Şerif'te kılınan iki rekât namaz buna denk olmaktadır. Bu da vakitten kazanmaktır. Az vakitte çok iş yapmaktır.

Camide Namaz, Yaşatır: Camide kılınan bir namaz, evde kılınan aynı namaza göre yirmi yedi kat fazladır. Bu da kazançtır.

Evlerde Nafile Kılmak Yaşatır: Çünkü evde kılınan nafileler iki yönden daha değerlidir. Birincisi nafilenin evde kılındığındaki sevabı, camide kılındığındaki sevabından fazladır. İkincisi nafile namaz, evi mamur hâle getirir. Ev, huzur kaynağı hâline gelir. Bereketli bir evde yaşanan hayat farklıdır.

Kuşluk Namazı, Yaşatır: Bu namaz, vücudumuzdaki mafsallar için verilmiş büyük bir sadakadır; her bir mafsal için her gün sadaka vermenin yerini doldurmaktadır. Bunun sonucu da kaza belaya karşı sadakası verilmiş bir vücut sahibi olmaktır.

Şevval Orucu, Yaşatır: Çünkü Şevval orucu, Ramazan ayından sonra altı gün tutulduğunda bütün yılı oruçlu geçirmek gibi bir sevaba vesile olmaktadır.

Kadir Gecesi Yaşatır: "Kadir Gecesi" 12 saatlik bir zaman diliminin adıdır. Ancak bu gece bir ayın içinde gizlidir. Ramazan ayının herhangi bir gecesinin "Kadir Gecesi" olma ihtimali bulunduğuna göre Ramazan'ın her gecesinin aynı heyecan ve umutla ihya edilmesi gerekir.

Cihat Yaşatır: Canla, malla, dille, kalemle yapılan cihat bilhassa şehadetle sonuçlandığında ömürdür.

Kur'an Okumak Yaşatır: Bir tek ayeti defalarca okumak bile hayattır.

Vakıf İnsan Olmak Yaşatır: Mü'min kardeşlerine/insanlığa hizmet eden, darda olanın darlığına çare olan, hastanın yarasına merhem olan, yetimin gözyaşını silen yaşar. Bedenini vakfeden yaşar. Evini vakfeden yaşar. Kitabını vakfeden yaşar. Çocuklarını vakfeden yaşar. İlmini vakfeden, ilim yayan yaşar. Allah'a davet eden yaşar. Vakıf, hayattır.

Sadakayı Cariye, Yaşatır: Ölümden sonra da devam eden, günü birlik olmayan sadakalar, akar sadakalardır. O sadaka devam ettikçe sahibinin defterleri kapanmaz. Sadaka, sahibinin ömrüne ömür katar.

Salih Çocuk, Yaşatır: Allah'tan korkarak yaşayan, haram yemeyen, ibadeti ihmal etmeyen bir çocuğu doğuran; o çocuktan ve o çocuğun o şekilde doğurup büyüttüklerinden sevap hasıl oldukça kazanır, yaşar. Resûlullah sallallahu aleyhi ve sellem buyurdular ki:

"Allah Teâlâ bir kulu cennette yüksek makamlara çıkarır. Kul: 'Bunlar nasıl benim oldu ya Rabbi?' diye hayret eder. Allah Teâlâ buyurur ki: 'Senin çocuğunun, senin arkandan istiğfar etmesi ile...'" (El-Fethurrabbani, 9-205)

Cihat zamanlarından birinde, mücahitler sahile açılmışlardı. Orduda görevli bulunan Ebu Hureyre ise yerini terk etmedi. Oradan geçen biri Ebu Hureyre'ye:

"Herkes sahile gitti. Sen neden buradasın?" diye sordu. Ebu Hureyre şu cevabı verdi:

"Zararı yok, gitsinler. Ben burada Allah için bekliyorum. Resûlullah sallallahu aleyhi ve sellemi şöyle buyururken işitmiştim:

'Allah yolunda bir saatlik görev, Haceru'l-esved'in yanında Kadir Gecesi'ni ihya etmekten hayırlıdır.'"

(Kenz, 1055,6)

Aldanmamak İçin Kurallar

1. Kural: Saniyelerle hesaplanan vaktinin kıymetini bilmeyen, zamanı heder eden için bir vaat yoktur. Allah Teâlâ'nın zamana yemin ettiğini bilerek yaşamak gerekir.

2. Kural: Kul hakkı gibi biriktirdiğini tüketen hatalara önem vermek gerekir.

3. Kural: Elemlerden, acılardan bıkıp ölümü temenni etmek caiz değildir. Resûlullah sallallahu aleyhi ve sellem buyurdular ki:

"Sizden biriniz ölümü temenni etmesin. Ölümün vaktinden önce gelmesi için dua etmesin. Çünkü ölenin defterleri kapanır. Hâlbuki mü'mine ömrü sadece hayır artırır." (Ahmed, 7842)

Âişe radıyallahu anha diyor ki:

-Resûlullah sallallahu aleyhi ve seleme şöyle dedim:

"'Filanca kadın öldü de kurtuldu.' diyorlar." Resûlullah sallallahu aleyhi ve sellem kızdı ve buyurdu ki:

"Sadece mağfiret edilen kurtulur." (Ahmed, 24192)

4. Kural: Nasıl toprağın bitki vermesi bazı kurallar dâhilindedir ve o kuralları uygulayan verim alır veya uygulamayan alamazsa ölüm de bazı kurallara bağlıdır. Ölmemek için gereken kurallara uymak, yaşamak için gerekenleri yapmak kulun görevidir.

Sahabeden biri Resûlullah sallallahu aleyhi ve selleme: "Mademki kader var, neden tedavi oluyoruz?" şeklinde bir soru sorduğunda Resûlullah sallallahu aleyhi ve sellem ona şu cevabı vermiştir: "Tedavi de Allah'ın kaderindendir." (Tirmizî, 2065)

"Ölünce kendisiyle beraber günahları da ölüp gidene ne mutlu! Öldüğü hâlde günahları kendisinden sonra yüz-iki yüz sene devam eden ve kabrinde onların hesabını verenin vay hâline!"

(Şatıbi)

Kuru Dindarlık

En Dindar Kim?

Şüphesiz en dindar; Allah'ı en iyi bilen, O'na en güzel kulluğu yapan Muhammed sallallahu aleyhi ve sellem efendimizdir. Din hangi anlamı ifade ediyorsa O, onu yapmıştır. Yaptığının daha iyisi yoktur. Nitekim O, daha iyisini yapma iddiası gibi algılanacak tavırları reddetmiştir. O'nun gibi olmaya çalışanlar, o yolda emek verenler de "iyi dindar" olma yolundadırlar.

Ashaptan itibaren asırlardan beri sayılarını sadece Allah Teâlâ'nın bilebileceği kadar kalabalık bir Müslüman grubu, iyi Müslüman olmak için uğraştı; didindi. Herkesin yaptığı ve yaptığının muhasebesi Allah'ın takdirine kaldı. Allah adına, din kalıbıyla yapılan işlerin iyi veya kötü sonuçlarını biz değerlendiremeyiz. Hüküm Allah'ındır.

Kendisi de bir kul olan insan, diğer kulların hesabını görmeye kalkamaz. Fakat din, ölçüleri ve emirleriyle ortadadır. Ona uygunluk esas olduğuna göre elimizde net ölçüler var demektir. Birbirimizi iyi veya kötü olmakla tenkit etmek yerine "Hangi amelimiz Sünnet'e daha uygun? Hangi amelimiz daha ihlaslı?" gibi ahiretimizi direkt ilgilendiren meseleler etrafında gündem oluşturmamız evla olandır.

En dindar, bellidir. Dindarlıkta iyiliği yakalamak için koşuşturacak olanlar ise kıyamete kadar sürecektir. Düşülecek, kalkılacak, tekrar düşülüp tekrar kalkılacak ama iyi olma mücadelesi devam edecektir.

Allah'ın kullarının bir bölümünün iyilerden olması, bir bölümünün ise şakilerden olması O'nun kaderidir. Yapılacak bir şey yoktur. Böyle takdir edildi, böyle gidecek. İyilerden olmak için uğraşacağız.

Şunlar Allah'ın asi kulları, bunlar ise mü'min kulları. Asilerin yolu belli, sonu belli! Mü'minlerin de yolu belli, sonu belli elbette! Ancak asilerden olup asiliğin hakkını vermemekle itham edilen yoktur. Çünkü iman çizgisini aştıktan sonra bütün yollar cehenneme çıkar. Mü'minlik dairesinde kaldığı hâlde imanın içini dolduramamak, imanı erimeye terk etmek, imanı sözde bir iddia hâline getirmek ahde vefasızlıktır. Mü'min, kulluk sözü vermiş insandır. Onu sözünden caymış hâle getiren tavır ve sözleri, vefasız duruma düşürüyorsa bunu bir hastalık belirtisi olarak görmeli ve hesaba çekilmeden kendisini hesaba çekmelidir.

Mü'min bir yandan iman iddiasında ısrar ederken diğer yandan Allah'ın "iman etmeyenlere" ait vasıflardan saydığı hataları nasıl irtikâp edebilir? Allah'ın birinci dereceden emirleri olan farzları ve birinci derecen yasaklarını dikkate almadan, hayatın öncelikleri olarak onları görmeden yaşamanın adına İslam unvanı konmasıyla hayat İslamileşmiş olmuyor.

Hayatın kimin etkisi altında sürdürüldüğü bir hesap meselesidir. Mutfaktan oturma odalarına, namaz eda edilen mescitlere, yürünen sokaklara, para kazanılan iş yerlerine, ekin elde edilen tarlalara kadar, güneşin aydınlattığı ve bizim insan olarak yaşadığımız her yerde biz kim olarak yaşıyoruz? Biz kimiz?

Elbette biz Müslüman'ız. Bütün benliğimizle buna hamdederiz. Peki, Müslümanlık nerede? Dindarlık da var, yalan da. Dindarlık da var, sözden caymak da. Dindarlık da var, namazı asmak da. Dindarlık da var, faize teslim olmak da. Dindarlık da var, Kur'an'ı ihmal etmek de. Bu nasıl dindarlık o zaman? Evet, bu nasıl bir dindarlık? Kim, kimi kandıracak?

Şükreden Kul

Ayakları şişinceye kadar namaz kıldığı bir gecede Resûlullah sallallahu aleyhi ve selleme, neden kendisini bu denli yorduğu sorulunca "Şükreden bir kul olmayayım mı?" diye cevap vermişti.

Halep Oradaysa Arşın Burada!

Din Ne Demişti?	Yapan Ne Yaptı?
"Allah'a ve Resûl'üne itaatiniz tam olsun. Onların önüne kimseyi geçirmeyin. Yegâne söz onların sözü olsun. Haramı/helali siz koymayın, sadece itaat edin."	"İmanımız iman, Allah en büyük, Resûl'ü en büyük insan." dendi. Düğünde herkes bildiğini yaptı. Haram kalktı, "yasak" geldi. Helalin yerini "hak" aldı.
Din Ne Demişti? "Namazı ikame edin. Namaz dindir, onsuz olmaz."	**Yapan Ne Yaptı?** Namaz işe, aşa kurban gitti. Bir otobüs şoförüne bile "Ben namaz kılacağım." demeye utanıldı. Namaz son vaktine kaydırıldı. Kılınan namazlarda huşu kayboldu. Cuma namazı kılan Müslüman'ın bile cebindeki telefonu çaldı. Camiler zilli, müzikli hâle geldi. Namaz kılmayan bir genç, hayâ etmeden namazlı bir kızı isteyebildi. Caminin birinci safı ile son safı aynı oldu. Hele kalabalık namazlarda arka saflar daha makbul hâle geldi.

Din Ne Demişti?	Yapan Ne Yaptı?
Din Ne Demişti? "Nafilelerde Allah'ın rızasını arayın, mecbur değilsiniz ama hedefe çabuk varırsınız."	**Yapan Ne Yaptı?** Nafileler arada kaynatıldı. Farzı eda eden, yarışı kazandı gibi görüldü. Sonra da anlaşıldı ki şeytan, nafilelerden sızıp farzları devirmeye başladı. Zikir ve vird; yaşlı hacılara ait, belirli akşamlarda toplanıp bir şeyler okuyan, dualar eden insanların ameli hâline getirildi. Zikir, lüks oldu.
Din Ne Demişti? "Kur'an okuyun! Onunla amel edin. Onsuz bir anınız olmasın."	**Yapan Ne Yaptı?** Kur'an ve ona ait değerler mezarlıklarda ihya edildi. Yeni nesillerin Kur'an'la tanışması önceleri "alfabe" ertesine, sonraları da diplomanın gölgesine atıldı. Kur'an ve hadis, müracaat edilen baş ucu bilgisi yerine, umut kaynağı olarak görüldü.
Din Ne Demişti? "Ahlaklı olun. Mü'min, güzel ahlakıyla gece âbid, gündüz mücahit gibi olabilir. Ahlak, cennete koyar."	**Yapan Ne Yaptı?** Namaz kılan, hacla şereflenmiş belki de Kur'an hafızı insanlar bile en basit ahlaksızlık olan yalanı dillerine sürebildiler. Arkadaşlarıyla halim selim biri olarak yaşarken kendi doğurduklarına karşı geçimsiz, kaba biri olabildiler. Eşlerini ezdiler. Zehirden acı sözler kullandılar. Anne-babalarının önünde saygısızlık yapmaktan, onları incitmekten korkmadılar. Komşuluk hukukunu çiğnediler. Camide ağlayıp dışarıda sırıttılar. Parayı ve şöhreti kendileri için yeterli zannettiler.

Din Ne Demişti? "Öğüt mü'mine yararlıdır."	**Yapan Ne Yaptı?** Öğüt vereni de verdiğini de kulak ardı edebildiler. Güzel bir nasihate cevapları "Ah eskiler ne güzelmiş, şimdi zaman değişti; her şey kötü oldu." gibi geçiştirmeler oldu. Bilenler, "Allah'tan kork!" demeye çekindiler. Sanki herkes her şeyi biliyormuş gibi rahat konuşuldu, rahat yatılıp uyundu.
Din Ne Demişti? "Ömrünüzün kıymetini bilin, vakti israf etmeyin. Dünya fani, ahiret ebedî."	**Yapan Ne Yaptı?** Vakit, hiç ölmeyecekmiş rahatlığıyla harcandı. Film olduğu biline biline izletilen beyhude şeylerle oyalanıldı. Hac, emeklilik sonrasına; Kur'an, gözlerin görmekte zorlandığı zamanlara ertelendi. Ömür saniyelerle işlerken onun gün gün harcanmasında bir beis görülmedi.
Din Ne Demişti? "Dünyadan da nasibinizi unutmayın ama o sizi sürüklemesin."	**Yapan Ne Yaptı?** "Dünyada sadece nasibimiz bizim olacak. Yazılmayan gelmez." diye inanıldı ama dünyalık uğruna verilmeyen kalmadı. Taviz verildi, hayâl alındı. Sonunda elde dünya da kalmadı, hayâli de.

Din Ne Demişti?	Yapan Ne Yaptı?
Din Ne Demişti? "Çin'de bile olsa ilim tahsil edin. İlim, mü'minin yitiğidir."	**Yapan Ne Yaptı?** İlim, diploma oldu. Diplomanın peşinde koşan, uğrunda çok şey feda eden nesiller doğdu. İlimdi, diploma oldu; amel-di, emel oldu.
Din Ne Demişti? "Elinizle, olmazsa dilinizle, o da olmazsa bari kalbinizle tepki verin. Kötülüğe sessiz kalmayın."	**Yapan Ne Yaptı?** Kendisini ve menfaatini putlaştıran bir insan türü temsil edilmeye başlandı. Kötülüğe karşı durmaya yüreği olmayan, duygularını bile beyan etmekten çekinen anne-babalar olarak gizlenmekte maharet arandı. Çocuklara, başta şehitlik olmak üzere cesaret gerektiren şeyler telkin edilemedi.
Din Ne Demişti? "Allah elbiselerinize, dış görüntünüze bakmaz; kalbinizi gözetler."	**Yapan Ne Yaptı?** Üşümemek veya avreti örtmek için giyinmek yerine, "görsünler, beğensinler" diye giyinildi. Evleri bina ederken içinde rahat etmekten önce evin nasıl görüneceği önemsendi. Görüntü önemli oldu, hâlbuki önemli olan kalpti.
Din Ne Demişti? "Sılayı rahimi koparmayın."	**Yapan Ne Yaptı?** Tatile gitmeye, telefon etmeye "sılayı rahim" dendi. Ne derler, diye yapıldı yapılanlar. Sılayı rahim; bir namaz, bir oruç seviyesinde Allah'ın emri olarak görülmedi.

Din Ne Demişti? "Herkes güttüğünden mesuldür, ebeveyn çocuğunu ateşten kurtarsın."	**Yapan Ne Yaptı?** Çocuğun karnını doyurup elbisesini alan anne-baba gururlandı. Hâlbuki çocuğun maneviyatı, çevresi düşünülmeliydi. Ev alınırken "Bu semtte çocuk nasıl yetişir?" diye merak edilmedi. En iyiler, çocuğu bir okula/kursa vermekle kurtulduğuna inandı.
Din Ne Demişti? "Tartışmada aşırı gitmek münafıklık alametidir."	**Yapan Ne Yaptı?** Tartışırken ölçü kaçırıldı. Bir daha selamlaşılmayacak tarzda söz yarışına girişildi. Kardeşliğin kıymeti bilinmedi.
Din Ne Demişti? "Allah'a davet edenin sözü en güzeldir."	**Yapan Ne Yaptı?** Allah'a davet, hocaların işi olarak görüldü. Onlarca defa girip çıkılan akraba evindeki bir heykelin haram olduğunu ve o mü'min akrabanın o yüzden azap çekeceği bilindiği hâlde akraba ikaz edilmedi. "Bu haramdır." denemedi. "Namaza gitsene!" demekten sıkılındı.
Din Ne Demişti? "Faiz çok tehlikelidir."	**Yapan Ne Yaptı?** Aç ve açıkta kalmış insanlar için uygulanabilecek fetvalar bile "Faize bir yol çıkabilir!" umuduyla (!) irdelendi. Faizin bir ağ gibi bütün rızkı sardığına aldırılmadı.

Din Ne Demişti?	Yapan Ne Yaptı?
"Allah'ın rızası, ana-babanın rızasından geçer."	Ebeveynin, çocuğun emrine girmesi beklendi. Ebeveyne kızma hakkı görüldü. Hatalarını yüzlerine söylemeye cüret edildi. Bir dağ başında yalnız yaşamaya bırakıldılar. İzinleri dahi alınmaya ihtiyaç hissedilmeden onlardan uzaklarda evler, binalar yapılabildi. Onlara sorulmadan evlenmede bir sakınca görülmedi.

Nedenler

İyi başlayıp iyi devam ettirememenin nedenleri ne olursa olsun, sonucu imtihanı kaçırmaktır. "Küçük günah, büyük günah" derken günahlarla iç içe bir hayata alışmak, günahların doğal hâle gelmesi için bir nedendir. Günahların da bir altyapısı olarak mübahlarda ölçülerin abartılması, o lokantadan bu lokantaya yemek turları yapılması, bir ihtiyaç olmadan sadece eğlenmek gibi bir maksatla ticari yerlerde gezinti yapılması ölçülerin kaçırıldığını gösterir. Rahat düşkünü olan, her şeyin elinin altında olmasına ve düğmeyle hâllolmasına alışmış, aksini yaşanılmaz zorluklar olarak gören anlayışın hâkim olması bir nedendir. İbadetleri tam çizgide tutup sadece farzlarla ve unutmayacak kadar yapmak soğukluğun nedenlerindendir. Ertelemeci anlayış ve örnek insan kıtlığı da kuraklığa davetiye çıkaran nedenlerden sayılabilir.

Hakiki Mü'min Kimdir?

- İmanı güçlüdür.
- İbadeti ihlaslı ve yoğundur.
- Sosyal yönü yaygındır.
- Günahlara karşı hassastır.
- Ahlaklıdır.
- Dünya ile ilgilenir.
- Allah'a davete katılır.
- Dengelidir.
- İşi, evi ve toplumu ile dengede durur!

Dönüş Güzergâhımız

Allah'ın kitabı Kur'an, insanoğlunun yegâne sığınağı olarak elimizde olduğuna göre çaresiz değiliz. "Bir kere batmış bulunduk!" demeye hakkımız yoktur. Bizden önceki nesilleri kurtardığına göre Kur'an bizi de kurtarır. Ona dönüş yollarında himmet gösterenler -gerilemenin neresinde olursa olsunlar- Allah'ın izniyle kurtulurlar. Kur'an'ın fihristinde umutsuzluk asla yoktur. Ona sığınmak, onu okuyup onunla amel etmek kesin çaredir.

Kur'an çaresinin yanında şu hususlara da özen göstererek içi dolu bir Müslümanlık yaşamayı kolaylaştırabiliriz:

- Günahların büyük-küçük ayrımına tabi tutulmuş olması, bizi "Küçüklerin zararı yok!" gibi bir anlayışa sevk etmemelidir. Evet, küçük olarak belirlenen günahlar büyükler gibi değildir. Ancak şeytan, büyüklerden önce kendisine menfez olarak küçük günahları kullanmaktadır. Küçükle eğitilmiş insanlar büyük günahlara cüret ederler.

  "Günah, günahtır." anlayışı, bazı fıkıh bilgilerinden yararlanıp rehavete kapılarak büyüklerin içinde boğulmaktan iyidir. Küçük veya büyük günahla yüzleşmemeye çalışırız. Kuluz, bunu beceremez de günahla yüzleşirsek acil tevbe kapısını çalarız. Günahları biriktirmek gibi bir hatayı işlemeyiz. Biliriz ki her günah bir cürümdür. Her cürüm, ilerlemeyi engelleyen bir ağırlıktır.

- Bir tekkeye çekilip, zikirle meşgul olup aile efradını sadakaya muhtaç bırakma zamanında değiliz. Aslında böyle bir zaman hiç olmamıştır, hep çalışma ve alnının terini yeme zamanı olmuştur. Fakat çalışıp kazanma adıyla zikri ve ibadeti söndürme zamanında da değiliz. Kulluk, dengeyi kurma üzerine kuruludur. İyi mü'min; işiyle ibadeti, eviyle komşusu, ülkesiyle dünyası arasında iyi dengeler kurabilen, birini diğerine ezdirmeyen mü'mindir.

Sabır ve azimle yola devam edip nefsimizin kölesi olmadan Allah'ın rızasını kazanma hedefimize ulaşmalıyız. Dünya da bizimdir ama onun esiri olmayız. Ahiret için yaşıyorsak da yaşama yerimiz dünya olduğu için onu savsaklayamayız. Resûlullah sallallahu aleyhi ve sellem efendimiz ve ashabı, dünyaya bir sinek kanadı kadar değer vermediler; ondan bir tas çorba bile içmeye vakit bulamadılar. Ama dünya, kâfirlerin elinde olmasın diye diyar diyar cihat sancağını da dalgalandırdılar.

Yeni yetişen neslin, teknoloji ve gıda vahşisi olarak yetişmesine karşı tedbirler üretmek zorundayız. Her istediğini hemen alıp yiyebilen, örtünmek veya üşümemek için değil de zevk için giyinen, boş vaktinin çokluğundan bunalan bir gencin üzerine hayat yükü bindiğinde onun hayata bakacağı göz nedir ki o göz, dini hak ettiği yere oturtsun?

Çocuklarımızın sadece Kur'an bilgisine vâkıf olmalarına veya ilmihâl öğrenmelerine aldanmış olmaya karşı hazırlığımız ve planımız olmalıdır. Çocuklarımızı eğitecek kimselerin programları ve akılları bu anlayışa uygun düşmelidir.

- Toprağın altındaki süremizin üstündekinden daha fazla olacağını çok iyi bildiğimiz hâlde gömdüğümüz cenazelerden ibret alma kanallarımızı tıkadık. Üç günlük matemlerle işi geçiştirdik. Ölümün bile korkutamadığı insanlar olduk.

Kur'an ve hadislerden ölüm, ahiret, sırat, mizan, cennet ve cehennemle ilgili bölümleri huşu içinde okumalı ve dinlemeliyiz. Her ölüm haberi, bizi Allah'a biraz daha yaklaştıran amellere sarılmamıza vesile olmalıdır. Bize, ölümün bile sulandırılmış olmasını bir nevi kıyamet alameti gören ciddiyet hâkim olmalıdır.

Gerçek!

Kimse tek başına cemaat olamaz. Cemaatsiz ne din ne hayat olur. İyi bir çevrede bulunmak büyük bir lütuftur. Kendimize arkadaş seçmek, çocuklarımızın ve eşimizin arkadaş çevresini seçmek, araştırmak, en azından ezan vakti gelince namaz kılacak bir cami aramak kadar önemlidir. Bir-iki kere cami aramadan evde veya iş yerinde namaz kılınabilir. Sürekli camisiz bir yerde ne kadar Müslümanlık olacaktır? Çevre de böyledir; yalnızlık bir-iki gün, bir-iki ay sürebilir. Ama uzun süre kardeş kıtlığına tahammül edilemez.

- Dinî hayatımızın yer yer aksamalarla karşılaşması aslında bir çöküntü değildir. Din de hayat gibi yaşanıyor, onun da baharının ve kışının olması normaldir. Eksikleri telafi etme, hataları düzeltme, çevreyi toparlama, dua ve istiğfara sarılıp Allah'ın yardımını talep etme gibi gayretlerimiz, eninde sonunda sonuç verecektir.

Umudumuz daima canlı kalmalıdır. Ürküp çekilmek tehlikelidir, umutla koşmak kazanmaktır. Erteleme hastalığına karşı "hemen ve vaktinde" şuurunu kazandırmak bile tek başına büyük bir mesafedir.

Mübah Standardımız

- Yaptıkların mübah olsun. Harama veya harama sürükleyen bir işe bulaşma. Haramlar arasında ayrım yapma. Bir haramın yaygınlaşmasına, kimileri tarafından kışkırtılmasına aldanma. Bunu bir tuzak olarak bil. Adının, kılıfının değişmesi sadece bir tuzaktır.
- Yaptıkların kimseye eziyet olmasın. Kul hakkına riayet et. Kul hakkının malla, elle ve sözle oluşabileceğini unutma. Eğlencen, bir mü'min ile alay ve yalan etrafında olmamalıdır.
- Hayvan hakkı diye bir hakkı bil. Hayvanları yiyip gıdalanmak helaldir. Onlarla eğlenmen ise haramdır.

- Kiminle beraber olduğuna dikkat et. Herkes düşüp kalktığı kimseler gibi muamele görecektir. Kötülerin arasında iyi bir insan, çöplükte bir meyve gibidir.
- Kadın-erkek karma ortamlara Allah'ın rahmetinin inmeyeceğini bilesin. Mahrem ve namahrem uygulaması yap.
- İsraftan kaçın. Hoşlanmak, istemek başka şey; gerekli olmak başka şeydir. Bilhassa vakit israfından şiddetle kaçın.
- Allah'ın hakkına saygını yitirme. Namaz ve diğer ibadetlerin, Allah'ın üzerimizdeki hakları olduğunu bil. Önce namaz, sonra gerisi...
- Sıhhatini heder etme hakkın olmadığını bil. İntihar etmeyi günah bildiğin gibi vücudunun bir organına bile bile zarar vermen de günahtır.
- Giyim kuşamda dinî ölçülerin olduğunu, onları aşmanın da yasaklardan olduğunu unutma.
- İnsanlığın, şehvetlerini kudurttuğunu ve hayvanlarla yarışa girdiğini gör. Kendini ve etrafını korumaya çalış. Şehvetlere uydurulmuş "tüketim-yaşam-hürriyet" gibi kılıflara kanma.
- Şeytanın hilelerine dikkat et. Mesela faize düşürmek için nasıl tuzaklar kurduğunu ibretle izle.
- Spor yap. Ama spor olsun! Birilerinin toplumsal uyuşturucu olarak kullandığı ağlara takılma.
- İstikrarlı ol. Bir başlayıp bir bırakma.
- Kör taklitçi olma. Sana ve imanına uygun olanı yap. "Keler deliğine girme pahasına bile olan" bir iş yapma.
- Kötü örnek olma. Bilhassa çocuklarına ve üzerlerinde etkin bulunan kimselere örnek olmanın, onların sorumluluğunu taşımak olduğunu bil.

- Mensubu olduğun ümmeti unutma. En doruktaki mukaddesatından en alt konularına kadar hangi hâllerde bulunduğunu unutma.
- Paran, malın gibi şahsiyetini ve Müslüman kimliğini de düşün. Şahsiyetinin yıpranmasına karşı hassas ol.

Mübah Ne Demektir?

Dinin, Müslüman'ı yapıp yapmamakta serbest bıraktığı işlere mübah denir. Bazen "helal, caiz" gibi ifadeler de mübah anlamında söylenir. Mübah bir işin yapılması ne sevaptır ne de günah. Müslüman, onu yapıp yapmamakta serbesttir. Ancak iyi bir niyetle mübahlar da sevap kaynağı olabilir. Mesela spor yapmak, dinî ölçüleri aşılmadığı sürece sadece mübahtır. Ne sevabı olur ne de günahı. Ama sabah namazına daha dinç kalkabilmek için spor yapan bir Müslüman, bu sporla sevap kazanır. Tabii buradaki niyetin ne derece ciddi ve samimi olduğu onunla Rabb'i arasındaki bir meseledir.

Aynı şekilde mübah, farzların ihmaline veya haramlardan birinin işlenmesine yol açacak şekilde kullanıldığında da günaha vesile olabilir. Yemenin dinî terimlerle karşılığı "mübah"lıktır. Ancak tıbben sakıncalı şeylerin yenmesi veya yemek yüzünden ibadet yapamaz hâle gelinmesi bu mübahı haram düzeyine kadar çıkarabilir.

Ah Şunu Bir Anlayabilseydik!

"Dünya hayatının durumu, gökten indirdiğimiz bir su gibidir ki insanların ve hayvanların yiyeceklerinden olan yeryüzü bitkileri o su sayesinde gürleşip birbirine girer. Nihayet yeryüzü ziynetini takınıp rengârenk süslendiği ve sahipleri de onun üzerinde kudret sahibi olduklarını sandıkları bir sırada, bir gece veya gündüz ona emrimiz (afetimiz) gelir de onu sanki dün yerinde yokmuş gibi kökünden koparılarak biçilmiş bir hâle getiririz. İşte, iyi düşünecek kavimler için ayetlerimizi böyle açıklıyoruz."

(Yunus, 24)

Küçük Bir Muhasebe

Bugün yaşadığımız dünyanın bir asır önceki ile aynı olmadığı bir gerçektir. Dolayısıyla bir değil on dört asır öncesinin nesliyle bizim aramızda yaşanan dünyanın değişimi açısından büyük farklılıklar vardır. Gelişen teknoloji, dünya nimetlerinin kıyas kabul etmeyecek kadar çoğalması, o nesille bu nesil arasında insani ilişkilerin bile bireyselleşme sürecine girmesi, dünyanın tek elden yönlendirilmeye uygun hâle gelmesi, küfür cephesinin İslam düşmanlığında birleşmesi gibi önemli başlıklar önümüzde durmaktadır. Bunların şu kadar veya bu kadar doğru olduğunu tartışamayız.

On iki asır önce Medine-i Münevvere'de sabah namazına kalkmak durumunda olan bir Müslüman'la bugün İstanbul'da sabah namazına kalkmak durumunda olan bir Müslüman aynı geceyi kullanıyor olmakla beraber aynı havayı solumamaktadır. Hatta o gün Medine'de namaz kılanla bugün Medine'de namaz kılan aynı durumda değildir. Çevre olarak çok şey değişti. Ancak iki hakikat bizi çepeçevre kuşatmış durumdadır. O hakikatler şunlardır:

Birinci Hakikat: Allah'ın dini, imtihan şartları ve vadettiği cennet aynıdır. O günkü Müslüman'a sunulan liste ile bugünkü ve kıyamete kadarki bütün Müslümanlara sunulacak liste aynıdır. Namazdan günlük hayatın herhangi bir kesitine kadar Allah'ın dininde bir değişiklik yoktur.

İkinci Hakikat: Allah'ın huzurunda, yaşadığımız hayatın farklılığını ileri sürmek gibi bir alternatifimiz olmayacaktır. Bu da gün ışığı gibi açıktır. Herkes yaşadığı günü değerlendirip Rabb'inin huzuruna çıkmakla mükelleftir.

Evet, çağ çok şey değiştirdi. Bu, doğrudur. Müslümanların bu değişimi sürekli ters yönden incelemeleri anlamsızdır. Müslüman'ın kulluk yapmasını kolaylaştıran çağa ait yeniliklerle kulluğu zorlaştıran engeller kıyaslandığında aslında çağın sığınılan bir bahaneden başka bir şey olmayıp engelden ziyade kolaylık oluşturduğu görülecektir.

Koşulacak Yollar

"Rabb'inizin mağfiretine ve Allah'a karşı gelmekten sakınanlar için hazırlanmış, eni gökler ve yer kadar olan cennete koşuşun!"

(Âl-i İmran, 133)

Cennete Aday Olmak

Cennete aday olmanın üç ana şartı vardır:

1- Pürüzsüz iman,

2- İhlaslı amel,

3- Amelde Resûlullah sallallahu aleyhi ve selleme uygunluk.

Allah bize lütfedip iman etmeyi, cennete giden yollarda olmayı nasip ettikten sonra cennetlik kimliğimizi kesinleştirmek imkânsız bir şey değildir. Büyük bölümü kolayca yapılabilen ve sınırsız sevaplar kazanmamızı sağlayan ameller, elimizin altında olduğu hâlde ihmale veya tembelliğe, kötü örneklerle beraber olmaya kurban gitmektedir. Küçük bir silkinişle toparlanabilir, Allah'ın salih kulları arasında cennete koşabiliriz. Cennete koşmamızı sağlayacak ameller milyonlarca değildir. Yeter ki azmedelim. Sürünenleri değil koşanları örnek alalım.

Nasıl Koşalım? Koşanlar Nasıl Koştu?

Tevbe Bir Koşuştur

Geçmişi ağır günahlarla yüklü olduğu hâlde adını hayatta iken cennetlikler arasına yazdıran niceleri vardır. Ömer radıyallahu anh kimdi, kim oldu? Niceleri insanlıklarını bile yitirmişlerdi de tevbe kapısına yapıştılar ve saygın insanlar arasında yerlerini aldılar. Allah, tevbeye davet ediyor, tevbe edeni kabul edeceğini vadediyor. Şeytan ise umutsuzluğu, bıkkınlığı ve çaresizliği aşılıyor. Allah'ın vaadi haktır, dediği doğrudur. Şeytan ise yalancıdır, evhamcıdır.

Allah ve Peygamber Sevgisi Hızlı Bir Koşudur

Derinlerden gelen bir Allah ve Peygamber sevgisi hızlı bir koşudur, hatta yarışı önlerde götürmektir. İmam Müslim'in rivayet ettiği bir hadiste anlatılan şu olayı düşünen mü'min için ufuklar ne geniştir, umutlar ne büyüktür:

Peygamber aleyhisselamın zamanında içki içen birisi, huzura getirilmiş ve cezası verilmişti. O tekrar içki içti, yine cezası verildi. Üçüncü defa içki içti ve tekrar cezalandırıldı. Olaya şahit olan sahabilerden birisi dedi ki:

"Allah belanı versin, ne kötü adammışsın!" Peygamber aleyhisselam efendimiz onun bu sözü üzerine şöyle buyurdu:

"Ona beddua etme! Görmüyor musun, adam Allah'ı ve Peygamberini seviyor ya?"

İşte, Allah'ı gerçekten sevmenin, Peygamber'i gönülden sevmenin bir içki müptelasındaki yararı... Şeytanın aldatmacalarına değil Allah'ın vaadine bak! O'nu ve Nebi'sini sev! Sevginde ikiyüzlü olmamaya çalış. Gerisini de O'na bırak.

Güzel Ahlak İyi Bir Koşudur

Peygamber aleyhisselam efendimiz buyurdular ki:

"İnsanları cennete en çok sokan şey, takva ve güzel ahlaktır. İnsanları en çok ateşe sokan şey de ağız ve cinsel organdır."

İşte, kaynağı Kur'an ve Sünnet olan ahlakın kazandırdığı budur. Yorulmadan cennete koşmak ve orada dostlarla, özlenenlerle beraber olmak... İnsanların kınamalarına değil Rabb'inin azabına dikkat et. Çağın sefaletini ahlak kuralı, nezaket kuralı diyerek özümseme. Ahlak; özünde Allah'tan korkuyu, kula karşı hayâyı barındırandır.

Ateşten Kaçar Gibi Haramdan Kaçmak, Tam Bir Koşudur

Gül ile dikenin bir dalda olması tabiidir ama cennet umudu ile cehennem amelinin bir insanda olması doğal değildir. Hem haramlardan hem de haramlara götüren sebeplerden kaçınmak, kurtulmaya ve ermeye layık olmanın en kestirme yoludur. Unutma! Haramlar, cennete koşarken hız keser.

Basit Gündemli Olmamak, İyi Koşmaktır

Şeytanın ve şeytanın adımına uymuşların gündeminden uzak kaldıkça Allah'ın rızasına ve dolayısıyla cennetine doğru yürüyüş hızlanır. Her basitlik bir mola vermedir. Maişet ve aile sorumluluğundan artan bir vakti muhakkak insani bir hizmette Allah rızası için değerlendirip insanlığımızı canlandırmak hızdır.

Şaka İçin Dahi Olsa Yalandan Uzak Durmak Koşudur

Çünkü yalanın sonu cehennemdir. Yalan, şeytanın elinde bir halattır. Yalan bir sözcük yalan bir cümleye, yalan bir cümle yalan bir konuşmaya denk olabilir. Ardından yalana boğulmuş bir hayatla yüz yüze gelebiliriz. Cennet, dosdoğruların yurdudur. Dosdoğru olmak, ahde vefa, emanete riayet, iffeti korumak, göze sahip olmak, eli haramdan çekmek vs. tam anlamıyla koşmaktır.

Cami Düşkünü Olmak, Koşu Pistinde Olmaktır

Camiler Allah'ın evleridir. Namazları camilerde kılarak, camilerin yapılmalarına/onarılmalarına/temizlenmelerine katkıda bulunarak pistte kalabiliriz. Camilere kilitlenmiş kalplerin sahibi olmak, yarışı baştan kazanmaktır; Arş'ın gölgesinde gölgelenmektir.

Temizliğe Dikkat Ederek Koşabiliriz

Temizlik imanın yarısıdır, dindendir; namazın temel dayanaklarındandır. Allah, temiz olanları sevmektedir. Temizlik, kirlenmemek ve kirletmemektir.

Hac ve Umre, Hızlı Bir Koşudur

Hac ve umre diğer ibadetlerin hiçbirine benzemeyen, yepyeni bir enerjiyle dolmak ve paslanmayı silmek için bulunmaz bir ibadet türüdür. Ama hac ve umre "mebrûr" olmalıdır.

İstikrarlı Bir Vird Sahibi Olmak, Koşmakta Hız Kazandırır

Hiç ihmal etmeden okunan bir zikir kitabı ve vird edinilmiş dualar, sureler, ayetler koşuda hız kaynağıdır.

Nafile Namazlar ve Sünnetler Koşuda Rüzgârı Arkamıza Almaktır

Farz namazların önünde ve ardında kılınan nafileler, Kur'an tilaveti, selamı yaymak, yemek yedirmek, gece ibadetine kalkmak, sılayı rahimde bulunmak, yetimi kollayıp büyütmek, hasta ziyareti yapmak, din kardeşliğini korumak ve yaymak, alışverişte müsamahakâr olmak vs. koşarken ruhtur, azimdir.

Unutmamak Gerek!

İlimsiz ne yürünür ne de koşulur, sadece sürünülür. İlim şart. Bir fıkıh meclisi, bir hadis meclisi bulup ona katılmak şart! Şeytan, gördüğü boşlukları dolduruyor.

Evlat Koşudur

Evlat –özellikle kız çocuğu– yetiştirmek, ardına bakmadan koşmaktır.

Tüm bu koşulardaki elimiz, ayağımız ise sabırdır.

Karınca Küçücük Ama...

Neden dün severek yaptığımızdan bugün usanıyoruz? Dünün kahramanları neden bugün uyuşuk yaşıyorlar? Nerede o nemli gözler? Neden umutlar çabucak sönüveriyor? Neden başladıklarımızı bitiremiyoruz?

Çünkü bu âlemde kendimizi, her dilediğimizi yapmaya muktedir sanıyoruz. Allah adına yola çıkmamız hâlinde engellerden kurtulmuş olacağımızı sanıyoruz. Bir sürü engeli aslında kendi içimizde de barındırdığımızı unutuyoruz. Çünkü aceleciyiz.

Neler Yapmalıyız?

Dengeyi Gözetmeliyiz

Dünya hayatı denge üzerine kuruludur. İbadet bile olsa yapılan, dengeyi gözetmek gerekir. Konuşurken dengeli konuşmak gerekir. Peygamber sallallahu aleyhi ve sellem efendimiz buyuruyorlar ki:

"Sakın dinde aşırı gitmeyin. Sizden öncekileri dinde aşırı gitmek helak etti." (Nesaî, İbni Mâce)

"Sözlerinde ve işlerinde aşırı olanlar helak oldular. Sözlerinde ve işlerinde aşırı olanlar helak oldular. Sözlerinde ve işlerinde aşırı olanlar helak oldular." (Müslim, Ebu Davud, Ahmed)

Beden ve aklın gücü sınırlı, ihtiyaçlar ise çoktur. Aşırılık aklı da bedeni de yıpratabilir. Bir işe başlamadan önce istişare etmek, ölçüp biçmek gerekir.

Mübahlara Dalmamalıyız

Mübahlara dalındığı takdirde şehvetler, aklı ve bedeni abluka altına alır. Nefsin istekleri altında ezilmek kaçınılmaz olur. Zevkler kulluğa tercih edilir olur. Kimi zaman geçici ve basit bir zevk uğruna hayatın geri kalan bölümünü heder edebiliyoruz.

Kurda Yem Olmak Yok, Cemaatsiz İslam Yok!

Yol, uzun ve meşakkatlidir; akla hayâle gelmez fitneleri vardır. Asla yalnız kalınılmaz. Cemaatte ortaya çıkan bütün olumsuzluklara rağmen ondan kopmamız aleyhimize olur. Peygamber sallallahu aleyhi ve sellem buyuruyorlar ki:

"İnsanların arasına karışıp sıkıntılarına sabreden mü'min, böyle yapmayan mü'minden daha hayırlıdır." (Tirmizî, Sıfatül Kıyame 55/2507)

"Cemaatte olun. Ayrılıktan sakının. Şeytan tek olanla beraberdir. İki kişiden daha uzak durur. Cennetin tam ortasını isteyen cemaatte bulunsun." (Tirmizî, Ahmed)

Ömer radıyallahu anh diyor ki:

"Cemaatsiz İslam yoktur. Emirsiz de cemaat yoktur. Emir de ancak itaatle olur."

Lezzetleri Kesiveren Ölümü Hiç Unutmamalıyız

Ahiret hayatımızı, kabri ve sonrakileri hatırlatan ayet ve hadisleri sık sık hatırlayarak nefsimizi dizginlemeye çalışalım. Dünyadan nasibimizi unutmamamızı tavsiye eden dinimiz, bize hem dünyadaki nimetlerden istifade etmemizi hem de sonunda dünyadaki nasibimizin nihayet bir kefen bezi olduğunu hatırlatmış oluyor.

Günlük Virdimiz Olmalı

Belli miktarda Kur'an okumayı, istikrarlı bir şekilde belirli dua ve zikri ihmal etmeyelim.

Midemize Haram Girmemeli

Haramlar aşkı ve şevki kırar; ibadeti, kulluğu hazmetmeyi engeller. Resûlullah sallallahu aleyhi ve sellem buyurdular ki:

"Haramla büyümüş bir cesede ateş daha layıktır." (Beyhaki)

Tek Kanatla Uçulmaz!

Namazı bütün nafileleri ile eda ederken hiç sosyal olmamak, hayır ve hasenat işleri ile uğraşırken namaz kaçırmak gibi bir uygulama dengesizliktir. Dinin bir köşesine değil bütününe yapışmalıyız. Belli bir ibadette uzman hissi yanıltıcı olabilir.

Kendi Hayâllerimize Göre Bir Dünyada İmtihan Edildiğimiz Vehmine Kapılmamalıyız

Olayların tamamı irademiz ve hayâllerimizin aksine gelişebilir. Hazırlıklı olmalıyız. Moral kaynaklarımızı, sağlığımızı koruduğumuz gibi korumalıyız. Allah'tan cennetini istemek için yola çıkan bir insan, sadece günlük hesaplar yapmamalıdır. Kâr ve zarar hesabını, neleri toplayıp neleri çıkardıktan sonra yaptığımızı bir düşünelim. Âl-i himmet olmak gerekir.

Aşırı Sosyallik de Bir Tersliktir

Biz önce kendimizden sorumluyuz. Asıl sorumlulukları bir kenara bırakarak tali işlerle uğraşınca iyi bir iş yapmış olabiliriz. Ancak bizim hedefimiz en iyisini ve en gereklisini yapmak olmalıdır.

Aile Bireylerini İhmal Edeceğimiz Bir Çalışma Yapmamalıyız

İşimiz ne olursa olsun, sığınınca tesellimiz olacak bir evimiz olmalıdır. Aileyi ve evliliği bir engel yapmayalım.

"Rabb'inin sende hakkı var. Nefsinin sende hakkı var. Ailenin sende hakkı var. Sahiplerine haklarını ver." (Buharî, Edeb 86/6139)

Kendimizi Bizden Daha Kötü Görünenlerle Kıyas Etmemeliyiz

Onların durumuna bakarak şeytan bizi rahatlatır. Bakacaksak ashabı kirama bakalım.

Kalbe Dikkat

Haset, zan, gıybet, nemime, iftira, yalan, kuru tartışmalar, boş sözler, kin gibi kalbi körelten illetler kalbe bulaştıktan sonra şeytanın aldatması için yol açılmış olur.

Dünya Gündemini Dünyaya Hâkim Olanların Ağızlarından İzlemeyelim

Onlar seninle sadece silahları ile savaşmıyorlar. Beyinlerimizi tahrip etmek onlar için şehirlerimizi tahrip etmekten önemlidir.

Bilgi Kaynaklarımızı Kurutmayalım

Her gün yeni bir şey öğrenmeye çalışalım, öğrendiklerimizle de amel edelim ki bereketini bulalım. Selefisalihinin hayatını ve eserlerini çokça mütalaa edelim.

Ara Vermek Yok, Ertelemek Yok!

Bir kereliğine bile olsa ip elimizden kaçmamalıdır. Şeytan için belki de en zor olan, bir kereliğine taviz koparabilmesidir. Sürekli olan biraz, kimi zaman ihmal edilen çoktan evlâdır. Mesela her gün bir sayfa ama istikrarlı Kur'an okumak, ara sıra uzunca okumaktan evladır. Ertelemek bir nevi çürümeye terk edilmektir.

Bir Karış Toprak Bir Alımlık Nefes Dikilecek Bir Fidan

Enes bin Malik radıyallahu anhın rivayet ettiğine göre Resûlullah sallallahu aleyhi ve sellem şöyle buyurdular: "Kıyamet koparken sizden birinin elinde bir fidan varsa ve onu kıyamet kopmadan dikebiliyorsa diksin."

(Müsned-i Ahmed, 13012)

Hadisi Diyor ki...

- Son saniyelere kadar yılmak, bıkmak ihmal yok. Kanaatle pısırıklığı, onurla gururu, tevazu ile zilleti birleştirmek yok. Mü'min aç kalabilir, açıkta olabilir ama zillete razı olmaz.
- Gaybın bütün bilgisi Allah'ın ilmindedir. Kul, üzerine düşeni yapar; akıbeti Allah'tan bekler. Kadere iman budur, teslimiyetin yanında üzerine düşeni yapmak budur.
- "Bekleyip görmek" değil "üzerine düşeni yapıp görmek" imanın gereğidir. Mehdi'ye inanırız ama Mehdi beklemeyiz. Biri gelecek ve yapacak diye görevlerimizi erteleyecek kadar zamanımız ve iznimiz yoktur.
- Mü'min, Allah'ın rızasını gözeterek yaşıyor ve mübahlar dairesinden çıkmadan iş yapıyorsa bu yaptığı, kıyamet koparken bile yapılacak bir iştir. Kulların menfaatine olan her iş, art bir maksat güdülmedikçe ibadettir.

- Bize küçük ve basit gibi görülen işler, hakikatte teorilere boğulup zaman harcamaktan daha değerli olabilir.
- Acelecilik ve hemen sonuç beklemek bir zafiyettir. Allah'ın kâinat için koymuş olduğu kanunlarında mü'min-kâfir ayrımı yoktur. Mü'minler bir ayrıcalık beklemeden bu kurallara uymak zorundadır.
- Ne zamanı ne de eldeki imkânları az görmek hatadır. Biz elimizdekilerin, bize lütfedilenlerin hesabını vereceğiz.

Masraflı İsraflar

Ekmek ve Su

İsraf, yersiz ve gereksiz tüketmektir.

Yaşamamız için iki büyük nimet olan ekmek ve suyu israf etmenin sakıncalarını bebeklik yıllarından itibaren öğreniyoruz. Ekmeğin kırıntılarını, suyun damlalarını israf etmenin günah olduğu bilgisine erken ulaşıyoruz. Belki suyun boşa giden damlalarını geri getirme denemesi yapılmıyor ama ekmeğin kırıntılarını toplayıp yemeyi öğreniyoruz. Ekmek de su da ihtimama değer nimetlerdir şüphesiz. Tek bir kırıntı, bir damla heba edilmemelidir. Müslümanlığımızın ve aklımızın tabii emri böyledir. Ekmek ve su gibi israf edilmesinin yanlış olduğu konusunda büyüklerden eğitim gördüğümüz, belki de uyarı aldığımız bir başka nimet de enerji nimetidir. "Lambayı söndür!" diyen çok olmuştur.

Ekmeğin, suyun, elektriğin nimet olduklarında ve israf edilmemeleri konusunda söze hacet yoktur. Söze hacet olmayan bir şey daha var ki o da şudur:

Ekmek, su ve elektrik nimet oldukları kadar aybaşında bedelleri ödendiği için israf edilmeleri rahatsızlık vermektedir. "Dere kenarında abdest alırken" bile suyu israf etmemek seviyesinde bir titizlik, bu anlayışın çok çok ötesindedir. Bir şeyi nimet olduğu için israf etmemekle faturalı olduğu için israf etmemek aynı şeyler değildir. Faturasını ödemediğimizi zannettiğimiz nice nimetleri heder ederken ekmek kırıntılarını toplamayı faziletten sayabiliyoruz. Ekmek, su ve elektrik direkt insanın bünyesindeki nimetler değildir. İnsanın dışında gelişen ve insana hizmet için yaratılmış nimetlerdir. Ekmek ve su, insan içindir. İnsan, ekmeği israf ederken bir nimeti yanlış tüketmiş olur. Su da öyle elektrik de.

Bir de insanla iç içe olan nimetler var. Boşa harcanması hâlinde insanın kendi kendini eritmiş olacağı ve suyla, ekmekle ölçülemeyecek nimetler vardır. Dönüşümü olmayan ve tekrarı bağışlanmayan nimetler, bir kereliğine insana verilmiş olanlar kesinlikle farklıdır. Ekmek israf edilse yem olur, gübre olur, bir yolla tekrar nimete dönüşebilir. Su, buhar olup geri gelebilir. İsraf edilmeleri -tam anlamıyla israf olmakla beraber- nihayetinde yok olma değildir.

Ya vakit, sıhhat, ilim, eş, ebeveyn israf edilirse? Ne dönüşümü var ne de tekrarı! Hiçbir dakika yenilenmiyor, tekrarı lütfedilmiyor. Giden, gidiyor.

Ya çocuklar? Ekmeğe mi benzer suya mı? Yoksa elektriğe mi? Onların zekâları, ömürleri, yetenekleri israf edilirken kilitlenen basiretler, bir bardak suda nasıl fırtınalar estirebilir acaba? Bir bardak su mu, bir çocuk mu? Bir dilim ekmek mi, yuva kuran eşlere Allah'ın sunduğu muhabbet mi? Hangisi israf edilebilir?

"İsraf" bir bardak suda, bir dilim ekmekte israf edilmemelidir. İsraf daha ciddi ve daha geniştir.

İşte, İsraf Membaı: Vaktimiz!

Vakit Bir Nimettir

Vakit nimettir, hem de tekrarı olmayan bir nimettir. Bütün nimetler gibi israf edilmesi zayiattır. Maldan değerlidir. Ekmekten ve sudan daha değerlidir. O, hayattır. O, akıbettir. Kıymetinin bilinip şükrünün yapılması gerekir. İnsanların en çok aldandıkları iki nimetten biridir. Vakit, sermaye olduğu için yarın Allah'ın huzurunda nerede harcanıp tüketildiğinin hesabı verilmeden hiç kimse ayağını bile kıpırdatamayacaktır. Vakti nefes nefes, saniye saniye sayıyorlar bizim için. Bize ömür veren Allah, nefeslerimizi hesap ediyor; biz de saat saat, gün gün harcıyoruz. Bu akıl değil, iyi bir mantık değildir. Ekmeğine ağlayanlardan çok, vaktini heder edenlerin ağlayıp esef etmesi gerekmez mi? Matbaada basılan paranın hesabı olur da kaderde yazılan ömrün hesabı olmaz mı?

İşlerimiz Vaktimizden Çoktur

Dinimiz-davamız, ailemiz, çocuklarımız, yakınlarımız ve bütün bir dünya bizim için çalışma alanı olarak gözümüzün içine bakarken boş (!) vakit nasıl buluruz? Vaktin boşu olur da o nasıl vakit diye adlandırılır? Bizim işlerimiz vaktimizden çoktur. Ancak çok özenle ölçüp biçersek bu kumaştan bir elbise çıkarabiliriz. Küçük bir makas hatası kumaşı heder edebilir. Hesabımızı saat üzerinden kurmakla bile hata ederiz. Artık dakikalarla iş yürütmek zorundayız.

İşimiz çok, zamanımız azdır. İşimiz çok, zamanımız azdır. İşimiz çok zamanımız azdır.

Kıyamet Alameti midir, Nedir?

Paranın enflasyonunu biliyorduk da vaktin enflasyonunu duymamıştık. İnsanlar, artan vakitlerini nasıl harcayacaklarını şaşırdılar! Hayret doğrusu!

Elektronik İblis Devrede!

İblis, babamızı cennetten çıkardı. Şimdi elektronik iblis (TV) bizi dünyadan da edecek. Ömrümüzü çar çur ediyor. Ne dünyamıza ne de ahiretimize yararı olmayan şeylerle vaktimizi yiyip bitiriyor. İblisin elektriklisi ile uğraşmakta aciz kalıyoruz. En değerli varlığımız olan vaktimizi heba ediyor ve en hassas ölçümüz olan imanımızı yıpratıyor.

Ayna ve Tarak da Bir Başka Dert!

Temizlenmek ve rahatlamak için tıraş olmak varken, başkalarının göz zevkini tatmin etme uğruna saatleri feda etmenin yorumu nasıl yapılabilir?

Uyku, Dinlenmek İçindir

Gaflete dönüşen uyku uyutur! Uyutuyor da. Ömrümüzün en yoğun bölümünü alıp götürüyor. Uyku yüzünden ibadetimiz aksıyor, işimiz geriliyor. Günün bereketi yorganın altında eriyip gidiyor. Zamanında, istikrarlı, ne az ne de fazla bir uyku en kârlı uykudur.

Hırsız mı, Gaspçı mı?

Selam vererek giriyor, elinde hediyesi de var, hâl hatır soruyor, özlediğini söylüyor, geçmişten gelen güzellikleri sıralıyor, "Sıkıntılarına ortak olayım." diyor, "Bir emrin var mı, sana can feda!" bile diyor ama çalıyor; gözümüzün önünde gasp ediyor. Vaktimizi çalıyor. Bir daha geri getirilemez dakikalarımızı götürüyor. Bir selam vermek için gelmişti, bir saati aldı götürdü. Selamı bir saat süren hayatta iş biter mi? Kulluk aksamaz mı? Hırsıza, gaspçıya dikkat! En değerliyi en dönüşümsüzü götürüyor. Gülerek, severek götürüyor. Götürmeden önce kucaklamıştı, götürürken de sarılıp kucaklıyor. Bir de götürdüğü için teşekkür ettiriyor. Ben onun gözüne, o benim gözüme baka baka bir selama bir "Nasılsın?"a saatler gidiyor. Bir daha gelmemek ama hesabı verilmek üzere... "Nasılsın?"ı saatler süren bir ümmet, kolay kolay "İyiyim." sözcüğünü inanarak kullanabilir mi?

Yemek Kültürü de Ne Oluyor?

Bir zarurettir yemek, doğru. Ayakta kalmak için yemek zorundayız. Sanat için, muhabbet için yemek yenir mi? Bir tas çorba, bir porsiyon yemek taş olsa kaç saatte öğütülür ki?

Elbette Donuk Bir Hayat Değil!

Spor, gezi, dinlenme, sohbet, ziyaret vs. hepsi gerekli. Ama vaktinde, disiplinli ve istikrarlı olduğu zaman... Âl-i himmet olmalıyız. Büyük düşünmek, iyiyi konuşmak, güzeli aramak zorundayız. Hayatı bıkıp usanmadan yaşamak için alternatifler üretmek, daha kalitelisini geliştirmek zorundayız.

"Sonra" Diye Bir Kelime Yoktur

En hileli kelimelerden biri de "sonra" kelimesidir. Sonra var ama o sonra, mahşer yeridir. Mahşere iman edenin boş vakti hiç olmaz. Şimdi yapılacak bir işin ertelendiği "sonra" sadece bir tembelliktir. Bu kelime, müsrif bir kelimedir. Vakit programımızı karıştırıyor. Bizi kaçakçılığa alıştırıyor. Sözlüğümüzden kalkması gerek.

Boş Vaktin mi Var?

Bir ilim meclisine, derse katıl. Zikir yap, Kur'an oku. Nafile ibadet yap. Hasta ziyaret et. Sılayı rahim yap. İslami, sosyal bir çalışmaya katıl. Çocuklarınla oyna. Pencerenin önünde otur, Rabb'inin nimetlerini düşün. Bir mü'mine telefon et, duasını al, dua et. Sıkıntılı birine moral ver. Bir hadis ezberle. Git, bir mescitte iki rekât namaz kıl. Bir mezarlığa git Fatiha oku. Ananı, babanı ziyaret et. Evini süpür. Kitaplarını karıştır. Bir Allah dostuna git, elini öp, duasını al. Teknolojiyle veya sanatla ilgili bir faaliyet yap. Bu karmaşık dünyada nasıl boş kalabildin, onu düşün, anla ve ağla!

İşte, İsraf Membaı: Bedenlerimiz!

İnsan olarak kıymetini bilemediğimiz iki nimetin biri boş vakitlerimiz, diğeri de sıhhatimizdir. Bedenlerimizi hiç yıpranmayacakmış gibi kullanarak geri gelmez bir nimeti israf etmiş oluyoruz. Yiyip içtiklerimiz, hastalık ve çökmüş bedenler olarak bize dönüyor. İçerek, içilen yerde bulunarak sigara gibi bir illete ciğerlerimizi feda ediyoruz. Sadece çevreye uyum olsun, çağın gereklerine göre olsun, diye sıhhatimize yararı olup olmadığına bakmadan giyiniyor, kesip atıyor, sonra da ağrılardan şikâyet ediyoruz.

Şu bir gerçek: Bedenlerimiz bizim değildir. Biz emanetçiyiz. Bize bedenlerimizi emanet eden Allah; ekmeği, suyu, elektriği israf edişimizin hesabını soracağı gibi bize dipdiri lütfettiği bedenlerimizi nerede ve neden eskittiğimizi de muhakkak soracaktır. Yararsız sporda, arkadaş ortamında, bir iki dakikalık zevk peşinde çürütülen bedenler, muhasebe konusu olacaktır elbette. Kaç kova su, bir insan ciğeri eder? Kaç ekmek, bir böbrek eder? Ağızdaki bir diş, kaç kilovat elektrik eder? Düşünmeye ve gereğini yapmaya değer sorulardır bunlar.

İşte, İsraf Membaı: Ebeveynimiz!

Ebeveynimiz cennet veya cehennemimiz değil midir? Onların duası; yaşarken bereket kaynağımız, ahirette cennetimiz olduğuna göre onların duasını almadan geçirdiğimiz her gün israf edilmiş değil midir? Başımızda uzun yıllar kalacakmış gibi rahat davranmamız, onları harcamamız değil midir? Anne-babanın yenisi var mı? Onlarla geçecek bir saatin tekrarı mümkün mü? Ne kadar ekmek, ne kadar su bir anne gülücüğü, bir baba duası eder?

Ebu Hureyre'den rivayet edildiğine göre Peygamber sallallahu aleyhi ve sellem şöyle buyurdu:
"Anne ve babasına veya onlardan sadece birine yaşlılık günlerinde yetişip de cennete giremeyen kimse perişan olsun, perişan olsun, perişan olsun!"

İşte, israf... Onlar yaşarken kıymetlerini bilememek, onların ayarında olmayan şeyleri ve kimseleri onlara tercih etmek, onlardan ırak yaşamak, onları üzüp ezmek, onları israf etmektir; bir daha ele geçmesi asla mümkün olmayan bir nimeti çarçur etmektir.

İşte, İsraf Membaı: Eşlerimiz!

Allah'a imandan sonra bir erkeğe bahşedilen en değerli nimet, saliha bir eştir. Eşler, Allah'ın ayetlerinden bir ayet, mucizelerden bir mucizedir. Ne ekmekle ne de su ile ölçülebilirler. İffetimizin kaleleri, şerefimizin simgeleri, çocuklarımızın anneleri, neslimizin rayları, evlerimizin huzuru, gözümüzün perdeleri... Allah'ın adı ile ve Peygamber'inin Sünnet'i ile uhdemize aldığımız emanetler... Hayat ortaklarımız, cennet yoldaşlarımız, yükümüze desteğimiz, derdimize dermanlarımız... Değerleri ne ile ölçülebilir? Ekmekle mi suyla mı?

Sevgili Peygamber aleyhisselam efendimizin son vasiyetinin kadınlara iyi davranmamız olduğunu biliriz. Bununla birlikte çabuk kırılıp döküldüklerini, kırılmaları hâlinde onlar kadar bizim de zarar göreceğimizi, onların üzerindeki çatlakların emelimiz ve yarınımız olan çocuklarımıza yansıyacağını bildiğimiz hâlde onları israf ediyoruz. Şeytan, onları tutuşturu-

"İçinizden, kendileriyle huzura kavuşacağınız eşler yaratıp aranızda muhabbet ve rahmet var etmesi, O'nun varlığının belgelerindendir. Bunlarda, düşünen millet için dersler vardır."
(Rûm, 21)

yor; biz de üzerlerine gidiyoruz. Onları israf edince bizim de huzurumuz gidiyor, neşemiz kaçıyor. Ne ibadetimizden ne de yediğimiz, içtiğimizden lezzet alabiliyoruz.

Bir kere oldu, gençtik, yeniydik. Neden tekrar etti? Gençken cahildik, tecrübesizdik. Yıllar geçti. Akıllandık, zengin olduk. Çocuklarımız oldu, torunlara karıştık. İsraf hâlâ devam ediyor. Bardakla mı ölçülür bu israf, kovayla mı?

İşte, İsraf Membaı: Çocuklarımız!

Cennetten bir nefes yavrularımız masum, tertemiz, fıtrat üzere elimize konuyor. Ne versen alır, her yöne döner. Gözümüzün nûru yavrularımız fitnemiz oluyor. Eğitemeyip israf ediyoruz onları. Zekâları, akılları heder oluyor. Sayılı günleri, boş kâğıtların peşinde kayboluyor. Çocuklarımız uçurtmalara takılıyor. Onlara karşı babalığımızı, anneliğimizi israf ediyoruz. Arkadaşlarını bizden çok seviyorlar. Sabredip akıbeti hayır göremiyoruz.

Birinci çocukta yaptığımız hataları ikincisinde tekrar ediyoruz. İyi birer mü'min olarak kaliteli bir insan yetiştirecek yerde topluma dert küpü bırakıyoruz. Kötü örnek oluyor, sonra da onlardan iyi olmalarını istiyoruz. Biz boş işlerde saatler tüketiyor, onların ders çalışıp vakit kaybetmemelerini emrediyoruz. Aslında küçük olan hedeflerin peşinde yıllarca koşturuyoruz çocukları.

Onları şu veya bu çevrenin etkisinde serbest bıraktıktan sonra hafız olsunlar, dinlerini öğrensinler diye zorluyoruz. İş işten geçmiş olduğu için sadece ebeveynliğimiz yıpranıyor. Bir yolunu bulup onları hafız yaptıktan sonra bu defa o hafızlıkla ilgili olmayan bir alanda ömürlerini tükettiriyoruz.

Bir gün mutlaka evlilik peşine düşeceklerini bildiğimiz hâlde, önceden tedbirli davranamıyor; onları, razı olmayacağımız birine kapıldıktan sonra ikna etmeye çalışıyoruz. Olmuyor! Sürünecekleri ve eriyip gidecekleri bir evliliği gözümüzün önünde yapıyorlar. Onların saadeti, bizim emellerimiz israf oluyor. İşte, israf budur. Bir çocuk ne ile tartılır? Ekmekle mi? Suyla mı? Elektrikle mi?

Çocuklar İsraf Olmasın Diye Bir Not

Salih bir çocuk yetiştirmek cihattır. Uhud ne ise çocuk yetiştirmek odur, hendek kazmak ama içine düşmemektir. Çocuk yetiştirmek, onu okutmaktan, iş sahibi yapmaktan, evlendirmekten ibaret değildir. Tam aksine çocuk yetiştirmek, doğumdan ölüme kadar süren bir cihattır. Bu cihatta karşı cephede şeytan var, nefisler var, şeytanın hizmetkârları var. Savaş, taktiktir. Bir ileri bir geri de olabilir. Bir-iki kayıp nihai sonuç olmadığı gibi bir-iki kazanç da nihai zafer değildir. Taraflardan bıkan veya ihmalkâr olan kaybedecektir. Yılmak asla yok!
Bedir'i kazansan da ardından Uhud var. Uhud'dan tırmansan Hendek var, fethedilecek Mekke var.

İnşirah suresinde zikredilen "Öyleyse bir işi bitirince diğerine giriş." prensibine göre yaşayan bir Müslüman'ın çalışma ahengi şöyledir:

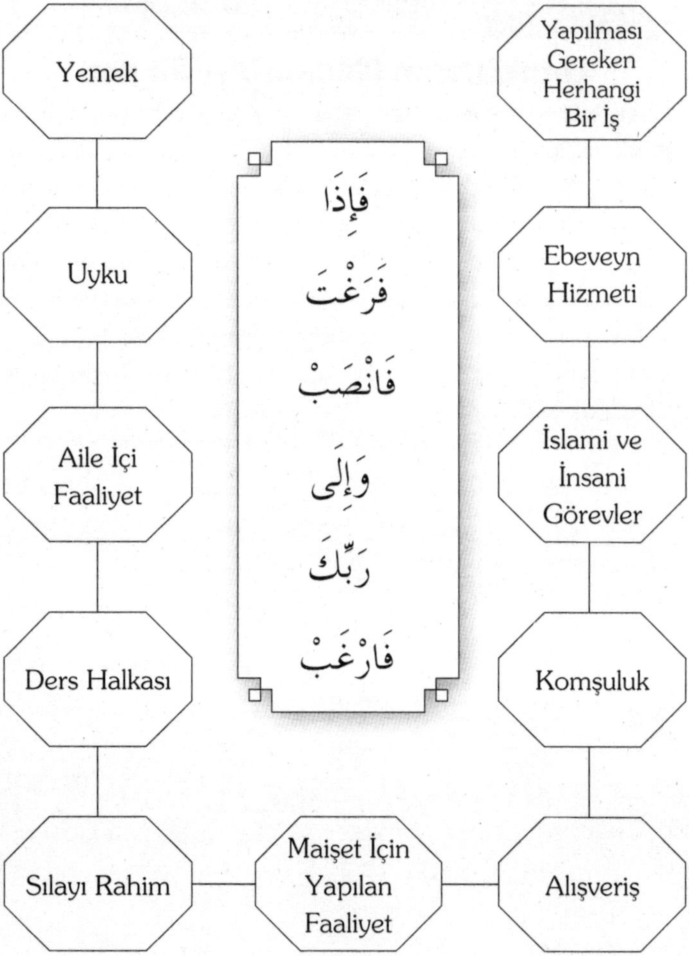

Tembel Haksızdır!

Tembelin Allah'ın rahmetinde, rızkında, sevgisinde ve bereketinde hakkı yoktur. O, haksızdır. O; yediği, içtiği ve bulduğu ne varsa hak etmediği hâlde yine de hepsini Allah'ın lütfu ile bulur. Allah, Rahman olduğu için dünyada mü'min-kâfir ayırmadan veriyor. Ancak verirken ulu orta dağıtmıyor, koymuş olduğu "çalışma" kuralına kim ne kadar uyuyorsa ona o kadar veriyor.

Tembel, kurallara ters düştüğü için haksızdır. Rahmetten haksızdır. Rızıktan haksızdır. Bereketten haksızdır. O, hak etmediğinde gözü olan, emeği olmayanda eli olan, varlığı sorun bir insandır. O, sadece tüketebilen bir parazittir. Tembel, asidir.

Çobanlık yapan, ticaretle uğraşan, evinde sökük diken, temizliğini kendisi yapan ve çalışmayı, meslek edinmeyi, eli nasırlı olmayı ibadet gören bir Peygamber'in ümmeti olmakla tembellik arasında bağ kurmak çok zordur. O, ümmetine çalışarak, yorularak örnek olmuştur. Helalinden kazanıp çoluk çocuk bakmayı cihat olarak öğretmiştir.

Tembelin Allah'ın rızkında hakkı olmadığı gibi tembellerden oluşan milletlerin de Allah'ın nimetlerinde hakları yoktur. Tembeller fert olarak da haksızdır, millet olarak da haksızdır. Hak çalışanındır. Tembel haksızdır.

Akıl da Tembel Olur Beden de

Tembellik iki türlüdür, ikisi de afettir. Allah'ı, O'nun nimetlerini, cenneti, cehennemi, hesabı, mizanı düşünememek bir akıl tembelliğidir. İnsanların önünde mahcup durumda kalacağı bir sonucu düşünemeden günlerini boşa geçiren bir insanın aklı tembel bir akıldır. Günübirlik yaşamaya ayarlanmış akıl, tembel akıldır. Yaratılışı mükemmel bir mucize olan insan, bu düzeyde yaratılmamıştır. Düşünen, üreten, yorumlayan, izleyen bir akıldır insan aklı.

Beden tembelliği ise organların gereği gibi kullanılmamasıdır. Gereğini yerine getiremeyen bir organ tembeldir. O organın vücudu da tembeldir. Görmesi gerekeni görmeyen bir göz, duyması gerekeni duymayan bir kulak tembeldir. Tuttuğunu salan bir el tembeldir. Görevine yürürken aksaklık çıkaran bir ayak tembeldir. Kekeleyen dil tembeldir. İnsan mükerremdir. Tembellik ise mükerrem olmaya terstir.

Peygamber aleyhisselam efendimize geceyi ibadetle geçirip sürekli zikreden birinden söz edildiğinde:

"Onun yiyeceğini kim karşılıyor?" diye sormuş. Oradakiler de: "Biz aramızda toplayıp onun ihtiyacını karşılıyoruz." diye cevap vermişler. Bunun üzerine Peygamber aleyhisselam şöyle buyurmuştur:

"Siz hepiniz ondan daha hayırlısınız. Allah Teâlâ, pısırık tembeli sevmez. Çalışan, hareketli kulu sever."

Tembel, sadece okul derslerinde başarısız olan öğrenci değildir. Aldığı maaşın hakkını vermeyen de tembeldir. Eşine karşı görevlerini ihmal eden eş de tembeldir. Doğurmayan kadın da tembeldir. Çekirdek yemeye vakit bulan da tembeldir. Zenginin malını sayan fakir, güçlünün gücünü izleyen güçsüz, tembeldir. Mesleğinde uzmanlaşmayan, malını artırmayan tembeldir. Çocuklarını yetiştirmek için gayret etmeyip yükü öğretmene, hocaya devreden ve bunu rahatlamak adına yeterli gören, tembeldir. Zikretmek yerine sakız çiğnemek tembelliktir. Elindekileri şükretmek için yetersiz gören, tembeldir. İş beğenmediği için işsiz kalanda gizli tembellik vardır. Tembelliğin gizli göstergesi; ibadette, meslekte, işte, derste, muhabbette isteksiz ve zoraki olan hareketlerdir.

Kader Mazeret Değil

Allah, çalışmayı emrettikten sonra kimse O'nun kaderini tembelliğinin mazereti yapamaz. Üzerine düşeni en iyi şekilde yapanlar kaderin kapısında oturabilirler. Tevekkül, Allah'a güvenmek gibi sözler de mazeret değildir. Çalışmayanın, yorulmayanın Allah'a güvenmesi, başını kuma gömmesidir.

İbadette, hayırda, ilimde, insani ilişkilerde ve rızık temininde gevşeklik, erteleme ve ağırdan alma bir günah sayılmışken, böyle bir günaha Allah'a tevekkül gibi bir kavram nasıl alet edilebilir?

Tembellik, Allah'a Sığınılacak Bir Afettir

Sevgili Peygamber aleyhisselam efendimizin Allah'a sığındığı şeylerden biri de tembelliktir. Nitekim Resûlullah aleyhisselamın bir duası şöyledir:

"Allah'ım!

Acizlikten, tembellikten sana sığınırım. Korkaklıktan ve cimrilikten sana sığınırım. Borç altında ezilmekten ve insanların baskısına maruz kalmaktan sana sığınırım."

Sadık bir mü'min, peygamberini örnek alarak duasında tembellikten Allah'a sığınır; tavırlarında da tembellikten uzak durarak fiili dua eder. Çünkü Allah Teâlâ, tembelliği münafıklara ait sıfatlardan biri olarak göstermiştir:

"Doğrusu münafıklar Allah'ı aldatmaya çalışırlar. Oysa O, onlara aldatmanın ne olduğunu gösterecektir. Onlar namaza tembel tembel kalkarlar, insanlara gösteriş yaparlar, ne onlarla ne de bunlarla olur, ikisi arasında bocalayarak Allah'ı pek az anarlar. Allah'ın saptırdığı kimseye yol bulamayacaksın." (Nisa, 142-143) Ayrıca Tevbe suresinin 53. ve 54. ayetinde de benzer anlam vardır.

Tembel, Özürcüdür

İnsanların kötülüğü, zamanın ahir zaman oluşu, işlerin hep kötüye gittiği gibi özürler ve sitemler, tembel sloganlarıdır. Zaman kötü, iklim kötü, her şey kötüdür onun gözünde. Bir o normaldir. Sabrı yoktur. Sabırsız olduğu için de sıkıntılar sürekli onu bulur. Tembelin işi âdeta özür üretme işidir. O, iş değil özür üretir.

İnsanın dinine, toplumuna ve aile bireylerine karşı sorumluluğunun hiçbir mazereti olmaz. Herkes Allah'ın, bünyesine koyduğu yeteneği ve enerjiyi yerli yerinde ve vaktinde harcamakla mükelleftir.

Gizli Laiklik, Tembelliğe Yataklık Eder

Hayatı, dünya ve ahiret diye ayırmak yanlıştır. Yaratan ve öldüren, sonra da diriltecek olan Allah olduktan sonra, dünyanın ve ahiretin hesabını soracak olan O olduktan sonra dünya neresi, ahiret neresidir?

Kuluz. İmtihan için bu âlemde bulunuyoruz. Hayatımız saniyelerle sınırlıdır. Başıboş değiliz. Namazı ihmal ederken çekindiğimiz akıbet ne ise tembelliğe kayarken veya bir görevimizi ihmal ederken aynı akıbetten çekinmeliyiz. Hesap aynı hesaptır. Hesap yeri de aynı yerdir. O dünya, bu ahiret yok; kul var, hesap var.

> "Birini görüyorum. Adam hoşuma gidiyor, onu beğeniyorum. Adama 'Ne iş yapıyorsun?' diyorum. 'İşim yok!' diyor. Bu sefer o adam gözümden düşüyor."
>
> (Ömer bin Hattab radıyallahu anh)

Tembelliğin Tedavisi Vardır

Tembelliğin ürediği kaynağı bilmek gerekir. Tembellik; uyku düşkünlüğü ve disiplinsizliği, itaatsizlik, öncelikli ve önemliler ayrımı yapmadan gelişigüzel yaşamak, iradesizlik, ilimsizlik ve ahireti bilmemek gibi nedenlerden kaynaklanır. Yetişme çağında kötü örneklerle iç içe olmak, bir nesneye tutkun olmak, TV gibi bağlayıcılığı olan şeylere körü körüne bağlanmak da tembelliği üreten nedenlerdendir.

Tembelliğin Çareleri Neler Olabilir?

1- "Her şey vaktinde, sonra yok!" düsturu prensip olmalıdır.

2- Uyku, disiplinli olmalıdır. Ne az ne çok, istikrarlı bir uyku... Sünnet'e uygun bir dinlenme...

3- Hastalık gibi, düşman gibi tembellikten de Allah'a sığınılmalıdır. Resûlullah sallallahu aleyhi ve sellemin yaptığı gibi...

4- Ehli ile istişareler yapılmalı, tenkide açık bulunulmalıdır. Nasihat dinleyen Müslüman olmak gerekir.

5- Tembelden kaçmak şarttır. Zira tembel arkadaş ve tembel çevre, tembelliğin mayasıdır.

6- Öncelikliler listesine göre hareket esas olmalıdır. Önce farzlar, farzlar arasında da farz-ı ayın olanlar; önce anne-baba, önce ibadet, önce helal iş vb.

7- İlimsiz kalmayı bir nasipsizlik olarak görmek gerekir. Allah'ı, Peygamber'ini, Kur'an'ı hatırlatacak; hadisleri ve fıkhı elde edecek bir meclise müdavim olmak gerek.

8- Bir işin, sahibini ne kadar ilgilendirdiği önemlidir. Peygamber aleyhisselamın ümmetine öğüdü, seni ilgilendirmeyeni bırakıp ilgilendirenle meşgul olunması şeklindedir. Hatta böyle bir usul, Müslümanlıkta kalitenin de ölçüsüdür. İkinci dereceden işlerle uğraşmak bir anlamda hayatı sürüklenerek yaşamak, sele kapılıp gitmektir.

9- Mübahlarda ölçülü olmak, onu mübah olarak kullanmaktır. Ölçüsü kaçmış bir mübah, mübah olmaktan çıkabilir.

10- İrade zafiyetine karşı takviyeli olmak en önemlisidir.

Tembellik İrade ile Ezilir

Şeytana karşı ilk tedbirimiz güçlü bir iradeye sahip olabilmektir. Güçlü bir irade aynı zamanda zorun kolaylaşmasıdır. Başıboşluk da irade ile giderilebilir.

Güçlü bir irade için şu hususlara dikkat edilmelidir:

a- İmanı tam anlamı ile kavramak,

b- İbadetlerde disiplinli ve istikrarlı olmak (bilhassa namaz),

c- Çalışkan bir çevrede bulunmak,

d- Ma'siyet ehlinden ve ortamından uzaklaşmak,

e- İlim meclislerine katılmak, zikir ve Kur'an tilavetini ihmal etmemek,

f- Nefsin arzularını kamçılayacak, şehveti kudurtacak zeminlere yaklaşmamak,

g- Sözde ve tavırda ciddi olmak,

h- Engelleri beklemeden tedbir almak,

i- Kötümserlikten kaçınmak, umutlu olmayı prensip edinmek,

j- Sabırlı olmak, geçmişi irdelememek,

k- Gerginliği gerektirecek ortamlardan uzak durmak...

Abdullah bin Ömer radıyallahu anhüma Peygamber aleyhisselamın şöyle buyurduğunu rivayet etmiştir:
"Allah, mesleğinde ilerlemiş kulu sever."

(Taberani)

Yemin Ağırdır

"Vallahi, billahi, Allah'a yemin ederim..." gibi yemin olarak kullanılan sözler ağırdır. Çünkü yemin, bir anlamda söylenen söze Allah Teâlâ'yı şahit göstermektir; söylenip geçilebilen sözler arasında sayılamaz. Bunun için de yeminle ilgili ayetler, hadisler, fıkıh kuralları vardır.

> Yemin, sözü güçlendirmek için Allah'ın adını kullanmaktır.

Yeminle İlgili Ölçülerimiz

1. Ölçü: Yemin ancak Allah'ın adı ile olur. Allah'ın adı dışında bir şey üzerine yemin etmek büyük günahlardandır. Yemin, yemin edilen isme tazimdir. Allah Teâlâ'dan başkası da tazime layık değildir. Bu nedenle Müslüman ulu orta yemin etmemeyi, yeminden dolayı günaha girmemeyi prensip edinmelidir. Hata ile yapılan yeminler için de istiğfar etmek gerekir.

> **Anlayana Not**
> İsa aleyhisselam, hırsızlık yapan birini gördü. Ona, "Çalıyor musun?" dediğinde adam:
> "Allah'a yemin ederim ki asla çalmadım." dedi. Bunun üzerine İsa aleyhisselam:
> "Allah'a iman ettim. Gözüm yalancı oldu." dedi.
> (Buharî)

Müslümanların birbirlerinin yeminlerine saygılı olmaları, Allah'a tazim etmeleri anlamına gelmektedir. Hem yemin kavramını yıpratmamak hem de yemin edenin yeminini kabul etmek imani bir hassasiyettir. Yemine sadık olmak esastır. Yeminimiz imanımızdan gelen bir ciddiyeti taşımalıdır.

Müslüman yeminle ilgili nefsine şu öğütleri vermelidir:

Yeminin çoğalmasından kaçın. Yemin edince Allah'ın adına et. Mübah ve olur şeylere yemin et. Yemininde samimi ol. Yeminini bozma, bozacağın yemini yapma. Yemini hayra engel yapma. Yemini bozarsan kefareti unutma.

2. Ölçü: Yeminin sahih olması için, âkil-baliğ, ölüm tehdidi olmadan ve yemin maksadı ile yapılıyor olması gerekir. Konuşma esnasında, yemin maksadı olmadan söylenen "vallahi" sözü yemin değildir. Nitekim ashabı kiramdan nakledilen yeminli sözlerin çokluğu da bu kuraldan ötürüdür.

3. Ölçü: Yemin üç türlüdür:

- **a- Gamûs Yemin**: Bile bile ve yalan yere yemin etmektir.
- **b- Lağv Yemin**: Doğru olduğunu zannederek yemin etmektir.
- **c- Mün'akid Yemin**: Gelecek zamana ait bir iş için yapılan yemindir.

4. Ölçü: Yemin farz, Sünnet, mübah, mekruh ve haram olabilir. Bir insanın zulüm görmesi veya haksız yere öldürülmesi ancak yeminle önlenebilecekse o yemini yapmak farzdır. İnsanların aralarını düzeltme, eşleri barıştırma gibi konularda yemin Sünnet'tir. Mübah bir işle ilgili olarak yemin etmek ise mübahtır. Mekruh bir iş için veya doğru bile olsa ticarette yemin mekruhtur. Bir günah için veya yalan yere yemin de haramdır.

5. Ölçü: Günah olan bir şeye yemin etmek caiz değildir. Böyle bir yemin yapan da yeminini bozmalıdır. Yakınlarından birini ziyaret etmeyeceğine yemin edenin yemini, günah bir işe yemindir. Onu bozmalıdır.

6. Ölçü: Yeminleşmede yemin talep edenin isteği, yemin edenin yemininin karşılığıdır. Dolayısıyla yeminde başka şeye niyet ederek yemin etmek yoktur. "Dün burada mıydın?" sorusuna, içinden başka bir şeye niyet ederek "Vallahi buradaydım." şeklinde cevap verenin yaptığı, yeminle oynamaktır. Müslümanlar arasında yeminin heybetinin kaybolması tehlikelidir.

7. Ölçü: Müslüman'ın Müslüman üzerindeki haklarından biri de yaptığı yeminini bozdurtmamaktır. Eğer yemin konusu Allah'a isyan gibi bir sakınca taşımıyorsa Müslüman'ın yemininde sadık kalmasına yardımcı olmak, bir kardeşlik hakkıdır.

8. Ölçü: Allah Teâlâ'nın Kur'an-ı Kerim'de yemin etmesi, Kur'an'ı dinleyenlerin tasdik etmelerini sağlamak için değildir. Kur'an'daki yeminler, Allah Teâlâ'yı tazim, anlatılan konunun önemini vurgulama, yemin edilen nesneyi şereflendirme gibi nedenlere dayanmaktadır.

9. Ölçü: Yapılmış bir yemini bozmak daha hayırlı bir sonuç getirecekse Sünnet'tir. Eğer yemin etmekle bir vacip terk edilmiş olduysa o zaman yemini bozmak vaciptir. Böyle bir durum yoksa bozmak mübah olur. Hiçbir sebep yokken yeminlerle oynar gibi bozmak ise haramdır.

Öyle veya böyle "mün'akid" bir yemini bozmanın bir kefareti vardır. Yeminini bozan bu kefareti yerine getirir. Böylece de vebalden kurtulur. Yemin kefareti için sırası ile şunlardan biri yapılır:

> Abdurrahman ibni Semüre radıyallahu anhtan rivayet edildiğine göre Resûlullah sallallahu aleyhi ve sellem ona şöyle buyurdu:
>
> "Herhangi bir konuda yemin ettiğinde ondan başkasını daha hayırlı görürsen hayırlı olanı işle ve yeminine kefaret öde."
>
> (Buharî, Ahkâm 5, 6; Eymân 1, Keffârât 10; Müslim, Eymân 19, İmâre 13)

1- Köle azat eder.

2- On fakiri sabah ve akşam doyurur.

3- On fakiri bedenlerini örtecek kadar giydirir.

4- İkinci ve üçüncü şıklardan birinin bedellerini birer fakire veya bir fakire on günde verir.

5- Arka arkaya olmak üzere üç gün oruç tutar. Ancak oruç için öncekileri yapamıyor olmak şarttır.

10. Ölçü: Yalan yemin büyük bir vebaldir. Bilhassa yalan bir yeminle bir hak tecavüzü yapılıyorsa ağır günahlardan biri işlenmiş olmaktadır. Allah Teâlâ, Âl-i İmran suresinin 77. ayetinde şöyle buyurmaktadır:

"Allah'a verdikleri sözü ve yeminleri birkaç para karşılığında satanlar var ya onların ahirette hiçbir payları olmaz. Kıyamet günü Allah onlarla konuşmaz, taraflarına bakmaz ve kendilerini günahlardan arındırmaz. Onları acıklı bir azap beklemektedir."

Bu ayet, yalan yere yemin edip bir hakkı elde edenler hakkında şu tehditleri ihtiva etmektedir:

- Ahirette Allah'ın rahmetinden nasipleri yoktur.
- Allah onlarla konuşmayacaktır, rahmet nazarı ile onlara bakmayacaktır.
- Günahlarından onları arındırmayacaktır.
- Elim bir azaba uğrayacaklardır.

Şu hadisi şerifleri de dikkatlice incelememiz gerekmektedir:

Ebu Ümâme İyâs ibni Sa'lebe el-Hârisî radıyallahu anhtan rivayet edildiğine göre Resûlullah sallallahu aleyhi ve sellem şöyle buyurdu:

"Yemin ederek bir Müslüman'ın hakkını alan kimseye, Allah cehennemi vacip kılar, cenneti de haram eder." Bir adam dedi ki:

"Ya Resûlellah! Şayet o küçük ve değersiz bir şey ise?

Bunun üzerine Peygamber'imiz aleyhisselam:

"Misvak ağacından bir dal bile olsa böyledir." buyurdu. (Müslim, İman 218. Ayrıca bk. Nesaî, Kudât 30; İbni Mâce, Ahkâm 8)

Ebu Zer radıyallahu anhtan rivayet edildiğine göre Nebi sallallahu aleyhi ve sellem şöyle buyurdu:

"Üç sınıf insan vardır ki Allah Teâlâ kıyamet gününde onlarla konuşmaz, onların yüzüne bakmaz ve kendilerini temize de çıkarmaz. Onlar için can yakıcı bir azap vardır."

Hadisin râvisi diyor ki:

- Resûlullah sallallahu aleyhi ve sellem bu sözünü üç defa tekrarladı. Bunun üzerine Ebu Zer şöyle dedi:

"Ziyana uğradılar ve zarar ettiler; onlar kimlerdir ya Resûlellah? Resûl-i Ekrem şöyle buyurdu:

"Elbisesinin eteğini yerde sürüyen, yaptığı iyiliği başa kakan ve ticaret malını yalan yere yeminle satmaya çalışan kimsedir."

Müslim'in bir başka rivayetinde "kaftanını sürüyen" denilmiştir. (Müslim, İman 171. Ayrıca bk. Ebu Davud, Libâs 25; Nesaî, Büyû' 5)

Bilhassa ticaret erbabının, yemini ulu orta kullanmaları görünürde bir kazanç getirse de özü harap eder. Sevgili Peygamber aleyhisselam efendimiz bu konuda Ümmet'ini şöyle uyarmıştır:

Ebu Hureyre radıyallahu anh, Resûlullah sallallahu aleyhi ve sellemi şöyle buyurduğunu işitmiştir:

"Yemin, malın sürümünü artırır fakat kazancın bereketini giderir." (Buharî, Büyû' 26; Müslim, Müsâkât 131. Ayrıca bk. Ebu Davud, Büyû' 6; Nesaî, Büyû' 5)

Ebu Katâde radıyallahu anhtan rivayet edildiğine göre Resûlullah sallallahu aleyhi ve sellem şöyle buyurdu:

"Alışverişte çok yemin etmekten sakınınız. Yemin, mala sürüm kazandırır fakat sonra mahveder." (Müslim, Müsâkât 132. Ayrıca bk. Nesaî, Büyû' 5; İbni Mâce, Ticârât 30)

Anlayana Not

Yalan yere yapılan "gamûs yemin" için bir kefaret çeşidi yoktur. Çünkü kefaret; bir günahın affedilmesi, hatanın düzeltilmesi içindir. Yalan yemin için bir kefaret yoktur. Ciddi bir tevbe umudu açıktır, o kadar.

En Eski Düşmana Karşı Tahkim

İmtihan Yumağı İçindeyiz

Cennette yaratılmış bir babanın dünyadaki çocuklarıyız. Geçici bir sürede imtihan edilmek için burada bırakıldık. Babamızın imtihanı, bulunduğu cennette başlamıştı. Onun başını çektiği bir imtihan ipine biz de takıldık, gidiyoruz. Bize sunulan ve sunulmayan ne varsa tamamında imtihan karakteri vardır. Biz hissetsek de hissetmesek de gözlemlediklerimiz veya ırağımızda kalanlar, her şey biz ve bizim sınanmamız içindir. Kur'an bize bu imtihanı defalarca hatırlatmakta, yarın özür beyan etme gerekçelerimizi kaldırmaktadır.

Babamızın imtihanındaki düşmanı İblis'ti. Onunla olan imtihanda babamız da kaybetti, İblis de. Babamız Âdem aleyhisselam neticede cennetten çıkarıldı. İblis de şeytan oldu. Şimdi yerkürede cennetten çıkarılmış babanın çocukları olarak babamızı suça teşvik edenle karşı karşıyayız. Babamızın orada kaybettiği imtihanı, bizim burada kazanmamız gerekiyor. Allah'a kulluk yaptırmamak için bin bir hilesiyle bize saldıran şeytana karşı uyanık bulunup imtihan kazanmaktan başka çaremiz yoktur.

Bu imtihanın belki de en çetin yönü, göremediğimiz ama onun bizi görebildiği bir düşmana karşı kendimizi korumak zorunda oluşumuzdur. Bir de biz onunla karşı karşıya geldiğimizde ilk defa bir düşmanla yüzleşmiş oluyoruz. O ise ilk insandan beri, yaratılan her insanla uğraşan, insan sayısı kadar deneyimi olan bir düşman. O tecrübeli, biz acemiyiz.

Düşmanımızla bizim aramızda öyle bir ağ kurulmuş ki onu en mübarek yerden en pis yere kadar, insan olarak bulunmak durumunda olduğun her yerde görebilirsin. Kâbe'de tavaf ederken yanı başındadır. Oraya uygun ve seni orada batıracak cazip tekliflerle yanı başındadır. Evinde otururken yanı başındadır. Eve uygun hilelerle sana sırıtıp durur. İş yerinde isen o da orada elinde teklif dosyasıyla bekler. En kötü yerde kazara bulunsan o zaten oradan biri gibi karşılar seni. Onun camisi veya meyhanesi olmaz. Her yer onun için uygun yerdir. Su kadar hareketli, çelik kadar serttir. Onu aramaya kalkmak aldanmanın ilk basamağı gibidir. O yanı başında, masanın önünde, yastığının kenarında, çantanda, damarlarında, sofranda, kaşığının ucundadır. Senin bulunmak zorunda olduğun her yerdedir. Yalnız büyük bir gerçek önümüzde güneş gibi umut saçmaktadır:

> O, ilk ve en eski düşmandır. Cennetten kovduran, fani dünyaya taptıran odur. Damarlarımızda dolaşıyor, uzakta değildir. İlk insandan beri çalışıyor, deneyimlidir. Korsan değildir, Allah'ın izni ile iş yapıyor. Yapacağı iş için çok küçük bir ipucu ona yeter, sızdı mı girdi demektir. Gitsin demekle hiç gitmez, onu besleyen mikropları defetmek gerekir.

Onun galibiyeti kesin değildir. Her insanı mağlup edemeyecektir. Her insana saldıracak ama ihlaslı olmayan kulları yenebilecektir. Onun Allah ile olan sözleşmesinde "ihlaslı kullar hariç" maddesi ezelden konmuştur. Samimi bir kulluk gayretinde olanlar için düşmana karşı en büyük tahkim yapılmış demektir biiznillah.

İşte, Düşmanımızın Karakteri

Savaş kazanmanın belki de birinci kuralı, düşmanı tanımaktır. Düşmanını tanımayanın, kullanacağı gücü bilmeyenin kazanması mümkün müdür? Kur'an'ımız ve hadisler her gözle görülecek kadar net ölçülerle bize bu ilk ve en eski düşmanı tanıttı. Allah'ın dostları o tanıtıma bakarak bunun tuzağına düşmediler.

> Şeytan; vesvese, korkutma, kışkırtma, engelleme demektir.

Şeytanın beslendiği kaynakları ona hazırlayarak bilmeden düşmanını güçlendiren bir Müslüman'ın daha sonra dualar etmesi, ibadet etmeye gayret etmesi beyhudedir. Şeytanı kara bir öcü gibi görmek yerine onun nasıl çalıştığını, bizden öncekilerde hangi taktikleri kullandığını bilmemiz gerekir.

O, hiçbir Müslüman'a sabah namazına kalkmamasını söylememiştir. Bunu söylese Müslüman uyanır. Bunun yerine onu sabah namazına kalkmaya engel olacak işlerle meşgul eder. Bu meşguliyeti de allayıp pullar ki Müslüman, iyi bir iş yaptığını dahi zanneder. Gece yarısına kadar, güya değerli işlerle meşgul olduktan sonra sabah namazına kalkamayan bir Müslüman, sabah namazı esnasında şeytana muhatap olmamıştır. Şeytanın o sabah namazını kaçırtmak için yaptığı saldırı, gecenin başından başlamıştı. Hatta o gecenin programını belki de günler öncesinden planlamıştı. Biz kaçan bir sabah namazını "kazaya kalmış bir namaz" olarak görüyoruz. Kaza edince işin bittiğini düşünüyoruz. O ise kulluk zincirinden bir halka kopsun, diye "Bir sabah, bir sabahtır!" mantığıyla o namazı engellemeye çalışıyor.

Bu eski ve uzman düşmanın taktiklerini, geçmişimizde bize verdiği zararlardan çözmek en kestirme yoldur. Aslında, Habil ile Kabil'i karşı karşıya getirdiği gün hangi hileleri kullandıysa bugün iki Müslüman'ı karşı karşıya getirirken de aynı hileleri kullanmaktadır. Değiştirdiği şey sadece imal tarihi etiketi ile ambalajlardır.

> Şeytan güçlü olmasına güçlüdür. Ancak ona güç veren Allah'tır. Allah, kurduğu imtihan düzeninde ona verdiği rol gereği, şeytanı insandan daha güçlü yaratmıştır. Elindeki imkânlar insanın imkânlarına göre daha yaygın gibidir. Allah'a sığınmayı becerebilen bir insan için şeytan, ezici güç değildir artık. Mesele, Allah'a sığınmasını bilme meselesidir. Bunun için dikkat edilmesi gerekenler şunlardır:
>
> - Sığınılacak kapıyı bilmek,
> - Zamanında sığınmış olmak,
> - Sığınmada samimi olmak.
>
> Bu kadar!

Evlerimizdeki huzursuzluktan, camide bile kardeşlik hazzını tadamayışımıza varıncaya kadar başımızın üzerindeki sıkıntıları tahlil edebilmek için bu noktayı göz önünde tutmak durumundayız. Çocuk yetiştirmek için, mutlu bir aile düzeni kurabilmek için, huzurlu bir iş ortamında bulunabilmek için, dinimize hizmet maksadı ile oluşturduğumuz birliktelikleri-mizin sürebilmesi için önce bu düğüm çözülmelidir. En basit örneklerden biri olarak şunu tahlil edebiliriz:

Çocuklarımızın, meleklerin himayesinde bulunması; onların sıhhat ve afiyette bulunması anlamına gelmektedir. Bunda kimsenin bir itirazı olmaz. Köpek ve resim bulunan eve meleğin girmeyeceği de sahih hadislerle sabittir. Bunda da itiraz edilecek bir taraf yoktur. Çocuklarımızın yatıp uyuduğu odalarda dahi resimler hatta köpek resimleri, heykelcikler varken çocuklarımızın melek himayesinde büyümesini nasıl bekleyebiliriz? Bu durumdaki bir çocuğun üzerine şifa ayetlerini okumanın ne yararı olacaktır? İşte, düşünüp tahlil edebileceğimiz bir şeytan hilesi!

Nasıl Besleniyor?

Bataklığı kurutmak isteyenler için şeytanın mikrop üretme taktikleri şunlardır:

1- Şehvet

Şeytanın insana girerken en önemli menfezi şehvetlerdir. Bilhassa cinsi şehvetlerimiz, yeme-içme düşkünlüğümüz ona hareket verir. Bunun için Rabb'imiz "Zinaya yaklaşmayın!" diyor. Zinaya giden yollar ne kadar çoğalırsa o, o kadar iğvasında başarılı olmuş demektir. Bunun için, "Gözün de elin de zinası var!" deniyor. Bunun için oburca yemek tenkit ediliyor, oruç emrediliyor.

Şeytanla uğraşmak zordur ama onun tuzağıyla uğraşmak o kadar zor değildir. Kadınlı erkekli bir toplantıya katılmamayı emreden Şeriat'ımızın maksadını anlamış olsaydık şeytanın birçok hilesini de çözmüş olurduk. Sevgili Peygamber aleyhisselam efendimizin, sofradan aç kalkmayı tavsiye eden öğüdüne uyabilseydik şeytana giden bir sürü menfezi de tıkamış olurduk.

2- Sinir

Şeytan, sinirli insanlara hayrandır. Onları daha çabuk ve daha kolay batırır. Sabrı, yumuşaklığı ve sinirlenince abdest almayı emreden Peygamber aleyhisselam efendimiz bize, bataklığın nasıl kurutulabileceğini öğretmişti.

3- Hırs ve Haset

İnsanlardaki hırs ve haset onun yakıtıdır. Hırs da haset de bizim listemizde bulunmamalıdır. Kanaati bir hazine olarak görmeli, Rabb'imizin kısmetine rıza göstermeliyiz.

4- Acelecilik

Acelecilik onun karakteridir. Bunun için de dinimiz bize şu kuralı koydu: "Olgun hareket etmek Allah'tan, acelecilik şeytandandır."

5- Fakirlik Korkusu ve Cimrilik

Müslüman bir insan, kadere inandığı hâlde, cimrilik eder ve fakirlik korkusu ile gözü kararırsa ondan pek hoşlanır.

6- Taassup

Taassupçuluk ona davetiyedir. Hayır! Haktan yanayız. Hak bizim aleyhimize bile olsa tavrımız haktan tarafadır.

7- Suizan

Suizan onun kuluçkası olur. Belgesiz, kati bilgisiz konuşmak yoktur. Asıl olan temiz olmaktır. Kir, sonradan bulaşır.

8- Bidat

Bidat reklamcısıdır. Bunun için iki rekat sünnet bir namazı kılmaya üşenen nice Müslüman insanlar, aslı olmayan filan gece namazını hiç kaçırmazlar. Din, Resûlullah sallallahu aleyhi ve sellemin bıraktığı kadar ve bıraktığı şekildir. Fazlası ve eksiği yanlıştır. Bunun için cihat mertebesindeki faaliyetlere bir türlü vakit ve imkân bulamayanların, yeni bir isim etrafındaki toplantılara iştiyakla katılmalarındaki sırrı araştırmaya gerek olmadan dahi bu durumu kavrayabiliriz.

9- Dengesizlik ve Aşırılık

İbadet bile olsa yapılan dengesizlikler, aşırılıklar onun hesabına çalışır. "Öncelikli" ile "önemli"yi karıştırmak onun işine gelir.

10- Ertelemek

"Sonra" sözü, en kutsal sözüdür. Her şeyi vaktinde yapmayı prensip edinmek ona karşı iyi bir savunmadır.

11- Şüphe

İyi bir şüphecidir. Kuru tenkitten pek memnun olur.

12- Cehalet

Cehaletten, ayet, hadis bilmemekten ziyadesiyle duygulanır. "Beşikten mezara kadar ilim" tahsil etmemiz neden emredildi ki bize?

13- Cemaatsizlik

Cemaati olmadan yaşayanlar onun elde bir saydığı kimselerdir. Yalnız koyun, kurdun ilk yemidir. İyi veya kötü, Kur'an ve hadisi rehber edinmiş, kişilerin putlaştırılmadığı bir cemaatin içinde bulunacak ve o bulunmanın bedeli ne ise onu ödemekten çekinmeyeceğiz.

14- Umutsuzluk

Bir umudu kırık görmesin, peşine düşer. Allah ile beraber olup mağlup olmak yoktur. Allah'ın rahmetinden olsa olsa kâfirler umut keser. Hastalık, fakirlik, sıkıntılar, baskılar, çaresizlikler... Hiçbiri Allah'ın muhafazası dışında kaldığımızı göstermez. Bugün olmayan yarın olur. Veya ne zaman olursa o zaman uygundur. Biz üzerimize düşeni yapar, gerisini Rabb'imizden bekleriz. Şeytanın oltasına takılmamanın en belirgin yolu budur.

15- Tartışma

Din namına yapılan derin tartışmaların düşkünüdür. Hâlbuki din, tartışmak için değildir. Din tartışılmaz, yaşanır. İyi niyetle dahi olsa iman ettikleri dinlerini ulu orta tartışanlar âdeta "Al beni." demiş olurlar ona. Öğrenme kılıklı da olsa tartışma sakıncalıdır.

16- Tevazudan Yoksunluk

Övülmekten hoşlananlar, bir yaptığını bin anlatanlar, sinsi tevazu ifadeleri, uyuşukluk, özür beyancılığı, "ben" eksenli bir anlayış onun telkinlerindendir. Tevazu ile yaşamak; şeytana karşı korunmuş olmak, Allah'ın rızasına yakın durmaktır. Zillete düşmemek kaydıyla mütevazı bir hayat yaşamak, mü'minlere karşı alçak gönüllü olmak, dinimizin bizden istediği yaşam ölçüsüdür.

Düşmanımız Şeytan Nasıl Çalışıyor?

- Ambalajcıdır. Aynı günahı, herkes için farklı ambalajlarda verir. Kimi zaman haramı dahi bir ibadet havasına büründürebilir.
- Reklamcıdır. Kötülüklerin kısa bir zamanda basit bir vakıa gibi konuşulduğunu, dün suç sayılan şeylerin bugün sayılmadığını görebilirsin.
- "İyilik sonra hemen çirkinlik" parolası ile iş yapar.
- Aileye pek düşkündür. Ailenin işini bitirdi mi gerisini asistanlarına havale edebilir.
- Pek yenilikçidir. Hele ibadette ne uydurulursa ona destekçi olur.
- Sabırlıdır. Buğday hacmi kadar bir iş için bir asır bekler.
- Dedikoducu ve laf taşıyıcıdır.
- İşini aracılara gördürmeyi daha yararlı bulur. Bu nedenle de pek çok insan, bilerek veya bilmeden onun ekmeğine yağ sürer.

İnsandan Şeytan Olur mu?

Şeytana destek olacak işleri yapan, Allah'ın yolundan alıkoymaya yönelik bir işte katkısı bulunan her insan "şeytan insan" olarak yaşamaktadır ve tehlikesi, cinlerden olan şeytandan daha fazladır. Resûlullah sallallahu aleyhi ve sellem efendimiz, Hakkı söylemekten çekinen için "dilsiz şeytan" demiştir. Demek ki insanın ortaya koyduğu tavırlar, onu bir açıdan şeytanlaşmış hâle getirebilmektedir. Ücretli veya ücretsiz şeytana işçi olduktan sonra ateşten yaratılsak ne olur, topraktan yaratılsak ne olur?

- İyiliklerin yayılması, kötülüklerin engellenmesi konusunda ayak bağı olan,

- İbadetlerin eda edilmesine engeller çıkaran,
- Adı ne olursa olsun ahlaksızlığı sevdiren,
- İnsanlardaki hayâ damarlarının tıkanmasına zemin hazırlayan,
- Allah'ın düşmanlarını hoş gösterip Müslümanları ayıplayan,
- Mü'minlerin "milleti İbrahim" olma vasfını zedeleyip yöresel ırkçılığı körükleyen, insani birlikteliği zedeleyen herkes şeytandır.

Şeytandan Nasıl Korunalım?

1- En başta yapılacak iş onu tanımaktır. Onu ve bizi yaratan Rabb'imiz, ilk olaydan kıyamete kadar olan süreci bize anlatıyor. Ondan Rabb'imize sığınmasını bileceğiz.

2- O bize neyi yaptırmak istiyorsa aksini yapacağız. Eğer o, sabah namazını kılmamamız için bizi gece yarısına kadar oturtmaya çalışıyorsa biz aksini yapacağız. Cimriliği teşvik ediyorsa sadaka vereceğiz. Bizi büyük bir bataklığa saplarken küçücük bir aracı kullanacağını unutmayacağız.

Günahlara götüren şeylerin, o günahın ta kendisi olduğunu bilmedikçe onun elinden kurtulamayız. Midesi sancılanan bir çocuğun sancısını, yediği şeylere veya üşümesine bağlayıp sorunu o noktadan tahlil etmeye çalıştığımız gibi iyi bir insan yetiştirmek için de zararı sonra anlaşılacak hataların tespitine bugünden başlamalıyız.

3- Şeytanın hedeflerini tahakkuk ettiren kim ise o, onun adamıdır. Onu, şeytan gibi kabul edip ona öyle muamele edeceğiz. Ona lanet edip maşalarını baş tacı etmek gibi bir seviyesizliğe düşmemeliyiz.

4- Tembelliğe lanet olsun! Oturmaya, seyretmeye yarar ne varsa onu kaldıracağız. Hem dünyamız hem de de ahiretimiz için aralıksız, bıkmadan, usanmadan çalışacağız. O, aslında Allah'ın dinini kaldırmaya çalışıyor. Biz de yaymaya çalışacağız. O, insanlığımızı zedelemeye çalışıyor. Biz ise insanlığımızı terfi ettirmeye çalışacağız.

5- Evlerimizi koruma altına alacağız. Onun mikrobunu taşıyanları dezenfekte etmeden evimize sokmayacağız. Onun ağzı ile yazılmış bir satır yazıdan bir aile toplantısına kadar ne varsa kapı dışı tutacağız. Evlerimizde en azından her ay bir defa Bakara suresini okuyacağız. Sevgili Peygamber sallallahu aleyhi ve sellem efendimiz buyurdular ki:

"Evlerinizi kabirlere çevirmeyiniz. Şüphesiz şeytan Bakara suresi okunan evden kaçar." (Müslim, Salatuül Müsafirin 29/1821)

Bakara suresinin son iki ayetini her akşam muhakkak okuyacağız, okutacağız.

6- Sabah namazı kılınmayan gün, onun günüdür. Sabah namazına dikkat! Resûlullah sallallahu aleyhi ve sellem buyurdular ki:

"Şeytan, namaza kalkmayanın kulağına işer." (Buharî, Bed'il-Halk 11/2370)

7- Ezan sesi duyulmayan yerden ev ve iş yeri tutmayacağız. Peygamber sallallahu aleyhi ve sellem efendimiz buyurdu ki:

"Şeytan ezan sesinden kaçar, sonra gelir. Kamet sesini duyunca yine kaçar." (Buharî, Sehv 6/1231)

8- Esnememeye çalışalım. Şeytan esneyene güler. (Buharî, Bed'il Halk 11/3289)

9- Çarşı-pazara dikkat edeceğiz. İhtiyacımız dışında oralarda durmayacağız. Peygamber sallallahu aleyhi ve sellem efendimiz, şeytanın yumurtalarını çarşı-pazara bıraktığını bildiriyor. (Müslim, Mesacid 52/1526)

10- Yalnız yolculuk çok tehlikelidir. Tek başına yola çıkanı şeytan rahat bırakmaz. (Buharî, Cihad 135/2998)

11- Ayetelkürsi ve Muavvizeteyn'i (Felak ve Nas) çokça tekrar edeceğiz. Sürekli Allah'ı zikreden bir dilimiz olacak.

12- Abdestle rahatlama, abdestten huzur bulma seviyesine gelinceye kadar abdest alıp hem Sünnet'i yaşayacak hem de şeytana karşı kendimizi korumuş olacağız.

13- "Keşke" kelimesine sığınmayacağız. Geçmişe ait muhasebemizi yaparız ama "Şöyle yapsam böyle olurdu." gibi pratikte yararı olmayan sözlerden ve düşüncelerden uzak kalacağız.

14- Akşam namazı saatinde çocukların evde bulunmaları gerekir. O saatte çocukların dışarıda bulunması doğru değildir.

15- Doyasıya yiyerek onun işini kolaylaştırmayacağız.

16- İbadetlerdeki her tembellik, onun eline verilmiş bir maşadır. İbadet öncelikli bir hayat yaşamaya çalışmalıyız.

17- Besmelesiz yemek yemeyeceğiz, yedirmeyeceğiz. Sol elle yemeyeceğiz. Çünkü şeytan sol eli ile yer. (Müslim, Eşribe 13/5233)

Şu hadisi şerifi de hiç unutmayacağız:

Huzeyfe radıyallahu anh şöyle dedi:

-Resûlullah sallallahu aleyhi ve sellem ile birlikte yemek yiyeceğimiz zaman o, yemeğe dokunmadan elimizi yemeğe sürmezdik. Yine bir gün onunla birlikte yemek yiyecektik. Derken küçük bir kız çocuğu geldi. Sanki biri onu arkasından itiyormuş gibiydi. Hemen elini yemeğe uzattı fakat Resûlullah sallallahu aleyhi ve sellem elini tuttu. Daha sonra bir bedevi geldi, o da arkasından itiliyormuş gibiydi. Resûlullah sallallahu aleyhi ve sellem onun da elini tuttu ve sonra şöyle buyurdu:

"Şeytan, besmele çekilmeden başlanan bir yemeğe katılmayı pek arzu eder. O, şu yemeğe katılmak için bu kızcağızı getirdi. Fakat ben elini tuttum. Bu bedevi sayesinde yemeğe katılmak için onu alıp getirdi, onun da elini tuttum. Nefsimi kudretiyle elinde bulunduran Allah'a yemin ederim ki şeytanın eli, onların eliyle birlikte avucumdaydı."

Sonra Peygamber sallallahu aleyhi ve sellem besmele çekip yemeğe başladı. (Müslim, Eşribe 13/5227; Ebu Davud, 3766)

Yalnız Kalıp Kurda Yem Olmamak İçin...

İnsanların, cemaatlerin bozulmuşluğuna bakıp davamızdan soğumayacağız. "Kimse yoksa ben varım!" demeliyiz. Tâbiûndan Nuaym ibnu Hammad diyor ki:

"Cemaat, Allah'a kulluk edenlerdir. Eğer cemaat bozulursa sen cemaatin bozulmasından önceki hâlini yaşa. Tek kalırsan o zaman cemaat sensin zaten."

İnsanlar Kaç Türlüdür?

- Gıda gibi olan insanlar vardır. Onlarsız hayat sürmez. Onlarla bulunmak hep kârdır. Bunlar, Allah'ı ve Resûl'ünü bilen, dini yaşayan insanlardır.

- İlaç gibi olanları vardır. Hastaysan gerekir. Sıhhatin yerindeyse uzak durabilirsin. Onlar, belli bir çevrede yaşamak için iç içe olmak zorunda olduğun insanlardır. Gereği kadar onlarla kal, fazla ileri gitme.

- Hastalık gibi olanları vardır. Zorunlu olmadıkça bir arada kalma onlarla. Muhakkak bir sıkıntıya, fitneye neden olurlar.

- Bütünüyle tehlike olanlar vardır. Allah'tan korkmayanlar böyle kimselerdir. Asla onlara yanaşma.

Ders! Ders! Ders!

Mü'minlerin annesi Safiye Binti Huyey radıyallahu anha diyor ki:

-Resûlullah sallallahu aleyhi ve sellem itikâfa girmişti. Bir gece onu ziyarete gidip konuştum. Sonra eve dönmek üzere kalktığım zaman o da beni evime götürmek üzere kalktı. Bu sırada ensardan iki kişi -Allah onlardan razı olsun- bizimle karşılaştı. Peygamber sallallahu aleyhi ve sellemi görünce oradan çabucak uzaklaşmak istediler. Resûlullah sallallahu aleyhi ve sellem:

"Biraz yavaş olun. Yanımdaki Safiye binti Huyey'dir." dedi. Onlar:

"Elçisinin uygunsuz bir davranışta bulunmasından Allah'ı tenzih ederiz ya Resûlellah!" deyince onlara şöyle buyurdu:

"Şeytan insanın vücudunda kan gibi dolaşır, onun sizin kalbinize bir kötülük veya bir şüphe atmasından korktum." (Buharî, Bed'il Halk, 11/3281)

Büyük Zelzeleden Önce Mini Depremler

Bela ve afetleri kim, neden, kime veriyor? Akıbetler bizim için ne ifade ediyor? Kimilerinin "doğal afet" olarak adlandırdığı ve âdeta kadere siteme dönüşen musibetlere karşı mü'mince bakışımız, imanımızı koruma mücadelemiz...

Anlamak İçin Önemli Kurallar

1. Kural: Dünya ve bütün varlık Allah'ın mülküdür. O, mülkünde hükümrandır. O'nun hükümran olduğu mülkünde hesapsız ve yersiz hiçbir şey olamaz! Her olan O'nun dilemesi ile olmuştur. Hayır da şer de O'nun dilemesi iledir. Kimi olayların "afet" diye adlandırılması bize göredir. O'nun kaderinde ise sadece kendisinin bilebileceği başka nedenler ve hikmetler vardır. Bizim O'nun işlerindeki hikmetlerden bildiklerimiz, sadece O'nun bildirdiği kadardır. O'na ait işleri yorumlarken hatta düşünürken bile O'nunla aramızdaki bağın "iman" bağı olduğunu dikkate alarak düşünmek ve konuşmak zorundayız.

O Allah, biz insanız. O yaratan, biz yaratılmışız. Dünyada olmayı hak ettiğimiz için değil O var ettiği için varız. O veriyor, biz alıyoruz. O dilediğini yapıyor, biz izin verileni yapabiliyoruz. O Allah, biz insanız.

2. Kural: İnsanların yeryüzündeki isyanları, iyilerin ise alenileşen bu isyanları değiştirmek için gerekli çabayı göstermemeleri umumi belaların gelmesinin nedenlerindendir.

İyilerin sessiz kalmaları belaya umumilik kazandırır. Kur'an-ı Kerim, eski ümmetlerden bu nedenle helak olanları yoğun bir şekilde örnek olarak vermiştir.

3. Kural: İsyan sayılan suçları işleyen bir millete Allah'ın azabı geldiğinde onlar kelimei şehadeti tekrarlıyor, namaz ve oruç gibi ibadetleri yerine getiriyor da olabilirler. Ne var ki insanların yeryüzünde şirki ve isyanı yaygınlaştırmaları, ancak vakit buldukça ve şekli olarak namaz kılıp oruç tutmaları ile örtülebilecek bir suç değildir.

Ashabı kiram, Peygamber aleyhisselam efendimize kelimei şehadeti ikrar edenlere de böyle azapların gelip gelemeyeceğini sorduklarında O:

"Hatta namaz kılıp oruç tutuyor, haccediyor da olabilirler!" şeklinde cevap vermiştir.

4. Kural: Allah, anlamak isteyenlerin anlayabileceği kadar ikazlar yapar. Gözler körelip kulaklar tıkandıktan sonra azap süreci başlar. Allah'ın azabından emin olmak veya ona aldırmamak, onu değişik mecralara çekip yorumların arkasına sığınmak, başlı başına bir bela nedeni olabilir.

Allah'ın azabına uğrayan geçmiş milletler, akıllarını kullanamayan insanlardan oluşmuyordu. Uygarlıkları, maddi güçleri vardı. Ne var ki Allah'ın onlara lütfetmiş olduğu nimetleri, Allah'a kulluk için bir vasıta olarak kullanmak yerine iman ve teslimiyete karşı bir kalkan olarak kullandılar. Zamanlarına göre kendilerini iyi noktalarda görüp imanı küçümsediler ve o zaman için en büyük azaba uğradılar.

Şimdiki zamanın insanları da kendi zamanlarına göre olağanüstü imkânlarını gözlerinin önüne perde yaparken gelecek azabın nitelik ve niceliğinin o oranda olacağını düşünmeyerek en büyük hatayı işlemektedirler.

5. Kural: Allah'tan gelen musibetler, görünürde mü'mini de kâfiri de helak eder. Ancak kâfir için hem dünya hem de ahiret açısından zarar olurken mü'min sadece dünyalığını kaybedebilir. Mü'minin üzerine inen belalar, ahireti için genellikle kâra dönüşür.

6. Kural: Çeşidi ne olursa olsun bela ve musibetler anında Allah'a sığınmak nihai çaredir. O'ndan yine O'na sığınacağız. Azabını kaldırması için yalvarmak, dua etmek ve azabın inmesine neden olan hataların giderilmesi için gayret etmek, rahmetin inmesine vesiledir. Şu kadar ki öyle bir durumda duaya ehil olabilmek için keyifli zamanlarda da dua edenlerden, el açmasını bilenlerden olmak gerekir.

Özet olarak bilinmelidir ki günahlara, toplu isyanlara ve kötülüklere karşı uyaran, iyiliği teşvik eden bir cemaatin bulunmaması ya da etkin olmaması Allah'ın azabını üzerimize çektiği gibi tevbe, istiğfar, dua ve sadaka da rahmetini çeker.

7. Kural: Deprem, sel, fırtına gibi insana maddi-manevi zarar veren olayları afet olarak adlandıran insanlığın diğer taraftan herhangi bir afeti aratmayacak çılgınlıkları, insanı kökünden yok edecek eylemleri ve gelişmeleri ısrarla desteklemesi, insan canının bu kadar ucuzlayışını seyretmesi ne depremle ne de fırtına ile kıyaslanabilecek bir durumdur. Sevgili Peygamber aleyhisselam efendimiz, Buharî'nin rivayet ettiği bir hadiste şöyle buyurmuşlardır:

"İlim çekilmeden, depremler çoğalmadan, zaman daralmadan, fitneler çıkmadan ve yoğun katliamlar olmadan kıyamet kopmayacaktır." (Buharî, İstiska 27/1036)

Bu hadisi şerifte anılanlardan sadece depremlere takılıp kalmak, bir anlamda afetlerden bir afettir.

8. Kural: Gerek depremin gerekse diğer afetlerin birtakım "tabiat kanunları" dâhilinde olduğu bir gerçektir. Ancak bu gerçek, insanların günahları nedeni ile Allah'ın bu olayları bir ceza olarak indirmediği gibi bir iddiaya gerekçe olamaz. Çünkü tabiat kanunlarını koyanın, tabiatı olduğu gibi yaratanın Allah olduğu nasıl inkâr edilemez bir hakikat ise onun gibi bir hakikat da şudur:

Sebepleri ve sonuçları da Allah takdir edip yaratıyor. Filan depremin filan yerde, filan saniyede olacağı kararını -evrenin yaratılmasından önce- veren Allah'tır. O depremden zarar görenlerin orada bulunmalarını kim yazmıştı? Orada bulunan insanların o depremden zarar görmeye müstahak olacak işler yapmalarına izin verip sonra da onları cezalandırmak için orada bulunmalarını dilemiş olmasında ne sakınca vardır? Allah Teâlâ'nın bir işi dilemesini, bir treni yürütmek için hesapsızca şalter indirmek kadar basit bir olaya benzetebilir miyiz?

9. Kural: İnsan, imtihan için yaratılmıştır. Dünya hayatı olduğu gibi imtihandır. Biz, insan olarak üzerimize düşen görevleri yapıp yapmadığımızdan da sorumluyuz. Belayı davet etmek, tedbirsiz olmak, ihmalkârlık, tembellik bizim suçumuzdur. Suçumuzu kadere yükleyemeyiz. Üzerimize düşeni yaptıktan sonra bela ve musibette bile bir rahmet arama hakkına sahip oluruz.

10. Kural: İnsanın canına hatta malına zarar veren her olay ister afet olsun ister başka bir eylem olsun acıklıdır, boyutuna göre tehlikelidir. Saniyelerle hesaplanan bir depremin bilançosu yıllarca giderilememektedir. Mü'min bir insan asıl depremi, o dağların toz duman edileceği anı, o büyük depremi, dehşetinden hamilenin karnındakini düşüreceği anı hiç unutmamalıdır.

Allah Teâlâ ile aramızda önceki milletlere indirdiği azabı indirmeyeceğine dair bir sözleşme yoktur. Allah'ın garantisi yok, Sünnetullah'ı vardır. Başkasından ibret almayan ibret alınacak hâle gelebilir.

Bela ve Musibetler → Asilere Cezadır → İyilere İmtihandır → Kurtulanlara İbrettir

Sorun Sorular

Soru 1

Günümüzde Müslümanların sayısının milyardan fazla olduğu iddia edilmektedir. Bir milyarlık nüfusun, bir köy halkı kadar etkin olamamasının nedeni ne olabilir? Bir köyde iki-üç ağacın kesilmemesi için direnen köylüler dünya medyasında gündem olabilmekte ama Müslümanların üzerindeki katliamlar bile ses getirememektedir. Hatta Müslümanlar dahi hâllerinden memnun görüntüler sergilemektedirler. İslam'ın istediği Müslüman tipi bu mudur? Hep böyle mi devam edecek?

Peygamber aleyhisselam efendimiz, Ümmet'inin sel suyu üzerindeki çer çöp gibi olacağı günlerden söz etmiştir. Bugün yaşanan manzara o gün haber verilen olaydır şüphesiz. Sel üzerinde sürüklenen çer çöp gibi olma haberini duyan sahabiler, azınlıkta kalınacağından ötürü mü böyle kötü bir durumda olunacağını sorduklarında net bir şekilde, sorunun azınlık olmaktan kaynaklanmayacağını bilakis Ümmet'inin çok olacağını bildirmiştir. Sonra da temel sıkıntıyı haber vererek nebevi uyarısını yapmıştır. Temel sorun şudur:

Ahiret için yaşayan bir ümmetin dünya sevgisiyle yoğrulması; cennet özlemiyle dolması gereken kalplerin bağ-bahçe, yazlık-kışlık sevgisiyle işgal edilmesidir. İddialar, sloganlar ahiret etrafında yürütülürken yoğunluğun dünyalıklar peşinde dönmesinin meydana getirdiği çelişkinin tabii sonucu şudur: Bir milyardan fazla olup bir köy kadar etkin olamamak!

Mesele sadece etkin olamamakla kalmamıştır. Müslümanların ellerindeki dünya ekonomisinin ağırlığını oluşturan yer altı servetlerinin işletmesi bile kendilerine ait değildir. Çocuklarını nasıl yetiştireceklerine, çocuklarına ne öğretip ne öğretmeyeceklerine bile serbest bir şekilde karar verememektedirler. Zillet o derece derinleşmiştir ki mü'min bir insanın nasıl giyinebileceğine karar vermesi hâlinde yaşadığı toplumun örfüyle hatta yasalarıyla yüz yüze gelmesi gibi esef verici bir akıbet ortaya çıkmıştır. Elbette İslam'ın istediği Müslüman tipi bu değildir. Kâfire karşı dik duran, mü'minin önünde mütevazı bir mü'min, en azından topraklarına göz dikilemeyen güçlü bir toplum, İslam ümmeti için uygun olan pozisyondur.

Bugün yaşananlar ilk olmadığı gibi nihai de değildir. Allah, dini için bir kader yazmıştır. Bu kaderde iniş ve çıkış gibi görülen olaylar vardır. Peygamber'ine bile bu iniş ve çıkışları bir yolla yaşatmıştır. Bedir de vardır Uhud da. Önemli olan akıbettir. Akıbet ise kesinlikle Hakk'ın kesin üstünlüğü şeklinde tecelli edecektir. Batılı güçlendirip meydanlara iten de Allah'tır.

Müslümanlar; İslam'ı yaşayıp cennete girmeleri için dünyaya gönderilmiş, iradeleri ve yapacak işleri olmayan mücerret denekler değildirler. İslam etrafında imtihan edilip imtihanlarının sonucuna göre cennete girip girmeyecekleri belirlenecek olan kullardırlar. Dolayısıyla mesele bir imtihan meselesidir. Müslüman, her hâlükârda imtihandadır. Ümmetinin izzetli günlerinde yaşarken bir türlü, sıkıntılı günlerinde yaşarken de başka bir türlü imtihan olmaktadır.

Bugün yaşananlar, dün ihmal edilen cihat ve gayretlerin sonucu olarak karşımıza çıkmış ise yarınki güzellikler de bugün cihada sarılan, üzerine düşeni yapan gayretli mü'minlerin sayesinde daha iyi olacaktır.

Yatıp kalkıp faciayı tekrarlamak her hâlde bir iş yapmış olmak değildir. Ne kadar ölü saydığımızla değil ne kadar can kurtardığımızla iftihar edebiliriz.

Dünya dönüyor. Kesinlikle bu dönüş, beraberinde dönüşüm de getirecektir. Hayat bir günden veya bir asırdan ibaret değildir. Asırlar mercek altına alındığında, Endülüs'ten Horasan'a yerküre incelendiğinde dünyanın nasıl dönüp dönüştürdüğü, imtihanın nasıl tecelli ettiği anlaşılacaktır.

Soru 2

Birleşme ve beraber olma çağında yaşıyoruz. Şirketler, devletler birleşip güç artırıyorlar. Dağılmak ise Müslümanların en yaygın görüntüsü durumundadır. Ciddi bir İslam birliği gerçekleşebilir mi?

Birlik olmak sempatik bir ifadedir. Dağıtıp dağınık kalanlar bile "birlik ve birleştirmek"ten söz edebilmektedirler. Birlik olmaktan kastedilen nedir acaba? Eğer aynı ibadetleri yapmaktan, aynı Kâbe'yi kullanmaktan söz ediliyorsa elhamdülillah bu birlik vardır. Asırlardan beri de bozulmamıştır. Bunun dışında beyinlerin bir fikir etrafında toplanmasına birleşme deniyorsa böyle bir birleşme mümkün değildir. Gerçekçi de değildir. Kur'an'ımız, böyle bir birlikteliğin temelden mümkün olmadığını farklı yerlerde haber vermiştir.

Şüphesiz istenen birlik siyasi birliktir. Mesela Müslümanların tek ülke olması gibi bir birlik arzulanmaktadır. Siyasi birlik kâğıt üzerinde olsa da istenen sonucu veremeyeceğine göre semboller etrafında olmalıdır. Bunun da en önemli gereği "baş"tır. Hilafet, Müslümanların birlik ve beraberlik sembolüdür. Bir halife etrafında bulunulmadıkça yapılanlar, sonuç açısından su üzerine yazı yazmaya benzeyebilir. Böyle bir umut için daha güçlü ve daha kapsamlı çalışmalar yapılmalıdır.

İslam'ın parçaları üzerinde değil bütününde yoğunlaşmış aktif çalışmalar, daha hızlı yol katedilmesini sağlayacaktır. Çalışırken cüzi bir bölüme yıllar harcayıp bütünü yansıtan bir sonuç beklemek elbette mümkün değildir.

Üzerimizdeki kara bulutların, gitgide artan baskıların ve gözlerimizi karartan olayların Müslümanları, sözünü ettiğimiz bu birlikteliğin zeminine taşımakta olduğunu söylemek bir kehanet değildir. Görünen köy kılavuz istemez. Kaybederken böyle kaybetmiştik. Fakat şunu itiraf etmeliyiz: İslam'dan ve Müslümanlardan söz ederken neredeyse dünyanın bir ucundan öbür ucuna ulaşan büyük bir coğrafyadan, farklı ırklardan ve kültürlerden oluşan kitlelerden söz ediyoruz. Asırların biriktirdiği ciddi sorunlardan ve birleşmiş düşmanlardan söz ediyoruz. Çetin, ama umutlu bir yoldayız.

Rabb'imiz Buyurdu ki...

"Onlar Allah'ın nûrunu ağızları ile söndürmek istiyorlar. Oysa Allah, kâfirlerin hoşuna gitmese de nûrunu kesinlikle tamama erdirmekte kararlıdır."

(Tevbe, 32)

Soru 3

Müslümanların tabii önderleri durumunda olan âlimler şehirden şehre, yıldan yıla farklı konuşmakta, parçalanmayı âdeta körüklemektedirler. Gerçek âlim kimdir? Hangi âlim, lider yokluğunu doldurabilir?

Âlimlerin dinimiz ve dünyamız için vazgeçilemez önderlerimiz olduğu kesindir. Bir başka kesin olan şey de -istisnalar bir kenara- âlimlerimizin bulundukları mevkiyi dolduramadıklarıdır. Belki de ilk kaybolan değerimiz onlardır. Onlar kaybolmuş, ümmet de onları ihmal etmiştir. Yeniden Kur'an ve Sünnet'in etrafında bizi toplayıp ayağa kaldıracak olanlar âlimlerdir. Biz onlara karşı görevimizi yerine getireceğiz, onlar da bizi ayağa kaldıracaklardır.

Bizim âlimimiz sadece Allah'ın rızası peşindedir. Amelinde ihlas sahibidir. Rızık endişesi taşımaz. Rızkın Allah'ın elinde olduğunu en iyi bilen ve O'na en iyi inanandır. Gözü Allah'tan gelendedir. Ecelin muayyen olduğunu, Allah dilemedikçe kimsenin kimseyi öldüremeyeceğini iyi bilir. Ölümden değil kötü akıbetten korkar. En büyük derdi dindir, mü'minlerdir. Bir mü'mine faydalı olmak için, bir sıkıntıyı gidermek için erir gider de ahlanıp vahlanmaz.

Akıl hocalığı değil, örneklik ve önderlik yapar. Hep safın önündedir. Hem namazda, hem cephede... Elinde imkân bulunanların önünde eğilmez, kapılarında görünmez. İyiliği yayma, kötülüğü engellemede yorulmaz, usanmaz. Birliğin sembolüdür. Sapmalara karşı uyanıktır. Kullara kulluktan, Allah'a kulluğa geçişin öncülerindendir. Mazlumun yanında, zalimin karşısında olmaktan çekinmez. İlmini Allah'ın bir emaneti olarak görür, bir başkasının da ilimle buluşması için gecesini gündüzüne katar. Kendi içinde de dengelidir. Bir yapıp bir yıkmaz. Boşluk bırakmaz. Sabır taşıdır. Sözü ile özü çelişmez. Mütevazıdır.

Bizim de âlimlere karşı imani kimliğimizden kaynaklanan bir tavrımız vardır. Onları Allah için sever, sayarız. Onlar peygamberlerin varisleridirler. Onları Allah sevdiğine ve yücelttiğine göre biz imanımızdan kaynaklanan bir anlayışla önlerinde saygı ile dururuz. Onları hayatımızın bereketi görürüz.

Varlıklarını Allah'ın bir lütfu olarak görür, en güzel şekilde onlardan istifade etmeye çalışırız. İlimlerinden yararlanmayı bir nevi cihat olarak görürüz. Dualarında hayır umarız.

Âlimleri yıpratmamaya gayret ederiz. Etlerini zehirli görür, asla gıybetlerini yapmayız. Bilhassa mü'minlerden olmayanların onlar hakkında ürettikleri sözleri, âlimlerimiz için asla doğru görmeyiz. Onların şahsiyetleri yıprandıkça dinimizin zarar göreceğini bilir, ona göre davranırız. Onlara hayır dua eder, aramızda bulunmaları için Rabb'imize yalvarırız. Sadece işimizi göreceğimiz zamanlarda değil onları sürekli ziyaret eder, ümmet olarak yanlarında olduğumuzu hissettiririz. Ele güne muhtaç düşmemeleri için gereken her desteği yapar, bunun ecrini de Rabb'imizden bekleriz.

Nasihatlerini kulak ardı etmeyiz. Onların bize öğrettiklerini, müeyyidesi kendinden aşılamaz emirler olarak görür, evirip çevirmeyiz. Onları sadece ibadet konularında değil dinimiz, dünyamız, ailemiz hakkında önümüzü açan önderler olarak görürüz. Çocuklarımıza dedelerini, dayılarını tanıttığımız gibi bize ilim ve takva öğreten âlimleri, salihleri de tanıtır, bildiririz. Âlimleri hatasız görmeyiz. Ne bir hatadan ötürü yok sayar, ne de hatalarını doğru görürüz. Yanılabileceklerini kabullenir, doğrularının peşinden gideriz.

Rabbimiz Buyurdu ki...

"Sizden önce gelenlerin durumu sizin başınıza gelmeden cennete gireceğinizi mi zannettiniz? Peygamber ve onunla beraber mü'minler 'Allah'ın yardımı ne zaman?' diyecek kadar darlığa ve zorluğa uğramışlar ve sarsılmışlardı. İyi bilin ki Allah'ın yardımı şüphesiz yakındır."

(Bakara, 214)

Âlimin yanında bulunmanın bir takım edepleri gerektirdiğini asla unutmayız. Onun tevazusuna karşılık biz hürmetimizi çoğaltırız. Âlimler arasında gel git gibi bir tavır içinde olmaz, onların sözlerini birbirleri ile vuruşturmayız. Onları yalın adları ile değil, saygı ifade eden lakaplar ve cümlelerle anarız. Ölümlerinden sonra da unutulmamaları için özen gösteririz.

Soru 4

Müslümanlar arasında Allah'a tevekkül etme düşüncesi yaygındır. Küçük-büyük her şeyi Allah'tan bilme, kul ne yaparsa yapsın Allah'ın ondan razı olacağı gibi bir sonuç doğurmuyor mu? Veya Müslüman olmak çalışmadan yemek, yorulmadan yürümek anlamına mı geliyor?

Böyle bir şey Kur'an ve Sünnet açısından mümkün değildir. Tembellik dinden kaynaklanamaz. Müslüman, tembel olabilir. Onun tembelliği kendisindendir. İslam gayret dinidir, cihat dinidir. Günleri değil dakikaları doldurmayı teşvik eden bir dindir. Allah'a tevekkül adı altında köhneleşmek, İslam'a hakarettir. Peygamber aleyhisselam efendimizde, ashabında, ümmetin büyüklerinde böyle bir işaret yoktur. Hem dünyayı hem ahireti kazanmayı emreden bir din olarak İslam, dünyayı kaybetmiş; kaybettiğine de aldırmayan Müslümanların tutumundan sorumlu değildir.

Soru 5

Müslüman, ibadetini eda etmekle üzerine düşen kulluğu gerçekleştirmiş midir? Namaz kılmak, oruç tutmak tek başına yeterli midir? Mekke'de hac yapmak, Mekke'nin kutsiyetine sahip çıkmak için yeterli midir? Ramazan ayında zekât vermek, Allah için vermenin yeterli şekli midir?

Sadece yemek yemek veya su içmek, yaşamak için ne kadar yeterli ise namaz ve oruçla yetinip diğer görevleri savsaklayarak İslami bir hayat yaşamak da o kadar yeterlidir. Müslüman'ın sorumluluğu namazla, oruçla, hacla başlar ama onlarla bitmez.

Yeryüzünün imar edilmesinden her doğan insana Hakk'ın ulaştırılmasına, menhiyatın önlenmesine varıncaya kadar bir yığın görev Müslüman'ın omzundadır. Şüphesiz becerememek veya gücünün üstünde olmak başka şeydir. Zevklerinden feragat edemediği için dinini yüzüstü bırakan Müslüman, üzerine düşeni yaptığı için rahat uyuma hakkı olan bir Müslüman olamaz. Belki rahat uyur. Uyumasına uyur da uyandırıldığında vay hâline!

Soru 6

Müslümanların en çok itham edildiği konulardan biri de terördür. Cihat ve terör aynı kefeye konabilir mi?

Bir İslam var, bir de İslam'ın karşısında kalan cephe var. Hak ve batıl olarak ilk insandan beri süregelen bir sürtüşmenin bugünkü hâlini yaşıyoruz. Savaş sadece meydanlarda yapılmıyor. Propaganda savaşı da güçlü bir savaş türüdür. İslam'ı ayakta tutan, saldırılara karşı eriyip yok olmaktan koruyan müessesenin adı cihattır. Bütün türleri ile cihat, İslam'ı yaşatmanın adıdır.

Allah'ın dini için hangi işin yapılması gerekiyorsa o, cihat mertebesindedir. Müslümanların ve İslam'ın varlığına tahammül edemeyenlerin cihadı karalayarak İslam'ı sindirmeye çalışmaları -onların nazarından bakıldığında- normaldir.

Bu bir savaştır. Silah kullanmadan, masraf etmeden düşman sindirilebiliyorsa neden yapılmasın? Onların, cihadı şu veya bu isimle eşleştirip tatbikinden utanılır bir kavram hâline getirmeye çalışmalarının nedenini anlayabiliriz. Anlayamadığımız şudur: Bir insanın hem Müslüman olduğunu söyleyip hem de cihadı yersiz veya kaba görmesinin nedeni ne olabilir? Kendisi cihattan kaçabilir, zevklerini ve korkularını aşamamış olabilir. Halid'den, Salahaddin'den alıp veremediği nedir?

Düşmanlarının saldırılarına karşı cevap veremez, kendini savunamaz bir İslam mı istiyorlar? Savunmasına yatırım yapmayan bir sistem var mı ki?

Soru 7

Siyaset ve İslam birbiriyle ne kadar bağlantılıdır? Güzel bir Müslümanlık için siyaset şart mıdır? Eğer siyaset şartsa bu nasıl ifa edilecektir? Bir Müslüman, siyasetten ne anlamalıdır? Namaz gibi muhakkak yerine getirmemiz gereken siyasi görevlerimiz var mıdır? Peygamber aleyhisselam efendimiz ve O'nun sahabileri siyasetle ilgilenmiş midir? Bazıları, İslam tarihinde meydana gelen acı olayların ve şimdi yaşanan sıkıntıların önemli bir bölümünün siyaset kökenli olduğunu söylüyor. Bu, ne kadar doğru bir tespittir?

"Siyaset nedir?" sorusuna bir cevap bulmamız gerekir. Siyaset, insanları idare etme, toplumu yönlendirme değil midir? Elbette içerdiği bütün yozlaşmalara rağmen siyaset dışlanamaz bir ihtiyaçtır. Siyasetsiz toplum idare edilmeyen, yokluğa terk edilmiş bir toplumdur. Başıboş, kuralsız bir toplum tasavvur edilebilir mi?

İslam dinini ve Müslümanları siyasetten soğutmak hatta uzaklaştırmak pek tabii olarak şu sonucu getirmez mi? İnsanlar Allah'a iman edip Müslüman oluyorlar ama onları, Allah'a imanı olmayanlar ya da muharref bir şekilde inananlar yönetiyorlar. Bunun neresi kabul edilebilir? Yönetimi, sevk ve idaresi Müslümanlara ait olmayan bir toplumdan hangi İslami sonuç beklenebilir?

Peygamber aleyhisselam efendimiz ve izinden giden ashabı, siyasetle yani mü'minlerden oluşan toplumu idare etmekle ilgilenmeyip siyaseti ilk görevlerden biri olarak görmeselerdi nasıl "Asr-ı Saadet" çağını kuracaklardı? Namazda namazı bozacak derecede hata yapanların, namazı ebediyen bırakması gerekmediği gibi tarihte meydana gelmiş bazı siyasi hatalar yüzünden de siyasete veda edilip meydanın ipsiz sapsızlara bırakılması doğru olamaz.

Resûlullah sallallahu aleyhi ve sellem efendimiz, vefat ettiği gün henüz onun mübarek vücudu toprağa verilmeden ashabın büyükleri ne yaptılar? İlk iş olarak başlarını seçtiler. Ebu Bekir radıyallahu anhı, Resûlullah sallallahu aleyhi ve sellemin halifesi olarak seçtiler. Sonra da peygamberlerinin mübarek cesedini toprağa koydular. Sıralama böyle olmasaydı o namaz bile zor kılınırdı. Başsız ve beyinsiz beden olmaz! Olsa bile yaşamaz!

Rabbimiz Buyurdu ki...

"Şüphesiz peygamberlerimize ve iman edenlere, hem dünya hayatında hem şahitlerin şahitlik edecekleri günde yardım ederiz."

(Mü'min, 51)

Soru 8

Demokratik bir düzen İslami düzen sayılabilir mi veya İslam, bütünüyle demokratik bir düzende yaşanamaz mı?

İslam'dan başka hiçbir sistem İslam kabul edilemez. Müslümanların dinlerini başka sistemlere yamamaları veya başka sistemlerden dinlerine yama kabul etmeleri, güçlülerin önünde eziklik hissinin sonucudur. Allah'ın dini mükemmeldir.

Demokrasinin nihai güzellik gibi sunulması, onu kullananların ellerindeki müessir propaganda güçlerinden kaynaklanmaktadır. Zahiren bakıldığında demokrasinin insan idaresinde güzel olan yönleri vardır şüphesiz. Demokrasinin güzel yönlerinin İslam'la çelişmiyor olması, ilke olarak benimsenmiş olmasını gerektirmez. Buna göre İslam'ı dinlerden bir din, inançlardan bir inanç olarak gören ve uyduruk bir kabile dini ile eşit şartlar altında tutan bir sistem içerisinde iyi bir Müslüman olarak yaşayabilmek, aklen de zordur dinen de. Yalnız burada iyi Müslüman olarak yaşamak ifadesi ile Müslüman'ın işkence görmemesi, bireysel haklarının korunması gibi sathi bir anlayışı belirtmiyoruz. Bu açıdan bakıldığında demokrasinin "kaliteli örnekleri" olarak bilinen Avrupa ülkelerinde yaşayan Müslümanlar, kendilerini iyi hissedebilirler. Ancak İslam, sadece Ramazan ayında oruç tutmaktan ibaret midir? Kur'an eksenli bir eğitimden, cihadı etkin kılma ameliyesine kadar İslam'ın gerçekleştirilmesini emrettiği şeyler nereye oturtulacaktır? Bir defa İslam, diğer sistemlerle hatta dinlerle bile aynı listede kalmayı kabul etmemektedir. Allah'ın dini en üstündür, tektir.

İslam kendi sistemini kurmadıkça Müslümanlar İslam'dan şu veya bu bölümü tatbik edebilirler. Bir cüzü tatbik etmek, namazın bir rekâtını kılmak gibidir. Namazın bir rekâtı elbette namazdan bir cüzdür ama namaz değildir. Kur'an'ın emrettiği Müslümanlık ancak O'nun birinci kaynak olduğu bir ortamda yaşanabilir.

Rabbimiz Buyurdu ki...

"Başınıza gelen herhangi bir musibet kendi ellerinizin yaptığı işler yüzündendir. O, yine de çoğunu affeder."

(Şura, 30)

Soru 9

Herhangi bir nedenle İslam'ı bir bütün şeklinde yaşayamayan Müslümanlar için Müslümanca yaşama şansı kalmamış mıdır? İslam kendi sistemini kurmadıkça Müslümanlığımızı yok mu sayacağız?

Elbette hayır! Tamamı elde edilemeyenin parçalarını ihmal etmemiz doğru olmaz. Tamamını elde etmek için samimi bir gayretin içinde olduğumuz sürece parçalar bereketlenecektir. Tehlike, parçaları bütün gibi görüp keyfi kaçmadan cennet temennileri ile yaşayan Müslüman görüntüsündedir.

Rabb'imiz bize takatimizin üstünde bir sorumluluk yüklemiyor. Takatimizi kullanıp kullanmadığımız konusu, muhasebesini iyi yapmamız gereken bir konudur. Müslüman, yaşadığı çağın imkânları ve kendi özel durumu ile kıyaslandığında yapabileceklerinin hakkını verdiğine kalbi mutmain oluyorsa beceremediklerinin sorumlusu olmaz. Tıpkı namaz gibi... Namazın ayakta kılınması, rükûsu, secdesi farz. Buna rağmen ayakta kılamayana oturmaya, secde edemeyene ima ile kılmaya izin verilmiş. İma ile kılınan namaz da aynı namazdır. Yeter ki niyet sahih olsun, kıble düzgün olsun.

Önce Allah'ın kesin haramlarından kaçınacak, harama düşmeden yaşama titizliği göstereceğiz. Haramı tutmayı ateşi tutmak olarak görebilirsek önemli bir mesafe katetmiş oluruz. Ardından farz-ı ayın olan emirlere riayet edeceğiz. Onun ardından da üzerimizde farz-ı kifaye olarak yazılmış olan emirleri "yapılacaklar" listesine alacağız. Gerçekten yapmaya muktedir olamadıklarımızda Allah'ın affına sığınırız. Yapmadıklarımızla yapamadıklarımızın ayrımını yapacak olan Rabb'imizdir.

Haram Yakar

Haramlar Kırmızı Çizgidir

Peygamber aleyhisselamın hamisi, onu yıllarca koruyup kollayan amcası Ebu Talib, Efendi'mizin "Bir kere olsun 'Lailaheillellah' de." ricasını neden kabul etmemişti? Çünkü bilmişti ki bir kere lailaheillellah demekle her şey olup bitmiyor. Onu söylemek, gereğini benimsemektir.

Nihayet birkaç harften ibaret olan bir söz, hem de onun kendi ana dilinden olduğu hâlde söylense ne olurdu? Ebu Talib, bu sözün dillendirilmesinin ardından putları terk etmekle başlayan bir sürecin geleceğini biliyordu. Bir dine girmeyi kabul etmek, çağdaş deyimiyle "kâğıt üzerinde" olamazdı. Böyle bir sözü söylese ardından içkiyi terk etmesi gerekecek, faiz alacakları ona kâr kalmayacaktı. Gözüne, kulağına, eline ve cebine kurallar konacaktı. O ise yasaksız yaşamak, dilediğini yapmak istiyordu. Zevklerine sınır getirilmesini kabul edemiyordu. Ama yeğenini seviyor, uğruna aç açık kalmaya razı oluyordu. Seviyor fakat itaat etmiyordu.

Müslüman olmak, yeni bir şekil almaktır. İslam, kendine mahsus kurduğu dünyada kâmilen yaşanabilir bir dindir. İslam, mozaiğin içinde bir renk olarak görüldüğü zaman İslam olmaz. Renklerin boyasını, toprağın suyunu, gözlerin ışığını İslam verir. Kalıp, İslam'ın kalıbı olmalıdır.

Apartmanda bir daire, yuvarlak masada bir oy sahibi üye gibi görülen İslam, Allah'ın "Dinin tamamı O'nun olsun!"

diye gönderdiği İslam değildir. Müslümanlar olarak yaşadığımız çağın müessir güçlerinden etkilenerek dinimizi şekillendiremeyiz. Bilakis dinimizin şekline bürünmek durumundayız.

İslam'ın uygulamadaki temel kurallarından biri önce haramlardan arınmak, sonra da emirleri tatbik etmektir. Bu kural uygulandığında önümüzde duran tablo şudur: İçkiden kaçınmak, zemzem içmekten önemlidir. Faizden uzak durmak, sadaka vermekten öncedir. Tesettür, zikirden öncedir. Haram sözden kaçınmak, Kur'an okumaktan öncedir. Kısaca, kabın temizlenmesi içine konacak temiz nesneyi elde etmekten önce gelmektedir.

Şirkten arınmadıkça Kâbe'yi tavaf, kuru bir dönmedir. Müşrikler dönüyorlardı. Ama dönüşleri ibadet sayılmıyordu. Avret örtülmedikçe namaz, namaz değildir. Sahur sofrasında yenenler haram olduktan sonra, günü oruçlu geçirmek nasıl ibadet olsun?

Haramlara karşı hassasiyetimiz, nabzımızın ölçülmesi gibidir. Allah'ın emirlerinden bir emre itaat edip yasaklarından bir yasağa tepkisiz kalmak nabız sıkıntısıdır. Sinir sistemimizin sağlıklı olup olmadığını test ederken farzların edasından önce haramların neresinde durduğumuza bakabiliriz.

Nice insanlar, namazı terk etmedikleri ve belki de haccı bile eda ettikleri hâlde haram, önlerine bir lokma olarak sürüldüğünde ona dayanamadılar. Faizin namaz kemiren bir mikrop olduğunu, göze değen namahremin Kur'an tilavetini erittiğini bilmek istemediler.

Farzları eda etmek kolay, haramlardan kaçınmak daha zor oldu. Haramların bizi çepeçevre kuşatmasına karşı, farzların eda edilmesindeki yoğunluğun koruyucu olacağına inanıldı. Farzların haramları sileceğine inanılırken haramların farzları silebileceği ihtimali göz önünde olmadı.

Şu Üç Gerçek Acı Bir Şekilde Önümüzdedir:

1- Her haram, aleyhimize açılan bir dosyadır. Ta tevbe edilinceye kadar...

2- Her haram, yukarıdan izlendiğinde bir farzı ve o farzdan elde ettiğimizi abluka altına almaktadır.

3- Her haram, kendisi gibi veya kendisinden büyük bir haramın mayasıdır. Küçük zannedilen bir haramla başlayan süreç aslında bizi müthiş bir uçurumun önüne doğru sürüklemektedir.

Bilhassa Resûlullah sallallahu aleyhi ve sellemin lisanında "büyük günahlar" olarak zikredilen haramların gitgide toplum normlarından sayılması, esef edilecek bir hâl almıştır. İnsan öldürülmesinin bile neredeyse normal vakalardan sayılması ne büyük bir felakettir. İnsanın öldürülmesi şüphesiz anormaldir de bu olayı sıradan bir haber gibi bültenlerde tekrar tekrar izlemek ne kadar normaldir? Haramlar açısından Müslümanlık tahliline girdiğimizde önümüzde hayret uyandıran gelişmelerden biri de şudur: Allah'ın ve Peygamber'inin haramlar arasında zikrettiği, hatta büyük haramlardan dediği bir haram, günlük meşgalemizin arasında haramlık riski düşük bir haram olarak yer alabilmektedir.

Pek çok Müslüman'ı etkileyecek bir örnek olması açısından "ukuk"u zikredebiliriz. Allah'a şirk koşmakla beraber anılan yedi büyük günahtan birisi "ukuk"tur. (Anaya, babaya asi olmaktır.) Ana-babayı yok sayan bir baş kaldırışı ağır bir suç gören İslam'ı kendisine din edinenlerin, bu suçu alenileştirmiş insanlara gerekli tepkiyi göstermemeleri ne olarak adlandırılabilir? Bu durumun bulaşıcı hastalık düzeyinde bile görülmemesi ürkütücüdür. Böyle birinde bereketsizlik olacağından endişe edilerek o kişinin ticarete ortak edilmek istenmediğini duyamıyoruz. Her koyunu kendi bacağından asacaklarını zanneder olduk. Allah'ın ve Peygamber'inin savaş ilan ettiği, defalarca lanetlediği haramlar bir yolu bulunup mutatlaştırıldı.

İbadetlerin etrafında kat kat dikenli teller örülürken haramlar şirinleştirildi. Dileyen dilediği harama kılıf buldu, kendi kafasında oluşturduğu mazeretlere sığındı. Bir üst modele geçme arzusu zaruret, çevreyi körü körüne taklit mecburiyet oldu. Allah'ın ahkâmını esnetmeyi kabul etmeyip bildiği hakkı söyleyen âlimler mutaassıp sayıldı.

Artık, haramlar fasit bir dairenin içine aldı bizi. Dün dile alınamaz şeyler, bugün ulu orta savunuluyor. Bu gidişatın tehlikeli olduğunda şüphe yoktur. Kulluğa dönüş yapmak, Rabb'imize sığınmak durumundayız. Allah'a dönüş iddiamız samimi ise başlangıç noktamız haramlar olmalıdır. Haramlarla haşir neşir yaşarken hac, hac; oruç, oruç; zekât, zekât; cami, cami; ilim, ilim değildir. Haram yakar. İnsanı da yakar, biriktirdiği ibadetleri de.

Haram Deyip Geçme!

İşlenen her bir haram;

- Rızkın daralmasına,
- İlahî ilmin kalkmasına,
- Kalbin katılaşmasına, gözyaşının kurumasına,
- İşlerin ters gitmesine,
- İbadetten zevk alınamamasına,
- Bereketin kalkmasına,
- Yeni bir harama yol açılmasına,
- Çirkinliğe karşı tepkinin azalmasına,
- İzzetin kalkıp zilletin yerleşmesine,
- Allah'ın lanetinin celbine,

- Meleklerin duasından mahrum kalmaya,
- Kabir azabına,
- Afetlerin oluşmasına,
- Hayânın azalmasına,
- Şehvetlere esir olmaya,
- Şeytanın maskaralığına,
- Son nefeste dilin tutulmasına

Şu kadar veya bu kadar neden olur.

Ebedî Kanun: Allah'ın Kapısı Kapanmaz

Haramın adı ne olursa olsun, sayısı kaç olursa olsun o, Allah'ın rahmeti yanında bir hiçtir. Allah'ın kapısı, O'na dönen bütün kullarına açıktır. Yeter ki can boğaza gelmiş olmasın.

Kul, sonunda döneceği kapıyı bulduysa uçurumdan dönmüştür. Allah'tan umut kesmek, -tevazu kılıklı bile olsa- kendini affedilmez görmek şeytandan bir tuzaktır. Tevbe etmemeye mazeret uydurmak, günahtan aldığı zevki bırakmaya yanaşmamaktır.

Allah'ın affettiğini bildirdiği nice kulları vardır ki onlar kendileri bile o affı beklemiyorlardı. Hiçbir günah o rahmeti aşamaz. Şeytan, umutsuzluk aşılayarak kafalarımızı çökertiyor. Yoksa affa en yakın noktada duruyoruz.

Sehl bin Sa'd radıyallahu anh, Resûlullah sallallahu aleyhi ve sellemin şöyle buyurduğunu rivayet etmiştir:
"Aman küçük günahlara dikkat edin. Bir vadide ekmek pişirmek için yakacakları ateşe küçücük odun parçaları toplayıp ateşi yakanlar gibi küçük günahların hesabı sorulduğunda sahibi helak olacaktır."

Neden?

Mü'min, muvahhid olduğumuz hâlde, cennete-cehenneme iman ettiğimiz hâlde, Allah'ın kendisine asi olan kullarına neler yaptığını bilip gördüğümüz hâlde neden haramlarla iç içe olabiliyoruz? Neden hâlâ haram işliyoruz? Cesaretimiz veya vurdumduymazlığımız nereden geliyor?

1- Hedefi Şaşırmış Olabiliriz

"Dünyaya neden geldik, nereye gidiyoruz?" gibi soruların cevabı olan hedefimizden sapmış olabiliriz. Oturup sıcaktan, soğuktan korunmak için edindiğimiz evlerimize tapmaya başlamış olabiliriz. Kula muhtaç olmamak için kazanmamız gerekirken, kullara esir olacak bir kazanma hırsına dalmış olabiliriz. Bu durumda da gözümüz ne haram görür ne de helal!

2- Maalesef İmanımız Zayıftır

Allah'a iman ettiğini söyleyen, O'nun haram işleyeni yakacağına inanması şarttır. Belki mü'min, bir-iki defa haram işleyebilir. Kimse masum değildir elbette. Ama mü'min, haramı hayatın bir parçası yapmaz. Bir veya iki defa namaz kaçırır. Ona da kırk defa tevbe eder. Ya da imanımızın neleri gerektirdiğini bilmiyoruz. Kur'an'ı, Resûlullah sallallahu aleyhi ve sellemi dinleyip öğrenmek zorundayız.

3- Şeytanın ve Şeytanın Kullandığı Güçlerin Etkisindeyiz

Haramı biliyor, cehennemden korkuyoruz. Ama şeytan, vesvese ve Allah'ın mağfiretinin büyüklüğü ile bizi aldatıyor. Bazen de günahlarımızı gözümüzde abartıp mağfiretten umudumuzu kesiyoruz. Akıllılık edip Allah'ın kaderini ileri sürüyoruz. "O yazmış da olmuş." demeye getiriyoruz. Güya iyi niyetimize güveniyoruz.

4- Şüpheli Şeylerden Uzak Durmuyoruz

Haramın adı ürkütüyor, genellikle de uzaklaştırıyor. Zinada az da olsa hâlâ ürkütücülük var. Ama her zinanın, şüpheli ortamlarda bulunmanın sonucunda ortaya çıktığını düşünemiyoruz. Zinadan ürküyor, zinaya davetiye çıkaran karma ortamlara tepki göstermiyoruz. Küçük bir gevşeme de şeytanın işini kolaylaştırıyor.

5- Ortam Seçmiyoruz

Fitne zamanındayız. Her şey, herkes çok kötü deyip durduğumuz hâlde haram irtikâp edilen bir düğünü protesto etmiyoruz. Çocuklarımızın kötüleri gördükçe onların etkisinde kalabileceğini düşünmüyoruz. Bir kâğıda çizilen bir-iki çizginin, en sonunda onu karalanmış kâğıt hâline getireceğini göremiyoruz. Herkes kendi yaptığını "bir kerecik, daha çocuk, bundan beteri var" gibi çocuksu felsefelerle savunuyor. Ama konuşurken de zamanın kötülüğünden seminerler verebiliyor.

6- Âdetlerimizi, Çevreyi Abartıyoruz

Allah'tan çekinir gibi dostlardan (!) çekiniyoruz. Meleklerin ne yazdığını bildiğimiz hâlde "Ne derler?" diye dost ve yakın bildiklerimizden çekiniyoruz. Burnumuzun dibinde haram işleyenlere, medeni bir dille tepkimizi dile getirmeye arlanıyoruz. Neme lazımcılığa sığınıyor, sonra da Allah'ın azabı bir yolla üzerimize gelince dil kesilip ileri geri konuşuyoruz.

> Abdullah bin Mesud radıyallahu anh diyor ki:
>
> "Mü'min, günahlarını bir dağın altında oturup da dağın üstüne yuvarlanacağından korkan biri gibi görür. Fâcir ise burnuna konan bir sinek gibi görür de şöyle eliyle onu kovalayacağını zanneder."

Haramdan Dönüş Güzergâhı

1- Günahı büyük-küçük, yeni-eski, başkaları da yaptı-yapmadı ayrımına tutma! Günahın öz hacminden çok, kime karşı işlendiğine bak.

2- Şüpheli şeyleri tuzak bil, onlardan uzak dur.

3- Zaruret ve mecburiyet kavramlarını genişletme.

4- Haramcılardan uzak dur.

5- Felsefeden ve ayet-hadis tartışmaktan uzak dur. Her tartışma, dinin heybetinin biraz daha zayıflaması sonucunu getirebilir.

6- Boş vaktin olmasın. Hayır ve helalle dolu olan zamanda haram vakit bulamaz. Tersi de öbür sonucu getirir.

7- İstiğfarı günlük, zikri saatlik yap. Şuurlu bir şekilde "Beni bağışla Allah'ım." de.

8- Günahları açığa çıkarma. Allah ile kul arasında gizli kalmış günah, kullarından bildiği günahtan daha kolay bağışlanır.

9- Her günahın ardından bir iyilik yetiştir. Hasenat, seyyiatı siler.

10- Kimseye günahından ötürü gülme.

Ebu'd-Derda radıyallahu anh, günah işlediği için insanların sövüp saydığı birini gördü. "Onu bir çukura düşmüş görseydiniz çıkarmayacak mıydınız?" dedi. "Elbette çıkarırdık." dediler. "Kardeşinize sövmeyin. Siz aynısı olmadığınız için Allah'a hamdedin." dedi. "Sen buna kızmıyor musun?" dediler. "Yaptığına kızıyorum. Onu da bıraksa nihayet kardeşimdir." dedi.

11- Tevbe et. Samimi ol. Tekrar dönme. Tevbenden umudunu kesme.

Allah'tan Korkan Mü'mine Bunlar Haramdır:

Her çeşidi ile inançta, amelde ve sözde şirk,
Bilerek namazı terk etmek,
Zekâtı yok saymak,
Ramazan günü yemek,
Haccı sudan bahanelerle ertelemek,
Anne-babaya karşı durmak,
Sılayı rahimi kesmek,
Komşuya eziyet etmek,
Zina etmek, zinanın etrafında dolaşmak,
İnsanların kan, mal ve şereflerine zarar vermek,
İntihar etmek,
Ana rahminden çocuk aldırmak,
Sihir ve kehanetle ilgilenmek,
Faize bulaşmak, rüşvet almak-vermek,
Yalan, hile, hırsızlık, aldatma içinde bulunmak,
Kibirlenmek,
Bekçi ve av köpeği haricinde köpek beslemek,
Erkeklerin üzerlerinde altın kullanması,
Erkeğin kadına, kadının erkeğe benzemeye çalışması,
Alkol kullanmak, domuz eti ve ürünü kullanmak,
Gıybet, nemime, küfür ve iftiraya bulaşmak,
Kâfirlere benzemek,
Yalan yere yemin etmek,
Riyakârlık,
Kumar ve çeşitlerine bulaşmak,
Canlı insan resmi yapmak,
Dinden olan bir şeyle eğlenmek,
Kur'an'ı ihmal etmek...

Ölü İnsan Etinden Ziyafet!

Gıybete Sürükleyen Etkenler ve Gıybetin Psikolojisi

1- "Kul hakkı"nı eksik biliyoruz. Başkasının parasını, eşyasını izni olmadan almayı kul hakkı görürken aynı insanın kişilik ve şerefinin malından da değerli olduğunu unutuyoruz. Bir mü'minin şerefi, onuru malından da değerlidir. Birbirimize karşı malımızı koruduğumuz gibi iffet ve şerefimizi de korumak, kollamak zorundayız. Gıybet bir kul hakkıdır. Belki de helalliğinin elde edilmesinin güçlüğünden dolayı en ağır kul haklarındandır.

> "Ey İman Edenler!
> Zannın çoğundan kaçının.
> Çünkü zannın bir kısmı günahtır.
> Birbirinizin kusurunu araştırmayın.
> Biriniz diğerinize gıybet etmesin.
> Biriniz,
> ölmüş kardeşinin etini yemekten
> hoşlanır mı?
> İşte, bundan tiksindiniz.
> O hâlde Allah'tan korkun.
> Şüphesiz Allah,
> tevbeyi çok kabul edendir,
> çok esirgeyendir."
> (Hucurat, 12)

2- İmani kimliğimiz dikkate alındığında bizim için uygun olmayan seviyesiz gündemli meclislerde oturuyoruz. Kısır döngülü konuşmaların ağırlıkta olduğu akraba, ahbap sohbetlerinde gündeme hâkim olamayınca basit ve seviyesiz gündemin esiri oluyoruz. Gıybet etmesek bile edenlerle beraberliğimiz, bizi o vebalin ortağı yapıyor.

3- Kimliğimizi başkalarının üzerinden öne çıkarmak gibi bir hataya düşebiliyoruz.

4- İntikam ve kinimizi tatmin için ağzımızı açtığımızda, belki de hak sahibi iken hak ödeyecek bataklığa giriyoruz.

5- Sinirli ve gergin olduğumuz vakitlerde ne konuştuğumuzu murakabe edemiyor ve ölçüsüz konuşuyoruz. Abdest alıp sinirimizi yatıştırdıktan sonra konuşalım, muhakkak konuşacaksak!

6- Alay etmenin ve eğlenmenin, vakit geçirmenin ölçüsüzlüğüne kapılıp gidiyoruz. Eğlenirken düşmek istemediğimiz konumlara başka mü'min kardeşimizin düşmesine -en azından- sessiz kalarak cürüm işliyoruz.

7- "Ben demiyorum, diyen başkası!" gibi hiçbir haklılığı olmayan savunmalara güveniyoruz. Bir mecliste bulunmak, o meclisin vebaline ortak olmaktır. Ya kötülüğü menederiz ya da terk ederiz.

Gıybetçi Müslüman Olamayacağımıza Göre...

- Kendi ayıplarımızı düşünelim. Başkasının ayıplarını konuşmayı ayıp görmek zorundayız. Gıybet ederken veya gıybetçi bir mecliste otururken kendimizi orada gıybeti yapılan Müslüman'ın yerine koyalım.
- Ortama uyan Müslüman olamayız. Biz ortamı düzelten, iyiliği yayıp kötülüğü gideren kimliğimizi unutmayacağız. Kabir azabına neden olacak ve Müslüman kimliğimizi lekeleyecek, çoluk çocuğumuzun/dostlarımızın gözünde değerimizi düşürecek bir hatayı ebediyen bırakmak zorundayız.
- "Salihlerle beraber olmak" ilkesini unutmayalım. Etkilenmemek çok zor. Tedbir sahibi olmak gerek.

- Gıybetini yaptığımız Müslümanların helalliklerini talep etmeliyiz. Helallikten sonra da istiğfar edelim. Ahirete intikal etmiş haklar, altından kalkılamaz yüktür.
- Gıybete konu olan şeyin doğru olması haklı bir gerekçe değildir. Zaten gıybet, doğru olan şeyi konuşmaktır. Konuşulan şey doğru değil ise o bir "iftira"dır.
- Nefsi dizginlemenin yollarını geliştirmeliyiz.

Resûl ibnu Vehb diyor ki:

"Bir mü'minin gıybetini yaparsam bir gün oruç tutacağım, diye kendime ceza verdim. Art arda oruçlar gelmeye başlayınca zor oldu. Bu sefer dedim ki gıybet edersem bir dirhem sadaka vereceğim. Dirhemler gitmeye başlayınca gıybeti de bıraktım."

Hesaba Çekilmeden Önce Gıybet Hesabı

1) Gıybet önemli bir sorun mudur? Sorunsa önem seviyesi sizce nedir?

a) İnsanlar arasında dargınlıklara sebep olur.

b) Hem kul hakkına tecavüzdür hem de Allah'ın haramlarındandır.

c) Teşkilatlanmış sosyal bir yapıyı darmadağın edebilir.

d) İki halkı karşı karşıya getirerek savaşlara sebep olabilir.

2) Gıybetin çirkin ve seviyesiz olduğunu bildiğimiz hâlde niçin devamlı gıybet edebiliyoruz?

a) Alışkanlık olmuş, farkına varmadan oluyor.

b) Başka konuşacak bir şey bulamıyorum.

c) Oturup kalktıklarımı seçmememden kaynaklanıyor.

d) Başkalarını çekiştirerek tatmin oluyorum.

3) Sizce gıybet hangisine denk bir günahtır?

a) ₺1000 çalmak

b) Sünnet namazları kılmamak

c) Bir kimsenin malına zarar vermek

d) Hepsinden de büyük bir günahtır.

4) Aşağıdakilerden hangisi gıybet sözlerindendir?

a) Bizim bir arkadaş duymuş.

b) Kardeşim! Biz, olan şeyleri konuşuyoruz.

c) Gelsin, yüzüne de söylerim!

d) Hepsi

5) Gıybet edilen bir ortamda nasıl hareket edersiniz?

a) Bu arkadaşları uzun zamandır görmemiştik. (Muhabbete devam...)

b) Ortamı hızla terk ederim.

c) Sessizce otururum ama konuşmam.

d) Bir şekilde gıybet yapanları susturur, mutlaka konuyu değiştiririm.

6) Gıybetin önüne nasıl geçilebilir?

a) Evde yeni kurallar koyar, gıybeti de yasaklarım.

b) İyi insanlarla beraber olurum.

c) Kendime ceza keserim.

d) Gıybet edenleri boykot ederim.

7) Gıybet günahı nasıl affolunur?

a) Gece namazlarında gözyaşlarıyla tevbe ederek

b) Nafile oruçlara devam ederek.

c) Allah'tan istiğfar dileyip bol bol sadakada bulunarak

d) Etini yediğimiz insandan, bizi affedene kadar özür dileyerek

8) Gıybetinizi yapan bir kişi hakkında neler düşünürsünüz?

a) Çok yanlış tanımışım.

b) Kendisi bugüne kadar ne potlar kırdığını unutuyor galiba.

c) Zaten işe yaramaz bir adamdı.

d) Kendimi yokladıktan sonra gıybet haberi getiren adamı ikaz ederim.

9) Gıybetinizi yapıp bir süre sonra özür dilemek için gelen birine karşı tavrınız ne olur?

a) Mahşerde hesaplaşmak için onu affetmem.

b) Hakkımda ne konuştuğunu sorar, sonra düşünürüm.

c) Özründe samimi ise hakkımı helal eder, helallik istemesinden dolayı tebrik ederim.

d) Ne kadar yüzsüz bir insanla muhatap olduğumu düşünerek onunla ilişkilerimi keserim.

10) Gıybet etmeye başladığınız sırada bir arkadaşınız sizi ikaz etse tepkiniz ne olur?

a) "Biz olanları konuşuyoruz." diyerek sözlerime devam ederim.

b) Yüzüm kıpkırmızı olmuş bir hâlde konuşmamı keserim.

c) Beni ikaz edene teşekkür eder ve susarım, bu olay orada kalır.

d) Bir an önce gıybetini ettiğim şahsa ulaşarak gönlünü almaya çalışırım.

Peygamber Öğüdü

Esma binti Yezid, Resûlullah sallallahu aleyhi ve sellemin şöyle buyurduğunu söylemiştir:

"Kim bir mü'min kardeşinin gıybeti yapılırken gıybeti engelleyerek onu korursa Allah da kıyamet günü onun yüzünü ateşten korur."

(Ahmed, 26327)

Borç Tuzaktır!

Mükemmel Değiliz

Tek başına kalınca aklımız bize yetmiyor, diğer insanların aklından yararlanmaya mecbur kalıyoruz. Bizden öncekilerin birikiminin üzerinde akıl yürütüyoruz. Bedenimiz kaldırmak istediğimiz her yükü kaldıramıyor; başka bedenlerin desteğine ihtiyaç duyuyor. Mala olan ihtiyacımızı da istediğimiz zamanda ve istediğimiz kadar karşılayamıyoruz. İhtiyaçlarımızı yok sayıp ezilmekle dışımızdakilerin desteğini alarak ayakta kalma arasında tercih yapma durumunda hissediyoruz kendimizi.

Başkalarından akıl almak kimi zaman kolaydır. Kaldıramadığımız ağırlığı da kaldırmaya yardım eden kâh bulunur kâh bulunmaz. Ama kimseden mal almak mümkün değildir. Mal, her insanın canının yongasıdır. İnsanlardaki mal bağımlılığını aşmaya çoğu durumlarda evlatlık, ebeveynlik ilişkisi bile yetmez. Ne evlat babaya ne de baba evlada hesapsız kitapsız durabilir. İstisnası vardır şüphesiz ama nerede?

Mal ne atılır ne alınır. Olmasa olmaz, olsa rahat koymaz. Mal, kendinden başka bir değerle alınıp verilmiyor. İnsan ise muhtaç! Olanı da olmayanı da! Elde olmayana, iradeyi kullanarak ve yüzsuyu dökmeden meşru yolla sahip olmanın tek yolu borçtur. Borç, bu yüzden insan kadar eski ve köklüdür. İnsan nerede ise borcun şu veya bu çeşidi de orada demektir.

Adının borç olarak telaffuz edilmemesi, kredi olması, destek olması bir şey değiştirmez.

Borcun Bir de Din Tarafı Vardır

İnsanı başıboş bırakmayan, gece ve gündüz hayatının tamamını irşat eden İslam'ın, borç konusunu Şeriatsız, kendi iradesi doğrultusunda bırakması da düşünülemez. Aksine borç alıp vermeyi Kur'an'ın konuları arasında zikretmiştir. Kur'an'ın en uzun ayeti borçlar hakkındadır. Peygamber aleyhisselam efendimizin hayatında önemli bir yer tutmuş olan borç hakkındaki sözleri, kendisinin alıp verdiği borçlar bize kadar ulaşmıştır. Tabii olarak Müslüman için bir borç ahlakı ve fıkhı oluşmuştur. Hayatın ayrılmaz bir gereği olan borcu, hayatı şemsiyesi altına almış bulunan İslam'a göre uygulamak hem beşerî bir ihtiyacı tatmin etmek hem de din dairesinde iş görüldüğü için ahiret kazancı elde etmektir.

Ters taraftan bakıldığında İslam'ın kurallarına itibar etmeden alınıp verilen bir borç, ne dünyevi menfaati ne de uhrevi mesuliyeti temin edilememiş bir eyleme dönüşür. İslam'a göre olmak her durumda kazanmaktır. Bir an ondan kopmak ise kaybetmektir. Özellikle ekonomik konularda, Asr-ı Saadet'ten uzaklaşıldıkça takva da zayıflamakta ve haram-helallikten ziyade menfaate uygunluğa itibar edilmektedir.

Kul hakkının örtülüp unutturulabilir olarak görülmesi ve bu görüşün gitgide derinleşmesi oldukça düşündürücüdür. Borç alıp vermenin getirdiği en önemli hukuki boyut, kul hakkı boyutudur. Yarın kul hakkından sorumlu olacağını hatta o haktan sıyrılamayanların amellerini bir bir hak sahiplerinin helalliğine feda edeceklerini bilmeleri çok önemli bir bilgi olarak dikkat çekmektedir. Borçtan türeyen sorunlar, bir kul hakkı sorunudur. Hâlledilememiş kul hakkı sorunları, hasenattan başka geçer akçenin bulunmadığı zamana intikal etmektedir.

Abdullah bin Ömer radıyallahu anh, Resûlullah sallallahu aleyhi ve sellemin şöyle buyurduğunu rivayet etmiştir:
"İnsanların Allah katındaki en sevgilisi onlara en yararlı olanıdır. Allah'ın en çok sevdiği iş; Müslüman'a verdiğin bir sevinç, onun bir sıkıntısını gidermen, borcunu ödemen, açlığını gidermendir. Müslüman kardeşimin bir işini görmem için yürümem, mescitte bir ay itikâfa girmemden daha çok hoşuma gider."

Borç, Kul Hakkıdır

Kul hakkının hesabı, Allah'ın hakkının hesabından zordur. Allah'ın hakkındaki müsamaha, kul hakkında gösterilmez. Allah'ın hakkı tevbe ile kapanabilir, kul hakkı ise ancak ödeme ile kapanır. Yapılan ibadetler bu dünya hayatında kul haklarına karşı hesaptan düşülmüyor.

Ama kıyamet gününde o ibadetlerden kul hakları ödenecek ve ibadetleriyle mahşere gelen eli boş kalacaktır. Allah, kullarının haklarını kendi himayesine almıştır. Peygamber aleyhisselam efendimiz buyurdular ki:

"Müslüman bir insanın malı ancak kendi rızası ile başkasına helal olabilir." (Şuabu'l-İman 5105)

"Sana emanet verenin emanetini geri ver. Sana hıyanet edene hıyanet etme." (Ebu Davud, Büyû' 79/3535)

"Kimin, birisinde şerefiyle veya başka bir şeyle ilgili bir hakkı varsa altın ve gümüşün bulunmadığı gün gelmeden bugün onunla helalleşsin. O zaman, salih amellerinden hakkı kadar alınıp diğerine verilecektir. Eğer salih ameli yoksa diğerinin günahlarından ona yüklenecektir." (Buharî, Mezalim 10/2449)

Allah, iyi niyetli kuluna yardım eder. Niyetlerin iyi mi kötü mü olduğunu ise sadece O bilir. Mü'minin Allah'ın yardımına ermesi ile o büyük yardımdan mahrum kalması arasında ne büyük fark vardır! O'nun yardımını görenin işi yürür, sıkıntılar önünde eriyip gitmez. Duası kabul edilir. Kendisi ve malı afetlerden korunur. Az kazanır, çok bereket görür. Evinde, işinde huzurlu olur. Malı, başına bela olmaz.

Peygamber aleyhisselam efendimiz buyurdular ki:

"Ödemek niyetiyle insanlardan mal alana Allah geri vermede yardım eder. Kim de harcamak niyetiyle alırsa Allah da onu harcar." (Buharî, İstikraz 2/2387)

"Allah borçluyla beraberdir. Yeter ki borcu, Allah'ın hoşlanmadığı bir şeyde olmasın." (İbni Mâce, Sadakât 10/2409)

Bu iyi niyeti başka bir açıdan örneklendiren bir hadisi şerif şöyledir:

"Bir erkek bir kadınla, -aslında içinden ödemeye niyeti olmadığı hâlde- şu kadar veya bu kadar bir mehir söz verip de kadının hakkını ödemeden ölürse kıyamet günü Allah'a zinacı olarak kavuşur. Kim de ödemeye niyeti olmadığı bir borca girerek mal sahibini aldatır ve ödemeden ölürse Allah'a hırsız olarak kavuşur." (Taberanî, Mu'cemü'l-Kebir, 7148)

Müslümanların birbirlerine karşı güvensiz olmaları sonucunu doğuran borca vefasızlık, emanete hıyanet, başkalarının malını kendi malın gibi rahat kullanma basit, ferdî bir suç değildir.

Müslümanlığı sadece camide namaz kılmak olarak görmek yerine, yaşadığımız sürece İslam'ı hayata hâkim kılma anlayışında olmalıyız. Zira camide cenazesi kılınacak bir Müslüman'ın ancak mahallesindeki insanlara borcu olmadan musallaya getirilmesinin istendiğini görüyoruz. Malla namazı ayıran anlayış başka; malı namazla, namazı da malla iç içe koyan anlayış başka.

İş Ciddi!

Vasiyet yazılmış olsa bile yine de ölen bir Müslüman'ın varisleri, bilhassa evladı, cenaze defni ile meşgul olmadan önce babalarının, üzerinde alacağı olma ihtimali olanlarla bağlantı kurup babalarının cesedinin soğumasını sağlamaları gerekir. Bu uygulama, garip görülse bile ateşten kurtulmaya daha yakın bir uygulamadır.

Borçlu, Ölse Bile Kurtulmuyor!

Başkalarının malıyla yaşamak isteyen, öbür taraftan da Müslümanlık iddiasını sürdürenler için mühim bir uyarı... Muhammed bin Abdillah bin Cahş anlatıyor:

Cenazenin bulunduğu bir yerde Resûlullah sallallahu aleyhi ve sellem oturuyordu. Başını göğe doğru kaldırdı, sonra gözünü kapattı. Ardından elini alnına koydu. Dedi ki:

"Sübhanellah! Sübhanellah! Ne büyük zorluk indirildi." Durumu anlayıp sustuk. Ertesi gün olunca inen zorluğun ne olduğunu sorduk kendisine. Dedi ki:

"Borç hakkında indi. Canımı elinde tutan Allah'a yemin ederim ki bir adam Allah yolunda şehit olsa, sonra dirilip tekrar şehit olsa, tekrar dirilip tekrar şehit olsa, eğer borcu varsa o borcu ödenmeden cennete giremez."

(Nesaî, Taberani, Hakim)

Cabir radıyallahu anh anlatıyor:

-Bir adam ölmüştü. Onu yıkayıp kefenledik. Namazını kılması için onu Resûlullah sallallahu aleyhi ve selleme getirdik. "Kılacak mısınız?" dedik. İki adım ilerledi. "Borcu var mıydı?" dedi. "İki dinar borcu vardı." dedik. Namazını kılmadı. Ebu Katade "İki dinar borcunu üstleniyorum ya Resûlellah." dedi. O da namazını kıldırdı.

Ondan sonra Resûlullah sallallahu aleyhi ve sellem, Ebu Katade'yi gördüğünde "İki dinar ne oldu?" diye sordu. O da "Daha yeni öldü." diye cevap verdi.

Bir defasında görünce yine sormuştu. Ebu Katade "İki dinarı ödedim." dedi. O zaman Resûlullah sallallahu aleyhi ve sellem şöyle buyurdu: "Şimdi derisi soğudu!" (Ahmed, 14009)

Herkes Bilsin!

"Şehidin her günahı bağışlanır, borç hariç." (Müslim, İmare 32/4860)

"Mü'min, üzerinde borç bulundukça nefsi askıdadır." (Tirmizî, Cenaiz 76/1078)

Bu Ümmet'in fitnesi mal üzerindendir. Peygamber aleyhisselam efendimiz buyurdular ki:

"Her ümmetin bir fitnesi vardır. Benim ümmetimin fitnesi de maldır." (Ahmed, 16826)

Semure bin Cündüb radıyallahu anh diyor ki:

-Resûlullah sallallahu aleyhi ve sellem bize konuşma yapıyordu. "Filan sülaleden kimse var mı burada?" diye sordu. Kimse cevap vermedi. Aynı soruyu tekrar sordu, kimse cevap vermedi. Üçüncü defa sorunca oradakilerden biri "Ben varım ya Resûlellah!" dedi. Ona dedi ki:

"Neden ilk iki sorumda bana cevap vermedin? Ben sizin için hayırdan başka bir şey konuşmam ki." Sonra da şöyle buyurdu:

"Sizin sülaleden ölen filanca kişi, borcundan dolayı cennetin kapısında bekletiliyor, bilin!" (Mu'cemu'l-Kebir, 6611)

Şehidi cennetten alıkoyan, mü'minin ibadet ve hasenatını rehin bırakan borç büyük bir tehlikedir. Bu tehlikeye karşı mü'min bir insanın şu kurallara dikkat etmesi, onun kurtuluşuna vesile olur:

1- Borç, zarurete binaen alınmalıdır. Herkes harcamalarını geliri ile orantılı yapmalıdır. Elde ve hesapta olmayan gelişmeler, borç almaya sevk edebilir. O zaman borç, gayet tabii olarak başvurulabilir bir yoldur. Lüks tüketim uğruna, yaşam standardını yükseltme amaçlı borç doğru değildir. O muhteşem kişiliğine rağmen borçtan korkan Peygamber'imizi örnek almaya ne denli muhtacız!

Borç altına giren, ödeyebileceği bir borcu imzalamalıdır. Ödeme durumunu, karşı tarafa açık bir dille belirtmelidir.

2- Aile reisleri borca girmemeyi ilke edindikleri gibi ailenin diğer fertleri de ev reisinin borca kaymasına vesile olacak nedenler üretmemeli, böylece ev reisine yardımcı olmalıdırlar.

3- Cenaze namazlarından sonra namaz kıldıran görevlilerin yaptığı "Haklarınızı helal edin." şeklindeki uyarının ciddiyeti yoktur. Böyle bir şey bir anlamda "Dostlar alışverişte görsün!" işidir. Çünkü her şeyden önce namazın kılınıp kılınmamasındaki incelik, hakların ödenmiş olmasındadır. Hak-hukuku bitmiş birisinin namazı kılınmalıdır. Bu da helalliğin namazdan önce olmasını gerektirir.

İkinci bir husus ise cenazeye katılanlar arasında bir hak talebinde bulunanın olması zayıf bir ihtimaldir. Yıllarca şu veya bu yolla insanlarla alışveriş yapmış ve bugünkü şartlarla dünyanın bir ucundan öbür ucuna bir saat içinde büyük meblağların aktarıldığı ticaret ortamının hakim olduğu bir dünyada, mahalle camisinde kılınan bir cenaze namazı, hak sahiplerinin tamamının bulunabileceği bir yer değildir. Bu nedenle, alacak ve vereceği olanlar Sünnet'e ittiba edip vasiyetlerini yazılı bulundurmalıdırlar. Ashabı kiram, vasiyetsiz iki gece uyumazlardı.

4- Borcu teşvik eden en büyük nedenler arasında israf, kör taklit ve gerekli gereksiz harcamalar, reklamdan etkilenme, yaşam tarzını gayriislami ortamlardan kopyalama gibi nedenler önemli yer tutmaktadır. Yaşadığımız zamanda bankaların ve ticaret merkezlerinin bin bir hileyle insanları borç tuzağına düşürüp elleri kolları bağlı hâle getirmeleri iyi bir şeytan tuzağıdır. Mümin, şeytanın tuzaklarına karşı uyanık olmalıdır.

5- İslami bir harcamada şu kurallar uygulanır:

a- Önce zarurilere harcama yapılır.

b- Sonra ihtiyaçlara harcanır.

c- Ondan sonra da daha iyi olmayı sağlayacak alanlara harcama yapılır.

Bu alanlardan bir öncekini aşıp diğerine harcama yapmak uygun görülmez.

6- İlla borç altına girilecekse veren ve alan için rahatlık olacak şekilde güvence sunulmalıdır. Resmî bir evrak oluşturulması, kefil veya rehin alınması, şahit gösterilmesi gayet normal görülmelidir. Kur'an'ın işareti bu yöndedir.

7- Borç ilişkisinde akrabalık, itimat unsuru olarak kullanılmamalıdır. En yakın akraba da dâhil olmak üzere yabancıya nasıl borç veriliyorsa öyle vermek gerekir. Belki ebeveyn bunun dışında tutulabilir. Bilhassa kardeşler, aralarındaki borçları belgelemelidirler ki kendilerinden sonrakilere sorun bırakmasınlar.

8- Zenginler, Müslüman kardeşlerine borç vermek zorunda değildirler. Borç vermek bir fazilet ve takva seviyesidir. Borç veren Müslüman'ı Kur'an övmüştür.

9- Zenginin daha önceden bir fakirde oluşan alacağını zekâta sayması caiz değildir.

10- Borcunu ödemeyi geciktirenin, ödeme imkânı olup da ödemeyi geciktirmesi bir zulümdür. Borcunu geciktiren zalimdir. Tam bir kul hakkı irtikâbı içindedir. Diğer ibadetleri eda etmiş olması, onun iyi Müslümanlığına delalet etmez. Şehit olarak ölse dahi cennete girmesi söz konusu değildir. O borç bir yolla ödenecek, ondan sonra cennete girecektir. Başkalarının malı köy merası değildir. Zinadan, kumardan kaçar gibi borcun üzerine yatmaktan da kaçmak zorundayız.

11- Borcunu gerçekten ödeyemeyecek durumdaki bir Müslüman'a borç ertelemesinde bulunmak, Kur'an'da övülen, hadislerde methedilen işlerden biridir. Peygamber aleyhisselam efendimiz şöyle buyurdular:

"Ticaretle uğraşan biri insanlara borç verirdi. Borcunu ödeyemeyen biri geldiğinde elemanına 'Bunun borcunu boş verin. Belki Allah da bizi affeder.' derdi. Gerçekten de Allah onu affetti." (Buharî, Büyû' 18/2078)

"Zorda olan birindeki alacağını erteleyen veya tamamen sileni, hiçbir gölgenin bulunmadığı günde Allah, kendi gölgesinde gölgelendirecektir." (Müslim, Zühd 18/7437)

Sahabeden Ebu Katade radıyallahu anh bir borçlusunu arıyor, o da ondan gizleniyordu. Sonunda onu bir yerde gördü. Adam "Zordayım." dedi. Ebu Katade şöyle dedi:

-Aman Allah'ım! Resûlullah sallallahu aleyhi ve sellemi şöyle buyururken işitmiştim:

"Kimi, Allah'ın kıyamet sıkıntılarından kurtarması mutlu ediyorsa zordaki birinin borcunu ertelesin veya kaldırsın." (İbni Mâce, Sadakât 14/2419)

12- Borç, altın ve gümüş üzerinde hassas bir konudur. Altın ve gümüşü satın alıp borca yazmak haramdır. Eğer satılan altın ve gümüş ise alışveriş nakit olmalıdır.

13- Borcun geciken veya gecikecek zamanını telafi için üzerine ilave yapılması faizdir.

14- Çocukların, anne-babalarının borçlarını ödemeleri bilhassa onların ölümünden sonra evlatlığın en önemli gereklerindendir.

15- Borç zilletine düşmeden yaşamak veya borçlu iken borçtan kurtulmak için tavsiye edilen İslami öğütler şunlardır:

a- Bir miktar birikim sahibi olmak gerekir. Bu birikim, acil bir durumda Müslümanların kapısını çalmak ve yüzsuyu dökmekten alıkoyacak kadar olmalıdır.

b- Sünnet olan, ölçülü ve ekonomik yaşamaktır. "Harcamada dengeli olmak, yaşamanın yarısıdır." şeklinde hadis vardır.

c- Manevi yönden boş kalmamak, zikir ve istiğfarla Allah'ın yardımını talep etmek gerekir. Bilhassa varlık içinde yokluk olarak adlandırılabilecek bereketsizliğin ana nedeni günahlardır. İnsanlık bugün, tarihin hiçbir döneminde olmadığı kadar bolluk ve imkânlar içinde yaşamaktadır. Ulaşımdan değirmene kadar her şey rahat ve çabuk oldu. Dünya küçüldü. Ekmek kolay pişiyor, ekmeği mayalamak bile kolaylaştı. Ama yediklerimiz dert üretiyor.

Malımız karnımızı doyuruyor, gözümüzün açlığını kabartıyor. Ne mal sevdasıdır ki çoluk çocuk için kazandığımızı söylesek de onu çocuklarımızdan sakınıyoruz. Mal, uykusuz bırakıyor; huzursuz ediyor. İşte, manevi eksikliğin en iyi hissedileceği ortam, bu ortamdır. Duamız her zaman önemliydi. Şimdi bir kat daha önemli oldu.

Resûlullah sallallahu aleyhi ve sellem bir gün mescide girdi. Ensardan Ebu Ümame denen birini gördü. Ona şöyle dedi:

"Eba Ümame, namaz vakti olmadığı hâlde seni mescitte otururken görüyorum. Neyin var?" O da:

"Dertlerim bastırdı, borç sıkıştırdı ya Resûlellah." dedi. Ona dedi ki:

"Sana, söylediğin takdirde Allah'ın dertlerini gidereceği, borcunu ödeyeceği bir söz öğreteyim mi?" O da:

"Elbette. Buyur, söyle ya Resûlellah." dedi. Ona şunu öğretti:

"Sabah ve akşam şöyle dua et:

Allah'ım! Kederden, üzüntüden sana sığınırım. Acizlikten ve tembellikten sana sığınırım. Korkaklıktan ve cimrilikten sana sığınırım. Borç altında kalmaktan, insanların baskısından sana sığınırım."

Durum Tespiti

Borcun ciddiye alınmaması ve iyi niyetlerin, dinî duyguların kötüye kullanılması ile dara düşen bir Müslüman'ın durumuna destek verilmesi arasında önemli bir çizgi vardır. Bu çizginin korunması maalesef oldukça zorlaşmıştır.
"Zorda olmak" gitgide gülünç anlamlara kaymaktadır. Daha lüks bir araca, daha geniş bir eve yatırım yaptığı için borcunu ödeyemeyen insanlar, gerçekten sadakaya muhtaç olup da borç bile bulamayan, toplumda itimadı sarsıldığı için kimsenin yüzüne bakamayan zavallıların önünü tıkamış olmaktadırlar.
Borç vermeyi büyük bir ibadet sayan dinimizin, o dine inananlar tarafından sulandırılması, düşman saldırısından aşağı kalır bir zarar değildir. Borç, namaz ve sadaka gibi bir ibadettir. Camideki görevliye küsüp namaza gitmemenin izah edilebilir yönü olmadığı gibi "Daha önce filanca, borcunu ödemedi." diye borç vermeye karşı soğuk durmak da yanlıştır.

Ne yapıp edip bizim hatalarımızı dinimize ödetmemeye çalışalım.

Ebu Ümame "Dediği gibi yaptım ve sıkıntılarım gitti, borçlarım da ödendi." dedi. (Ebu Davud, Vitr 31/1555)

O Vadi Nere, Bu Vadi Nere?

Ebu Said el-Hudri radıyallahu anh rivayet ediyor:

-Bir bedevi, Peygamber aleyhisselama gelip alacağını istedi. İleri geri konuşmaya başladı. "Almadan gitmem." dedi. Ashabı kiram adamı azarladı.

"Yazık sana, kiminle konuştuğunu biliyor musun?" dediler ona. O da:

"Ben hakkımı istiyorum." dedi. Peygamber aleyhisselam:

"Hak sahibinden yana olsanıza!" dedi. Sonra da Havle binti Kays'a haber gönderip:

"Bizimkiler gelinceye kadar bize borç hurma verir misin?" dedi. O da:

"Elbette veririm ya Resûlellah! Sana anam, babam feda olsun." diye cevap gönderdi. Borç aldığı şeylerden bedevinin borcunu verdi. Bir de ona yemek ikram etti. Adam:

"Bana hakkımı verdin. Allah da sana versin." dedi. Peygamber aleyhisselam şöyle buyurdu:

"Bunlar insanların iyileridir. Zavallıların, zorluk çekmeden haklarını alamadığı bir ümmet mübarek değildir." (İbni Mâce, Sadakât 17/2426)

Bu Âlem Bunu da Gördü!

Ebu Hureyre radıyallahu anh, Resûlullah sallallahu aleyhi ve sellemin şöyle anlattığını rivayet etmiştir:

İsrailoğulları'ndan bir kişi, birinden bin dinar borç istedi.

O da:

"Bana şahitler getir de şahit tutayım." dedi. O ise:

"Benim şahidim Allah'tır." dedi.

"Kefil getir." dedi.

'"Kefilim Allah'tır." dedi. Adam:

"Doğru söylüyorsun." dedi. İstediği bin dinarı muayyen bir günde ödemek için ona verdi. Borç alan, işini görmek için denize açıldı. İşini gördü. Geri döndüğünde ödeme günü de gelmişti. Alacaklıya gidebilmek için gemi aradı. Gemi yoktu. Sahilde bir kütük buldu. İçini yarıp bin dinarı bir yazıyla beraber onun içine koydu. İyice bağladı. O kütüğü denize atıp şöyle dedi:

"Allah'ım. Filancadan bin dinar borç aldığımı biliyorsun. Benden kefil istedi, seni gösterdim. Razı oldu. Şahit istedi, seni gösterdim. Razı oldu. Şimdi ona gitmek için gemi aradım, bulamadım. Bunu sana emanet ediyorum." Sonra da evine döndü.

Öbür adam da alacağı için sahilde gemiyi beklemeye başlamıştı. Gemi gelmedi. Eve boş dönmemek için sahilde gördüğü bir kütüğü aldı. Eve bunu götürüp odun yapayım, diye düşündü. Kütüğü yarınca içindeki bin dinarı ve yazıyı buldu.

Borçlu, başka bir zaman bulduğu bir gemiyle o adama gitti. Bin dinarı uzattı. Adam dedi ki:

"Senin kefil, borcunu ödemişti." (Buharî, Kelale 1/2291)

Kur'an'ımızdan Öğüt

"Ey İman Edenler! Birbirinizden belirli bir vade ile borç

aldığınızda aranızda doğrulukla tanınmış bir kişi onu yazsın. Yazıyı yazan da Allah'ın kendisine öğrettiği gibi yazmaktan kaçınmasın. Bir de borçlu adam söyleyip yazdırsın, her biri Allah'tan korksun ve haktan bir şey eksiltmesin.

Eğer borçlu, aklı ermeyen biri yahut küçük veya kendisi söyleyip yazdıramayacak durumda ise borçlunun velisi onu dosdoğru söyleyip yazdırsın.

Erkeklerinizden iki şahit gösterin. Eğer her ikisi de erkek olamıyorsa o zaman doğruluğuna güvendiğiniz bir erkekle iki kadın şahit olsun ki biri unutunca diğeri hatırlatsın. Şahitler de çağrıldıklarında kaçınmasınlar.

Siz yazanlar da az olsun, çok olsun onu vadesine kadar yazmaktan üşenmeyin. Bu, Allah yanında adalete en uygun davranış olduğu gibi şahitlik için daha sağlam ve şüpheye düşmemeniz için daha elverişlidir. Ancak aranızda peşin devrettiğiniz bir ticaretse o zaman bunu yazmamanızda size bir sakınca yoktur.

Alışveriş yaptığınızda da şahitlik edene zarar verilmesin. Eğer zarar verirseniz bu mutlaka kendinize dokunacak bir günah olur. Allah'tan korkun! Allah size ilim öğretiyor ve Allah her şeyi bilir.

Eğer yolculukta iseniz ve bir yazıcı da bulamazsanız alınan rehinler yeterlidir. Birbirinize güveniyorsanız kendisine inanılan kişi, Allah'tan korkup üzerindeki emaneti ödesin. Bir de şahitliği gizlemeyin. Onu kim gizlerse kesinlikle kalbi vebal içindedir. Allah, bütün yaptıklarınızı bilir." (Bakara, 282-283)

Belasavar

Mal, canın yongasıdır. Onun için tatlıdır. Çok tatlıdır. Canın yongasıdır, kimi gün yongadan daha caziptir. Mal, araçken amaç olur. Yaşamak için gerekli iken onun için yaşanır olur. Sevimlidir. "Ölmemek için mala gerek var." denir, mal için ölünür. Mal vermek zordur. Almaktan ve tutmaktan zordur.

Mal, cazip olduğu için imtihan vesilesidir. Değeri olmasaydı, verilmesi kolay olsaydı imtihan olmazdı. Onun için Kur'an, Allah için yapılacak işleri zikrederken, yolunda can vermekten söz ettiği gibi mal vermekten de söz etmiştir. Onu bir fitne olarak önümüze koymuştur. İyi kullarını belirlerken mal sınavından nasıl geçtiklerine bakarak onları belirlemiştir.

Malı yaratan Allah'tır. İnsanı da yaratan Allah'tır. İnsanı malla imtihan etmeyi dileyen de Allah'tır. İmtihanın türünü ve zamanını belirleyen de O'dur. İnsanı yaratıyor, ona mal hırsı veriyor, çalışıp mal edinecek fırsatlar veriyor. Sonra da "Verdiğimden ver." diye emrediyor. Vermemizi istediğini de iki türlü yaparak imtihan içinde bir imtihan daha yapıyor.

Allah, vermemizi istediği şeylerin bir bölümünü farzlardan biri yapmış. Namazdan sonra en önemli temel olarak göstermiş. Müslüman da Rabb'ine itaat etmiş olmak için o emri yerine getirmiş. Buna "zekât" deniyor. Sonra da farz olan zekâtın dışında, ölçüsünü ve zamanını belirlemediği, tavsiye gibi duran ama O'nun rızasını kazandırdığı apaçık olan bir emri daha geliyor: "Sadaka verin." diyor.

Vermek bir imtihan. Vereceğini, emir doğrultusunda vermek ve serbest bırakılınca vermek başka bir imtihan. Biri itaat ölçümünün imtihanı, diğeri de sevginin ve beklentinin imtihanı.

Rabb'inin, her iyiliğin karşılığını keremi ile vereceğinden tereddüdü olmayan bir Müslüman'ın verdiği sadakada alırken yaşadığı haz vardır. Verdiğinden ötürü eksilme korkusu değil bereket umudu taşır. "Bunu al ya Resûlellah!" diyenlerin hazzı o hazdı. Vermeyi fakirlik olarak görmediler. "Allah'ın katındaki daha hayırlıdır." derken samimiydiler. Alanı Allah Teâlâ olduktan sonra vermek nasıl kazanç olmaz?

Farz olan zekât, elbette cehennemden kurtuluşun yatırımıdır. Onun bedeli ateşten kurtuluştur. Farz olmayan sadaka türleri ise cennete yatırımdır. Kula verip kulun Rabb'inden almaktır sadaka verme. "Kul unutsa, bilmese bile kulun Rabb'i biliyor." rahatlığı içinde olmaktır.

Sadaka bir zenginliktir. Gönül zenginliğinin varlığını gösterir. Allah'ın kulunu aç, açık bırakmayacağına güvenmenin adıdır o. Hele kuralına uygun yapılan ve ihlas sıkıntısı çekilmeyen bir sadaka ne büyük zenginliktir. Ne büyük yatırımdır sadaka. Gölgeli günlerde verip karşılığını hiçbir gölgenin bulunmadığı günde almak ne büyük kazançtır. Bir verip hesapsız, kitapsız almak ne muazzam bir ticarettir.

Alanı bu filan veya öbür filan da olsa Allah'a vermek ne güzel, ne hoş. Sadakanın belaları savan özelliği ise can simidi gibi.

Şu Duaya Bak!

Ebu Hureyre radıyallahu anhın rivayet ettiğine göre Resûlullah sallallahu aleyhi ve sellem şöyle buyurdu:

"İnsanların sabahladığı her gün iki melek iner ve biri şöyle der: 'Allah'ım! Veren kuluna gerisini ver.' Diğeri de şöyle der: 'Vermeyen kulununkini telef et."

(Müslim, Zekât 17/2333; Buharî, 1442)

Sadaka İbadettir

Namazın nasıl farz olanı ve nafile olanı varsa sadakanın da farz olanı ve nafile olanı vardır. Farz bölümü yapan, sorumluluğunu kaldırmış olur. Nafileyi yapan ise Allah'a yakın olur. Sadaka da diğer nafile ibadetler gibi Allah'a yaklaştırır. Ancak sadakanın namaz ve tesbihat gibi ibadetlerden farklı bir yönü vardır.

İşte, Gerçek!

Resûlullah sallallahu aleyhi ve sellem buyurdular ki:

"Âdemoğlu 'malım, malım' der. Hâlbuki senin malından; yiyip bitirdiğin, giyip eskittiğin veya sadaka verip bıraktığından başkası yoktur."

(Müslim, Zühd 1/7346)

Sadakanın ham maddesi genellikle maldır. Mal ise insan için caziptir. Bu nedenle sabaha kadar namaz kılabilen ama sabah namazında bir yetimin ekmeğini almaya yanaşmayan insan görmek mümkündür. İhtiyaç hissedildiğinde sadaka, dini ayakta tutan en önemli nafilelerden biri hâlini alır.

Tebük gazvesi ordusu nafile olan sadakalarla kuruldu. Kur'an, medreselere sadaka infak edenlerin himmetiyle yeryüzüne yayıldı. Sadaka bir ibadettir. Uykuyu bölüp sabah namazına kalkmak hatta daha önceden teheccüde kalkmak gibi bir ibadettir. Kolay değildir. Her kula müyesser olmayabilir.

Kime müyesser olduysa o şükretmelidir. Bir kere umre yapan nasıl şükrediyorsa, kurban kesmek kendisine nasip olan nasıl şükrediyorsa sadaka ehli olan da şükretmeli ve tekrarını, daha fazlasını Rabb'inden dilemelidir.

Verebilmek, Allah'tan başkasından karşılık ummadan verebilmek kaç kula nasip olmaktadır? Veremeyenler, ellerinde bulunmadığı için veremiyor değillerdir. Vermek onlara nasip olmadığından veremiyorlardır. Çünkü sadaka; mal olmadan, para-pul olmadan da yapılabilir bir ibadettir. Sadaka nasip meselesidir. Kime nasip olduysa o şükretsin, fazlasını yapmayı Allah'tan dilesin. Hac gibi, zekât gibi, Ramazan orucu gibi sadakaya eren de sevinsin. Yarınki karşılığı için şimdiden mutlu olsun.

Sadaka ibadettir. İbadet olduğu için diğer ibadetler gibi ahkâmı, bozanı, dağıtanı vardır. Allah Teâlâ, Bakara suresinin 264. ayetinde sadakadan söz ederken, namazın inceliklerinden söz eder gibi sadakanın ayrıntılarından söz ediyor. "Verdim, bitti." demenin ötesinde bir ciddiyetten ve sonuçtan söz ediyor:

"Ey İman Edenler!

Allah'a ve ahiret gününe iman etmediği hâlde malını gösteriş için harcayan kimse gibi başa kakarak ve inciterek verdiğiniz sadakaları boşa çıkarmayın. Böylesinin durumu, üzerinde biraz toprak bulunan düz kayaya benzer ki sağanak bir yağmur isabet etmiş de onu çıplak düz kaya hâline getirivermiştir. Bunlar, yaptıkları iyilikten hiçbir şey elde edemezler."

Resûlullah sallallahu aleyhi ve sellem de Ebu Hureyre radıyallahu anhın rivayet ettiği bir hadiste sadaka kurallarından şöyle söz etmektedir:

"Üst el, alt elden hayırlıdır. Sorumlu olduklarından başla. En iyi sadaka, insanın görevlerini bitirdikten sonraki sadakasıdır. Kim iffetli olmak isterse Allah onu iffetli kılar. Kim gönlünü zengin tutarsa Allah onu zenginleştirir." (Buharî, Zekât 18/1427)

Resûlullah aleyhisselam, Arş'ın gölgesinde gölgelenecek yedi sınıf insanı bildirirken de sağ elinin verdiği sadakayı sol elinin bilmediği Müslüman'ı bildirerek bir başka ayrıntıya da dikkatimizi çekmişti.

Soru:
Sadaka Sevabı Neden Böyle Büyüktür?

Çünkü mal çıkarmak ve insan sevindirmek iki zor iştir. İnsanın sevinip memnun olması kolay olmadığı gibi alın teri ve eziyetle elde edilmiş bir malı dünyalık hiçbir beklenti olmadan verebilmek de kolay değildir. Bir iş zorlaştıkça ecri de büyümektedir. Genç bir insanın iki rekât namaz kılmasıyla ihtiyar bir insanın iki rekât namaz kılması aynı olmadığı için ihtiyarın eğile büküle kıldığı iki rekât namazın ecri farklıdır. Sadakada buna benzer iki yön vardır:

Birinci yön, kendin için meşakkatlerle biriktirdiğinden hiçbir zorlama olmadan, gönül rızasıyla çıkarıp verirken, en zor yapılan şeylerden birini severek yapıyorsun.

Diğer yönden de Allah'ın kullarından birini sevindiriyorsun. Bir kulu sevindirmek en büyük ecir kaynaklarından biridir.

Sadaka Müjdeleri

"Sadaka Rabb'in gazabını söndürür. Kötü ölümü engeller." (Tirmizî, Zekât 28/664)

"İnsanın her mafsalı için güneşin doğduğu gün bir sadaka gerekir. İki kişinin arasını düzeltmen sadakadır. Eşyasını bineğine koyması için bir insana yardım etmen veya eşyasını ona uzatman sadakadır. Güzel söz sadakadır. Namaz için yürüdüğün her adım sadakadır. Yoldan eziyet verecek bir şeyi alman sadakadır." (Buharî, Cihad 128/2989)

"Fakire verilen sadakadır. Akrabaya verdiğin zaman o iki olur: Biri sadaka, diğeri de sılayı rahim." (Mu'cemu'l-Kebir, 6084)

"İyilik adına hiçbir şeyi küçük görme, kardeşinin yüzüne tebessüm etmek bile olsa!" (Müslim, Birr 43/2626)

"Bir adam bir sahrada iken üzerindeki buluttan 'Filanın bahçesini sula.' diye bir ses işitti. Bulut, suyu bir kayalığa boşalttı. Sel yollarından biri o suyu akıtmaya başladı. Adam suyu izledi. Bahçesini bel küreğiyle kazan bir adamın yanına vardı. Ona 'Allah'ın kulu, senin adın nedir?' diye sordu. O da adını söylediğinde buluttan duyduğu ismi tekrar etti. 'Benim adımı neden soruyorsun?' dedi. O da 'Suyu indiren buluttan bir ses işittim. 'Filanın bahçesini sula.' diyordu. O da senin adındı. Sen bu bahçede ne yapıyorsun?' dedi. O da şu cevabı verdi:

'Madem sordun söyleyeyim. Ben bu bahçeden çıkanın üçte birini çoluk çocuğumla yerim. Üçte birini sadaka veririm. Üçte birini de bahçede bırakırım.'" (Müslim, Zühd 4/7398)

"Hastalarınızı sadakayla iyi edin." (Mu'cemu'l-Kebir, 10044)

Sadaka Adabı

1- Sadaka helalden olacak. Allah, helal olmayan bir şeyi kabul etmez. Hem sadakanın kaynağı helal olacak hem verilen nesne haram olmayacak. Harama kullanacak birine, helal de olsa sadaka verilmeyecek.

2- Sadaka, atık ve işe yaramazdan olmayacak. Sadakayı alan fakir değildir. Sadakayı alan Allah'tır. Fakir onun veznesidir. Mü'min, verdiğini Allah'a veriyor ciddiyetiyle sadaka verir; defolu, kullanılamaz, eskimiş, çürümüşten sadaka vermeye hayâ eder.

3- İhlas şarttır. Kâmilen Allah için olmayan işin değeri yoktur. Resûlullah sallallahu aleyhi ve sellem efendimiz, hangi sadakanın ideal olduğunu beyan ederken "sağ elinin verdiğini sol elinden gizleyen" insanın sadakasından söz etmektedir. Buradaki anlatım şüphesiz bir mecazdır. Ama verilmek istenen anlam şudur:

Mü'min, sadaka verirken verdiğini hanımından ve en yakınlarından bile gizlemelidir ki o sadaka hiçbir gölgenin bulunmadığı mahşer yerinde sahibini Arş'ın gölgesinde gölgelendirsin. Allah için yapmak, bütün işlerimizde çok önemlidir elbette. Hele sadakada çok daha önemlidir. Çünkü sadakaya riyanın ve gösterişin karışma ihtimali mesela oruca karışma ihtimaline göre kat kat fazladır.

4- Gizlemesini bilmek gerekir. Sadakanın her zaman gizli olması gerekmeyebilir. Ama gizliliğin asıl olduğu unutulmamalıdır. Bazı durumlarda sadakanın teşhir edilmesi daha yararlı olabilir. Zengin bir Müslüman'ın çocuklarını vermeye alıştırmak için eğitim maksatlı olarak yaptığı teşhir, bu açıdan iyi bir örnek olabilir.

5- Sakın başa kakma, verdiğini sayma, tekrar edip durma; unut, kurtul. Verilen sadakanın verilenin başına kakılması sadakayı yer, bitirir. En iyisi onu unutmaktır. Şu ayeti unutmamak gerekir. Allah, sadaka verip verdiği sadakayı unutturmak istemeyen tavırlar sergileyen biri ile sadaka veremeyen ama güzel söz söyleyen birini şöyle karşılaştırıyor:

"Tatlı bir söz ve bağışlama, peşinden başa kakma ve onur kırma gelen sadakadan daha iyidir. Allah'ın hiçbir şeye ihtiyacı yoktur. O hâlimdir." (Bakara, 263)

6- Sıra gözetmek gerekir. Sadaka fakirin hakkı ise önce yakın akraba olan fakire verilmelidir. Yakından çevreye doğru açılarak sadaka dairesi büyütülebilir.

7- Daha yararlısına yönelmek uygundur. Sadakayla bir cami yaptırmak veya yapımına katkıda bulunmakla bir fakirin evinin boyasını yaptırmak aynı değildir. Sel felaketine uğramış bir mü'minin evini onarmakla da köye çeşme yaptırmak aynı değildir.

Hangi sadakanın ne zaman daha yararlı olacağını düşünmek, zaman kollamak, yer kollamak, tercih yapmak zorundayız. Hatta sadakalarımızı güce dönüştürmek, ilim ve insan hizmeti kervanına destek hâline getirmek çok daha makul bir tutumdur.

8- Ne yapacaksan hayatta iken ve hemen yap. Sadakayı vasiyetlere ertelemek yerine hemen yapmak esastır. Hem derhal defterinde sevap işlemeye başlasın hem garanti olsun.

Kadınlara Ait Bir Hatıra

Ümmü Sinan el-Eslemiyye radıyallahu anha, Tebük gazvesi için sadaka toplanan günlere ait hatırasında diyor ki:

"Âişe radıyallahu anhanın evinde Resûlullah sallallahu aleyhi ve sellemin önünde açılmış bir sergi gördüm. Serginin üzerinde misk koku kapları, butlar, bilezikler, parçalar ve yüzükler vardı. Cihada destek olmak isteyen kadınların gönderdikleriyle doluydu."

(Tarihu Medineti Dimaşk 2/35)

Sadaka

- İmanın belgesidir.
- Allah sevgisinin ileride olduğuna şahittir.
- Şükrün en güzel yollarındandır.
- Günahları döker.
- Malı korur.

- Yağmurun inmesine vesiledir.
- Hayvanlarda bile sadaka geçerlidir.
- Ölü adına yapılabilecek en iyi yatırımlardandır.
- Azı çoğu yoktur, yarım hurmadan bile sadaka olur.
- Ahlakın ve insaniliğin işaretidir.
- Haset, kin, cimrilik ve nefretin ezildiğini; insaf ve merhametin geliştirildiğini gösterir.
- Hastalıkların gelmemesine, gelince iyileşmesine vesiledir.
- Belaların savılmasına sebeptir.
- Sevilme, sayılma nedenidir.
- Cehennem ateşinden kurtulma umududur.
- Kötü ölümle karşılaşmamaya vesiledir.
- Arş'ın gölgesinde gölgelenmeye çaredir.
- Meleklerin duasıyla malda berekete nedendir.
- Kat kat sevap elde etmenin yoludur.

Nasıl Geliştirilir?

Sadaka, bir ibadet olarak namaza alışıp zevk alma gibi bir süreçten geçirilerek zevk alınan bir ibadet hâline gelebilir. Bunun için;

- Sadaka ama helalden,
- Kurtulmak için değil kazanmak için,
- Sıralamasına, göreceği işe özenerek,
- Gizlileştirerek,
- Verince unutarak,
- "Sonra değil şimdi" prensibi ile sadaka ruhumuz gelişebilir.

Yalnız!

Mal aslında Allah'ındır. Kul sadece bekçisidir. Kulun mal üzerindeki tasarrufu, kuralları aşacak şekilde olmamalıdır. Sadakada bile olsa israf yoktur. Sadaka, evin zorunlu ihtiyaçları çıktıktan sonra olmalıdır. Aç bırakıp doyurmak yoktur.

Namaz Gibidir

Sadaka da namaz gibidir ya... Çocuklarımıza namaz kılmayı biz öğrettiğimiz gibi sadakayı da -veremiyor olsak dahi- biz öğretmeliyiz. Verebiliyorsak verme uygulamaları yaparak, veremiyorsak özendirerek onların sadaka veren, iffetli mü'min olmalarına yatırım yapmalıyız. Bunun için önce sadakanın kapsamını doğru tespit edeceğiz. Yavrumuzun yaşına, başına, anlayışına göre şunu diyeceğiz:

"Selam ver, sadakan olsun. İhtiyar dedenin elinden tut, sadakan olsun. Ninenin elini öp, sadakan olsun. Camiye git, adımlarını say; adımların sayısı kadar sadakan oldu. Hasta ziyaret et, sadaka kazan. Hadis oku, fıkıh öğren, sadakan olsun. Mazlum kardeşlerine dua et, sadaka kazan. Kardeşine gül, sadaka yazılsın sana."

Yavrumuz bilecek ki sadaka hayatın her alanını kuşatmış. Sadaka, iman demektir. Sadaka kulluktur.

İyi Biline: Sadaka Sadece Malla Değildir!

Peygamber aleyhisselamın lisanıyla;

- Bir mü'mine selam verip tebessüm etmek de sadakadır.
- Yoldan bir eziyeti gidermek sadakadır.
- İşini göremeyen bir Müslüman'ın işini görmesine yardım etmek sadakadır.
- Yol sorana yol göstermek, görüş sorana fikir vermek sadakadır.

- Tatlı söz sadakadır.
- Bineğine binemeyene yardım etmek sadakadır.
- Âmânın elinden tutmak sadakadır.
- Güzel bir yazı yazıp hayrı yaymak sadakadır.
- Selam sadakadır.
- Çocukların zorunlu ihtiyaçlarını, gıdalarını, giyimlerini karşılamak sadakadır.
- Her türlü tesbihat sadakadır.
- İyiliği emretmek, kötülükten alıkoymak sadakadır.
- Müslüman'ın hanımı ile karılık kocalığı sadakadır.
- Müslümanların başına bela olmamak sadakadır.
- İki kişiyi barıştırmak sadakadır.
- Namaza yürüyerek gitmek, adımbaşı sadakadır.
- Çocukların arasında adil davranmak sadakadır.
- İlim öğretmek, öğrenilmesine yardım etmek sadakadır.
- Hasta ziyaret etmek, ona yardım etmek sadakadır.
- Su içirmek sadakadır.
- Borç vermek sadakadır.
- Müslüman'ın hanımını yedirip içirmesi sadakadır.
- Misafiri üç günden fazla evde tutmak sadakadır.
- "Estağfirullah" demek sadakadır.
- Kuşların, böceklerin yediği sadakadır.
- Borcu ertelediğin her gün ayrı bir sadakadır.

Apaçık Sır!

Resûlullah sallallahu aleyhi ve sellem efendimiz, Allah Teâlâ'nın şöyle buyurduğunu bildirmiştir:

"Ey Âdemoğlu! Ver, ben de sana vereyim."

(Müslim, Zekât 12/2305)

Soru

Cami önlerinde ve sokak aralarında yaygın olarak bulunan dilencilere verilen para sadaka mıdır?

Dilenciliğin bir sektör hâline gelmesi, maalesef isteyene verme arzumuzu köreltmektedir. Biz her hâlükarda vermeden yana olmalıyız. Ancak sadakamızla aldatılmış olmamız, haram bir tiryakiliğe harçlık sağlamış olmamız da pek hoş değildir. Hadiste şöyle buyrulmuştur:

"Miskin, insanları dolaşıp bir lokma, iki lokma, bir hurma, iki hurma isteyen değildir. Asıl miskin, bir şey bulamadığı hâlde fark edilemediği için kendisine sadaka verilmeyen, kalkıp dilenmeyendir." (Müslim, Zekât 35/2390)

Cami kapılarında dilenmenin, ihtiyaç göstergesi olmadığı bir gerçektir.

Rabb'imiz Bizi Uyarıyor

"Ey Mü'minler! Kazandıklarınızın temiz ve iyi olanları ile sizin için topraktan yetiştirdiklerimizden sadaka verin. Sakın kendiniz tiksinmeden almayacağınız, adi ve kalitesi bozuk şeyleri vermeye kalkışmayın. İyi bilin ki Allah'ın hiçbir şeye ihtiyacı yoktur. Övülmek O'na mahsustur."

(Bakara, 267)

Ana Sadaka Yolları

Sadaka, ana ve yere göre değişir. Bir cümle, bir keseden değerli olabilir. Bir elden tutmak, üç gün barındırmaktan daha sevimli olabilir. Ama sadakanın en verimli yolları olarak şu alanlara yatırım yapılabilir:

1- Mescit, Cami Yapımı ve Bakımı

Bütün şehir halkını ihtiva edecek büyüklükte bir cami inşa etmek, bütçenin el verdiği kadarıyla bir mescidin yapımına bir tuğla ebadında da olsa katkıda bulunmak cami yapımıdır. Cami yaptırmak, yapımına iştirak etmek bir ibadet; caminin bakımına, güzelleşmesine katkıda bulunmak da bir ibadettir.

Camilerin süpürülüp temizlenmesine, abdest mahallerinin imarına destek olunabilir. Camilerin bahçe bakımına iştirak etmek bile sadakadır. Camilerin manen ihya edilmesi, oralarda ilim halkalarının kurulması gibi faaliyetlere katılmak da bir sadakadır.

2- İlmî Faaliyetler

İlim ehli olma vasfı kazandıran çalışmalar, dinî ilimlerin unutulmaması için yapılan gayretler, talebelere verilen her türlü destekler sadaka türlerindendir. Hatta bu tür desteklerin boyutu, ihtiyaca göre cami yaptırmaktan da önemli olabilir. Derslerinde zorlanan bir talebeye moral vermek, belki de o an için en önemli sadaka türünü oluşturmuş olur.

3- Yetimler, Muhtaçlar

Bir yetim, bir cennet demektir. Bir yetimi kefaleti altına alana Resûlullah sallallahu aleyhi ve sellem efendimiz cennette yan yana olmayı vadetmiştir. Muhtaçları doyurmak, giydirmek, tedavi ettirmek bir başka sadakadır ve hayır kaynağıdır.

4- Cihada Destek Olmak Cihattır

Cihada destek olma amaçlı faaliyetlerde bulunmak, cihadın hangi türü olursa olsun sadaka için en mümbit alanlardır.

5- Ağaçtan Dereye

Ağaç dikmek, dere ıslah etmek, çeşme yaptırmak, yol yapmak, ekin yetişmesine yarayacak işler yapmak sadakadır.

Sahabi, Samimiyet, Anlayış, Fark, Zekâ ve Akıbet

Ulbe bin Zeyd... Sahabi, ensardan, fakir ve garip biri...

Bir gün, Resûlullah sallallahu aleyhi ve sellem, sadakayı teşvik eden bir konuşma yaptı. Onun verebileceği hiçbir şeyi yoktu. Gece, evine gitti. Namaz kıldı. Kıldığı yere çömeldi. Ağladı, ağladı. Şöyle dedi:

"Allah'ım! Peygamberin cihada destek istiyor. Ben zavallı biriyim. Sadaka olarak verebilecek hiçbir şeyim yok. Cihatta ayakta durabilecek kadar sağlıklı bir bedenim de yok. Herkes bir sadaka buldu, verdi; ben ise veremedim. Ben de hangi Müslüman bana sataştığı için, beni üzdüğü için, moralimi kırdığı için onda hakkım varsa o hakkımı sadaka olarak bağışlıyorum. Benden de bunu kabul buyur."

Ertesi gün, Resûlullah sallallahu aleyhi ve sellem, bir münadi çıkardı. Münadi, dün gece onurunu Müslümanlara sadaka olarak veren adamı aradığını duyurdu. Ulbe kalktı, "Buradayım." dedi. Resûlullah sallallahu aleyhi ve sellem buyurdu ki:

"Allah sadakanı kabul etti." Radıyallahu anh. (Mecmauzzevaid, 4633)

Sadaka Fıkhı

Allah rızası için, hayatta iken karşılıksız vermenin adı sadakadır.

Hükmü:

1) Farz:

Zekât hâli.

2) Haram:

Bütün malını verip yardıma muhtaç olmak gibi.

3) Müstehap:

Zekât ve fitre dışındakiler.

Sadaka Veren:

1) Akıl baliğ olmalı. Çocuğun malından velisi veremez.

2) Eşinin izin vermesi hâlinde kadın, eşinin malından verebilir.

3) Ölüye sevap yazılması için sadaka verilir.

Sadaka Verilen:

1) Akraba da olabilir.

2) Öncelik Sırası:

- İhtiyaçlı akraba,
- Normal akraba,
- Âlim,
- Müttaki mü'minlerdir.

Sadaka:

1) Helal olmalı.

2) Sevilenden olmalı.

3) İşe yarar olmalı.

4) Niyetsiz sadaka olmaz.

Sadaka Adabı:

1) Gizliliği önemli.

2) Sadaka verilenin ardına düşmemek, başa kakmamak, verdiğini unutmak. Resûlullah aleyhisselamın Âişe radıyallahu anhaya "Ver, verdiğini de sayma; Allah da sana sayar." buyurmuştur.

3) İhtiyaç anını geciktirmemek.

Sadakadan Dönüş:

Sadakadan dönüş mekruhtur. Bir hadiste, sadakasından dönen, kustuğunu yiyen köpeğe benzetilmiştir.

Emîn Tacir

Rabb'imizden...

"Ey Mü'minler!

Birbirinize belirli bir süre sonra ödenmek üzere borç verdiğiniz zaman bunu yazın. İçinizden biri bunu dürüst bir şekilde yazsın. Yazan kimse onu Allah'ın kendisine öğrettiği gibi yazmayı ihmal etmesin. Bu hesabı yazıcıya borçlu taraf yazdırsın. Ama Rabb'i olan Allah'tan korksun da bu hesabı yazdırırken hiçbir şeyi eksik bırakmasın.

Eğer borçlu taraf aptal, zayıf ya da nasıl yazdıracağını bilmeyen biri ise yazdırma işlemini onun yerine dürüst bir şekilde velisi yapsın. Bu işleminize erkeklerinizden iki kişiyi şahit tutunuz, eğer iki erkek şahit bulunmaz ise karşılıklı olarak onayladığınız bir erkek ile iki kadını şahit tutunuz, ta ki biri yanılınca öbürü ona hatırlatsın. Şahitler çağrıldıklarında gitmemezlik etmesinler.

Borç küçük olsun, büyük olsun onu vadesini belirterek yazmaktan üşenmeyiniz. Bu, Allah katında en dürüstçe, şahitlik için en sağlam ve sizi şüpheden uzak tutacak en kestirme yoldur. Yalnız, aranızda peşin bir alışveriş olursa bu işlemi yazıya geçirmemenizin sakıncası yoktur.

Alışveriş yaparken de şahit tutun. Ne yazana ne de şahide zarar verilsin. Eğer bunlara zarar verirseniz kendi hesabınıza fâsık olmuş, günaha girmiş olursunuz. Allah'tan korkun. O size nasıl hareket edeceğinizi gösteriyor. Allah her şeyi bilir.

Eğer yolculukta olur da işlemlerinizi yazacak birini bulamazsanız karşılıklı olarak alınan rehinler yeterlidir. Eğer birbirinize güvenerek borç işlemi yapmış iseniz kendisine güvenilen kimse borcunu ödesin. Rabb'i olan Allah'tan korksun.

Sakın şahitliği saklamayın. Kim şahitliği saklı tutarsa onun kalbi günahkârdır. Hiç kuşkusuz ne yaparsanız Allah onu bilir." (Bakara, 282-283)

Peygamber'imizden...

"Doğru sözlü ve güvenilen (emîn) tüccar, kıyamet gününde nebiler, sıddıklar, şehitler ve salihlerle beraberdir."

(Ahmed, 15058)

Hayırlı Bir Alışverişte Kurallar

1. Kural

Ne zarar vermek var ne de zarar görmek...

2. Kural

Alışveriş mübah şeylerle olmalıdır. Tüketilmesi haram olan şeyin ticareti de haramdır. Müslüman, kendi ailesine uygun görmediği şeyi Müslümanların çocuklarına da satmamalıdır. Şerre talip olmamak kadar ona alet de olmamak zorundayız.

3. Kural

Alışveriş anında, doğru bile olsa Allah'ın adı ile yemin yoktur. Hele yalan ihtimalli yemin asla!

4. Kural

Aldatmak hıyanettir. Mü'minleri aldatan hakkında Peygamber sallallahu aleyhi ve sellem efendimiz "Bizi aldatan bizden değildir." buyurmuştur. (İbni Mâce, Ticarât 36/2225)

Müşterinin yaşlı başlı biri olmasıyla bir çocuk olması arasında hiçbir fark görmemelisin. Satarken alıcı gibi konuşabilmek, kendini onun yerine koyabilmek gerekir.

5. Kural

Temel gıda maddelerinde fiyatı yükseltecek şekilde karaborsacılık yasaktır.

6. Kural

Bitmiş alışveriş veya yapılmış pazarlık üzerine pazarlık yoktur. Kızıştırmak Müslümanca değildir.

7. Kural

Allah ile savaşma! Perişan olursun! Hangi isim altında olursa olsun faiz fitnesinden kaçın. Onun dumanı bile yakar. Her gün yeni bir ambalajla faiz, sofralarımızı istila etmeye çalışıyor. Muhakkak bir âlime danış.

8. Kural

Alışverişimiz ibadetlerimizde gevşekliğe, ahlakımızda zafiyete neden olmasın. Eften püften sebeplerle vebale girme. Mesela ticarethanende müşterilere müzik dinleterek şeytana yardım etmezsen Allah'ın rızasına daha yakın durursun.

Namaz kıldığı için aç kalan yoktur ama ticareti için namazı kaçıranların bereketi gitmiştir. Sakın zekâtı ihmal edip bereketin kökünü kazımayasın.

9. Kural

Ticaretini öncelikle Müslümanla yap. Ticaret de bir silahtır. Belki de en güçlü silahlardandır. Başkalarının silahına mermi sürme. Müslüman bir satıcı da mü'min kardeşlerinin bu hissiyatını suistimal etmemelidir.

Müşteri olarak girdiğinde, Müslüman'ın dükkânına selamla gir. Onun hatalı uygulamalarını bir kardeş olarak ikaz et ama dedikodu yapma.

10. Kural

Cuma ezanından sonra Cuma namazı kılınana kadar sakın alışveriş yapmayasın!

11. Kural

Ortak bir iş yapılıyorsa ortaklar birbirlerine güven sarsıcı bir uygulama yapmasınlar. Töhmet oluşturacak şeylere dikkat etsinler. Biri diğerine hıyanet etmedikçe Allah'ın bereketi onlarla beraberdir. Sakın dünya pazarı uğruna ahiret pazarını kaçırma.

12. Kural

Çarşı pazarlar, sadece alışveriş için kullanılır. Bu maksat dışında kullanıldıklarında şeytanın tuzaklarına kapılma ihtimalimiz artar. Buralar çoluk çocuğa gezi yeri olarak kullanılmamalıdır.

Kadın-erkek karışımı ve "göz" afetine yataklık etme tehlikesi unutulmamalıdır. Sadece bayanlara tahsis edilmiş bir ticaret yerinde bayan çalışabilir. Erkeklerin de girip çıktığı bir ticarethanede, Müslümanların kızlarını tezgahtar olarak çalıştırmanın akıbetini iyi düşünmelisin.

13. Kural

Ticaretin kendine mahsus kurallarından bir harama vesile olmayanlarını hafife almamak gerekir. Dostluk, komşuluk ve arkadaşlıklar, imza yerine kullanılmamalıdır. Prensipli olmak, daha sonra kötülükle sonuçlanabilecek bir dostluktan iyidir.

14. Kural

Kanaat de bir rızıktır. Herkes nasibi kadar ondan yararlanır!

15. Kural

Mal, mülk Allah'ındır. Biz malla oyalanıyoruz. Oyalandığımız şeylere aldanmayalım. İmtihan olan bir hayatın içindeyiz ve mal çok tatlıdır. Tadı kadar da imtihanı ağır olacaktır.

16. Kural

Meslek seçerken, bir atılım yaparken, yeteneklerini ve başkalarının görüşlerini dikkate alarak karar ver. İstişaresiz iş yapma. Her şeyden anlar gibi olmak, bir nevi cahilliktir. Yeniliklere açılmasını bilmek de gerekir. Ama aklını tamahına mağlup etme.

17. Kural

Yaptığın işle ilgili, dinin hükümlerini önceden öğren ve fetva danışacağın bir âlimin en azından telefonu masanın üzerinde yazılı olsun. Bir hoca bir de danışman bul.

18. Kural

Vaatlerini şerefin olarak bil. Şeref ise bir kere bozulur.

19. Kural

Bilhassa siparişle iş yapanlarla iş yaparken veya herhangi bir ticarette müphem nokta kalmamalıdır. Üstünkörü tariflerle "Sonra bakarız!" gibi ifadelerle iş yapılmaz. Okumadığın ve anlamadığın bir metni imzalama, duygusallık gösterip kefil olma. Altından kalkabileceğin şeylere kefil ol.

20. Kural

İslam'da pazarlık serbesttir.

21. Kural

Ailenin rızkını temin etmek için çıktığın yolda ticaretin, aileni ve çocuklarını ihmal etmene neden olmasın. Ne gecesi ne de gündüzü belli olan, bedeni ve dini yıpratan bir işin kazancını abartmamalısın. Aile huzurunun ölçülebilecek bir bedeli yoktur. İşini eve, evini işe götürmemeye çalış.

22. Kural

Peygamber sallallahu aleyhi ve sellem efendimiz, Müslüman'ın bir iş yaptığı zaman "en iyisi"ni yapmasını emir buyurmuşlardır. Müslüman'ın ticarethanesi en iyi, en temiz ve en güvenli olmak zorundadır. Alnımızda "Müslüman" damgası taşıdıkça o ismin izzetini lekeleyemeyiz. Aç ve açık kalırız ama dinimize söz söylettirmeyiz.

23. Kural:

Besmeleyi unutma. O, bereketin anahtarlarındandır.

Ölçü ve tartıda hile, eski ümmetlerin helak olduğu şeylerdendir. Çalıştırdığın insanların hakkına riayet et. Alın terleri kurumadan onlara ücretlerini öde. Akitte olmayan işleri onlara yaptırma. Çaresizliklerini kötüye kullanma. "Ek yatırımlar yapacağım." diye onlara eziyet etmeyesin.

24. Kural:

Yaşadığın çağın ve toplumun ikinci sınıfı gibi olmamalısın. Yaptığın işin seyrini izlemeli, meslek örgütü gibi birlik ve kurumlara üye olmalısın. Bilhassa senin istikametindekilerle beraberliğin bir zorunluluktur.

25. Kural:

Reklam yaptığın zaman sadece doğruyu söyle. Tabelan kalbindekileri gösterir. Kalp de iman dâhil her şeyi...

Ömer ibnu Hattab radıyallahu anh diyor ki:
"Allah'tan bana şehit olarak ölmeyi nasip etmesini isterim. Ondan sonra da ölümün beni bulmasını istediğim şey, çoluk çocuğumun rızkı için alışveriş yaparken ölmektir."

Zengin Kim?

Hani İlk Sahibi?

Fani olduğu, varlığı kadar gerçek olan dünya ve metaı üzerine kimler ne hesaplar/planlar yaptı; ne hayâller kurdu? Kimi "Buldum." dedi kimi aradı. Kimi güldü kimi ağladı. Kimi doydu kimi aç kaldı. Tokun gözü açta, açın gözü tokta oldu. En çoğunu bulan da hiç bulamayan da "Yeter bu kadar!" diyemedi. Şu dünya varlığı ne garip bir varlık ki deniz suyunu içenin harareti dinmediği gibi onu elde edenlerden hiç kimse "Şu kadarı yeter!" diyemedi. Çok bulan az bulandan daha hırslı oldu. Bir mal hırsıdır aldı, götürdü insanı.

Annesinden doğar doğmaz ağlamaya başlayıp bir şeyler istedi insan. Verildikçe sustu. Tekrar ağladı, tekrar verildi. Dili söz yapmaya başlayınca bu sefer konuşarak istedi. "Ver!" sözcüğü ilk kullandığı sözcüklerden oldu. İstedi, aldı; aldı, büyüdü. O büyüdükçe istekleri de büyüdü.

Karnını doyurmak için bir dilim istedi. Ama ambar dolduracak kadar verilene bile "Yeter!" demedi. "Bir lokma" dedi bin lokmaya razı olmadı. "Çocuklarım için istiyorum." dedi, elindekini çocuklarından esirgedi. "Yaşamak için lazım." dedi, değersiz miktarlar için öldü. "İyi bir gelecek için..." diye yola çıktı, en büyük geleceği ihmal etti. Ne midesi kadar olana razı oldu ne de ömrü kadara! Fani için ebedî gibi çalıştı ama ebedî için faniye özendiği kadar dahi özen göstermedi.

Parasıyla, tarlasıyla, evi-barkıyla, hazineleriyle dünya varlığı peşinde koşuşturan insan, ilk defa mı serap görüyor? Rüyalarımıza giren, beynimizi işgal eden mal edinme arzumuz, zenginlik hayâlimiz suç mu? Mala malik olmak, servetler içinde yüzmek, yasaklanmışın peşinde koşmak mıdır? Parayı, mülkü tutan yandı mı?

"Malı, mülkü olan cennetlik oldu!" sözü ne kadar yanlış ise "Malı, mülkü olan yandı!" sözü de o kadar yanlıştır. Ne zengin olmak kazanmaktır ne de fakir olmak kaybetmektir.

İnsanın erkek veya kadın olması, cennetlik veya cehennemlik olmasını göstermediği gibi fakir veya zengin olmak da iyi veya kötü olmayı göstermiyor. Erkek olarak yaratılan bir insanın erkek olarak, kadın yaratılan bir insanın da kadın olarak nasıl bir kulluk yaşadığına bakılacak ve ona göre karşılık verilecektir. Zengin, fakir de öyle... Zenginlik bir imtihan türü, fakirlik başka bir imtihan türüdür. Kimse fakirliğine yanmayacak. Zenginliğiyle de kimse gülmeyecek. Gülünecek ve ağlanacak şeyleri ameller belirleyecek. Zengin, şükür imtihanından; fakir ise sabır ve sebat imtihanından geçecek.

Zenginin elindeki malın onun olduğu sayılsa bile onda kalmayacağı kesindir. Dilese de dilemese de onları başkasına bırakıp gidecek. O, servetinin hesabını verirken başkaları, bıraktığı üzerinde keyif sürecek.

Rabb'imiz, biriktirme ve çoğaltma hırsını bilerek içimize yerleştirdi. Ne yapacağımızı, hangimizin daha güzel amellerin sahibi olacağını görmek diledi. "Maldan kaçın, biriktirmeyin!" de demedi. Bilakis yarattığı nimetleri, mü'min kullarına helal kıldı. "Yiyin, için." buyurdu. Zengin kullarının şükreder olmasından razı olduğunu bildirdi. Onlara büyük sevaplar vadetti.

Bir verene on verdi, yedi yüz verdi. Çoluk çocuğuyla oturup yediğini sadaka saydı. Verdiği zenginliğin izlerini görmekten razı olduğunu duyurdu. Zenginlere, verdiğini iyi kullanırlarsa onlara asıl zenginlik olan cennet nimetlerini vereceğini haber verdi.

Rabb'imiz serveti, biriktirmeyi, malı bize yasak etmedi. "Kasalarınız olmasın!" demedi. Aksine "Çalışın, Allah ve Resûl'ü görsün." dedi. "Malınız olmasın!" demedi. "Malın malı olmayın!" dedi.

Zenginlik Hoştur

Servetiyle İslam'ı ayağa kaldıranlar Kur'an'da ölümsüzleştiler. Allah onlara cennetler vadetti. Müslüman'ın o bereketli nesli örnek alarak zengin olmayı istemesi ve bunun için de çalışması tabiidir. Keşke bütün mü'minler yeryüzü nimetlerinin tamamına sahip olsalar da şeytan, batılı şımartacak kaynaklardan yoksun olsa! Müslüman'ın zengin olması hoştur. Zenginlik arzusu mübah bir arzudur. Resûlullah sallallahu aleyhi ve sellem buyuruyor ki:

"Allah azze ve celleden korkanın zengin olmasında bir sakınca yoktur." (İbni Mâce, Ticarât 1/2141)

Bir orduyu bedelsiz, dünyalık bir beklenti olmadan donatanlar; Bilâlleri, Habbabları doyuranlar zenginlikleri sayesinde yapabildiler yaptıklarını. Zenginliğin ne alt sınırı ne de üst sınırı vardır. Dileyen Allah'ın lütfettiği kadar zengin olabilir. Mü'min büyüdükçe olgunlaştıktan sonra, onun elinden doyan yetimlerin sayısı arttıkça, şımarıp azmadıkça zenginliği ile beraber onun Allah'a yakınlığı da artacaktır. O zaman da zenginlik onun için namaz gibi, oruç gibi bir ibadete dönüşür. Ne mutlu böyle zengine! Bu zenginliğin adı bile Müslüman için bir zenginliktir. Malı bile Allah'a kul ettirmek kadar güzel bir amel olabilir mi?

Bütün nimetler gibi zenginliği oluşturan kaynakların da bir fitne nedeni olduğunu bilmek gerekmektedir. Fitne ise iki tarafı keskin bir alettir. Hayra kullanıldığında hayır, şerre kullanıldığında da şer üretir. Malın kendisi değil elde edilme türü ve kullanıldığı alan kaydırıcıdır. Zenginliğin kaynağı olan nimetlerin elde edilmesinin bir başka yönü, dünyaya yön verilmesidir. Müslümanların, yönlenen yerine yön veren olmaları imanlarının emridir.

Şükreden bir zengin, sabreden bir fakirle aynı cennette bulunacaktır. Yeter ki zenginin şükrü, elindeki nimetlerin çapı ile uyumlu olsun. Resûlullah sallallahu aleyhi ve sellem, ashabından bazılarının zengin olması için dua etmiştir. Pek çoğu da O'nun sağlığında zengin oldular. Resûlullah sallallahu aleyhi ve sellem, Enes bin Malik radıyallahu anh için şöyle dua etmişti:

"Allah'ım! Onun malını ve çocuklarını artır. Ona verdiğine de bereket ver." (Buharî, Daavat 19/6334)

Usûl Ulemasından Şatıbî Diyor ki...

"Allah'ın bu dünyada yerleştirmiş olduğu zenginlik, O'nun kullarına lütfudur. Lütfetmiş olduğunu almak ve nimetlerine şükretmiş olmak için zengin olma yolunda çalışmak gereklidir."

Dinimize Göre Zengin

Normal hayatı sürdürmek için yeterli miktardan fazla varlığı olan kimse dinen zengindir. Bu yeterlilik şahısların, zamanın ve yerin durumuna göre değişkendir. Özellikle belirtilebilecek bir rakam yoktur. Bu kuraldan hareket edildiğinde mesela orta hâlli bir vasıta sahibi Müslüman, zengin sayılmayabilir. Çünkü yaşadığımız asırda vasıta hayatın tabii gereklerinden biri hâline gelmiştir. Zekât için belirlenmiş bulunan asgari düzey ise farklıdır.

Zekât için esneklik söz konusu olmadığından, zekât mükellefinin belirlenmesinde vicdana havale yoktur. Ama zenginliğin tespitinde Müslüman'ın vicdanı ve ona hareket veren imanı ön plandadır.

Asgari Geçim Oranı

İnsanın başkalarının yardımına muhtaç olmadan yaşayabilmesi için zorunlu olan miktar, asgari geçim oranıdır. Fakihler, yaşadıkları asırların şartlarını göz önünde bulundurarak "asgari" sayılabilecek şeyleri belirlemişlerdir.

Mesken, maaş, ev eşyası, giyim, binek, hizmetçi, kitap, sağlık harcamaları, evlilik masrafları, sanat icra edecek için alet edevat ihtiyaçlar arasında sayılmıştır. Onların saydığı ihtiyaç listesinin asırdan asra değişebileceğini dikkate aldığımız gibi çılgın tüketim salgınını da dikkate almak durumundayız. İtidali ölçü edinip Müslümanca yaşarız.

Müslüman işverenlerin, kendilerini bağlayan müeyyideler olmasa bile ücret verdikleri insanların eline geçen miktarı bu gözle değerlendirmeleri gerekmektedir.

Zengin Olmak İçin Çalışmanın Dinî Hükmü

Ebu Said el-Hudri radıyallahu anh rivayet ediyor:

-Resûlullah sallallahu aleyhi ve sellem bir gün minberde oturuyordu. Biz de etrafına oturduk. Bize dedi ki:

"Benden sonra sizin için korktuğum şeylerden biri, size dünya nimetlerinin ve süslerinin açılmasıdır." Bir adam şöyle dedi:

"Ya Resûlellah! Güzellikten kötülük çıkar mı ki?" Resûlullah sallallahu aleyhi ve sellem sustu. Adama "Seninle konuşmadığı hâlde neden lafa karıştın?" diye çıkıştılar. Baktık ki vahiy iniyor. Alnındaki teri sildi. "Nerede o soru soran?" dedi. Belli ki kızmamıştı. Şöyle buyurdu:

"Evet, güzellikten kötülük çıkmaz. Ama derenin yetiştirdiği bitkilerden öldüren veya öldürür gibi yapanı vardır. Hayvanlar müstesna... Çünkü onlar yer, dururlar. Böğürleri dolunca da güneşe karşı durup ihtiyaçlarını görür, sonra yine otlarlar. Bu mal, yeşil ve tatlı bir şeydir. Ondan yoksula, yetime ve yolcuya veren kimse ne iyi Müslüman'dır." (Buharî, Rekaik 7/6427)

"Yeryüzünü size boyun eğdiren O'dur. Şu hâlde yerin sırtlarında dolaşın ve Allah'ın rızkından yiyin. Dönüş ancak O'nadır." (Mülk, 15)

Zenginlik İçin Çalışmak

Farzdır: Müslüman'ın, izzetiyle yaşayacak kadar zengin olması farz-ı ayındır.

Müstehaptır: Sadaka verecek kadar zengin olmak müstehaptır.

Haramdır: Haram bir yolla kazanmak veya farzların terkine neden olan kazanç haramdır.

Mekruhtur: Nafilelerden ve sosyal ilişkiden alıkoyan kazanma türü mekruhtur.

Mübahtır: Daha kaliteli yaşamak veya biriktirmek için kazanmak mübahtır. Selefin büyüklerinden buna karşı çıkan toplu bir görüş yoktur.

Helal Zenginlik İçin...

1. Zenginliğe esas olan kaynak, edinilmesi helal olan bir kaynak olmalıdır. Domuz ve mamulleri, alkol, pis sayılan şeyler, put sayılan şeyler kazancın kaynağında olmamalıdır.

2. Malı edinme yolu mübah bir yol olmalıdır. Faizle, rüşvetle, gaspla, hırsızlıkla, kumar ve piyango türleriyle edinilen; resmî bir görevdeki yetkiyi kötü kullanmayla kazanılan; insanların zayıf noktalarını kullanarak yapılan hilelerle elde edilen para; yetim malı ve ticarette haram bir meta üzerinden yapılan alışveriş haram kazançlardır.

3. Mal edinme nedeni olan işle ilgili İslami hükümler bilinmelidir. Kuyumcunun altın ve gümüş fıkhını, besicinin canlı hayvanla ilgili fıkhı bilmesi gerekir.

4. Zengin olma yolu, farz ibadetleri engellememelidir. Allah Teâlâ'nın şu ayeti mü'minler için ölçüdür:

"Onlar, ne ticaret ne de alışverişin kendilerini Allah'ı anmaktan, namaz kılmaktan ve zekât vermekten alıkoyamadığı insanlardır. Onlar, kalplerin ve gözlerin allak bullak olduğu bir günden korkarlar." (Nûr, 37)

Bu faslın önemli meselelerinden biri de Cuma ezanından sonra namaz bitinceye kadar alışverişin haram oluşudur.

Nankör Olmamak İçin Haklara Dikkat!

Zengin Müslüman'ın malında Allah'ın şu hakları vardır ki mü'min, bu hakları bir zorunluluk olarak görmek durumundadır.

1. **Hak:** Zekât hakkıdır.

2. **Hak:** Fıtır sadakası hakkıdır.

3. **Hak:** Hac hakkıdır.

4. **Hak:** Kurban hakkıdır.

5. **Hak:** Kefaretlerdir.

Zenginliğin Şükrü

Zengin, Borç Geciktiremez

Resûlullah sallallahu aleyhi ve sellem buyurdular ki:

"Zenginin borç geciktirmesi zulümdür." (Buharî, Havalât 1/2287)

Zengin, Varyemezlik Yapamaz

İnsanın kendisine bakması farz-ı ayındır. İnsan; gıdada, meskende, giyim-kuşamda, tedavide eli sıkılık yapamaz.

Zengin, Hanımının İhtiyaçlarını Aksatamaz

Zengin, israf ve kör taklide kaçmadıkça hanımının ihtiyaçlarını karşılamak zorundadır. Hanımının bir nedenle zengin olması, kocanın bu görevini ihmal etme nedeni olamaz. Bu konudaki ölçü, kocanın zenginlik oranıyla ölçülmelidir.

Zengin, Çocuklarını İhmal Edemez

Mü'min, çocuklarına büluğ çağına kadar her hâlükârda bakmak zorundadır. Büluğ çağından sonra çocuklar sadakaya muhtaç durumda iseler zengin baba onlara bakmak zorundadır. Çocukla babanın evlerinin ayrı olması, çocukların babaya itaat etmemelerine veya babanın evlatlarına bakmamasına neden olamaz.

Zengin, Ebeveyni İhmal Edemez

Anne-baba geçinemeyecek durumda ise -kız olsun, erkek olsun- zengin çocuk ebeveynine bakmak zorundadır.

Zengin, Yakın Akrabalarını Unutmaz

Zengin Müslüman'ın üzerindeki farz görevi, ebeveyni ve kendi çocukları içindir. Bunların dışındakiler, muhtaç olmaları hâlinde zenginin malında bir hak sahibi olmamakla beraber "tasadduk" anlayışımız, onların da ilgi alanımızda olmasını bir fazilet olarak önümüze koyar.

Müslüman Zengin

Müslüman zengin;

- Zenginliğini artırmak için çalışır,
- Ne pintidir ne de müsriftir,
- Malında Allah'ın hakkı olduğunu hiç unutmaz,
- İnsanların ondan istifade etmelerinden haz duyar,
- Allah yolunda infaktan kaçınmaz,
- Zenginliğin kalıcı olmadığının şuurundadır,
- Zenginin imtihanının malı üzerinden olacağını bilir.

Resûlullah sallallahu aleyhi ve sellem buyurdular ki: "Zenginlik, mal çokluğuyla değildir. Asıl zenginlik gönül zenginliğidir."

(Buharî, Rekâik 15/6446)

Derin Hikmet

Dinimiz mü'mini zengin olmak için bir anlamda teşvik ederken aslında şu faydaları da sağlamaktadır:

- Böylelikle insanın sahip olma arzusu tatmin olur. Bir şeylere sahip olma arzusunu benliğimize yerleştiren Allah'tır. Allah, hem içimize böyle bir arzu koymuş hem de elde etmeyi zorluklarla çevreleyerek ne yapacağımızı, zorluklar anında kulluğumuzu nasıl sürdüreceğimizi görmeyi murat etmiştir. Koymuş olduğu bu düzen, aynı zamanda hayatın akışını da sağlamaktadır.
- Zenginlik için mübah vesileleri kullanma yolu, mü'min için daha onurludur. Böylelikle mü'min, yüzsuyu dökmeden sorumluluk taşıyan insan olma yolunu tercih etmiş olmaktadır.
- Çalışıp zengin olan mü'minin İslam toplumuna katkısı, en azından ilave yük getirmemiş olmasıdır. Başkalarına

hayrı dokunmasa bile zarar vermemiş olması bir değerdir. Mü'min bu şekilde insanlığın terakkisine, yeryüzünün imarına katkıda bulunur. "İnsanların hayırlısı, insanlara faydalı olandır."

- Zengin, Allah yolunda infak etmek gibi büyük bir ecir kaynağını yakalamış olur. Veren el olmak, alan el olmaktan üstündür.

Zengin Mü'min

- Haram nesnelere para harcamaz,
- Haramla eğlenmez,
- Mübahlarda aşırıya kaçmaz,
- Harcama önceliği belirler,
- Her şeyi bildiğini zannetmez,
- Ölmeden önce malından infak eder, vasiyete yüklenmez,
- Dengelidir.

Mal, Cennete Mani Değildir

Mal, Şükrü Gerektiren Bir Nimettir

Mal, insanlar arasında maddi değeri olan ve kendisi ya da bedeli ile yararlanmanın caiz olduğu her şeydir. Yani büyük oranda hayattır, dünyadır.

Malı düşman olarak görmemizin bir dayanağı yoktur. Evet, mal bir fitnedir; insanı Allah'tan ve ahiretten uzaklaştıracak, ibadet lezzetinden mahrum edecek yapıdadır. Ancak bu, dünyada var olmanın gereğidir. Buna rağmen, malı kullanarak ve ona esir olmayarak imtihan kazanmak, kulluk dediğimiz şeydir.

Mal, ayağımızın altındaki buzdur fakat aynı zamanda şükredilmesi gereken bir nimettir, damarlarımızda dolaşan kan gibidir. Cihadın en önemli altyapılarındandır. Gereklidir, o olmadan olmaz. Yeter ki kanserli hücreler barındırmasın! Bizim malı kullanmamızda bir risk yoktur. Risk, malın bizi kullanmasındadır.

Mal ya haram kökenlidir, onu tutamayız ya da helaldir ki o bize Rabb'imizin ikramıdır. Veya şüpheli bir durumu vardır, ona karşı uyanık oluruz. Her hâlükârda mal bizim içindir ve bizim imtihanımızın en ağır olanlarındandır. Sevgili Peygamber aleyhisselam efendimiz her ümmetin bir fitnesinin olduğunu, kendi ümmetinin fitnesinin de "mal" olduğunu bildirmiştir. Rabb'imiz, bizi -erkek veya kadın- birbirimizin şehvetine düşkün yaratmakla birlikte şehvetimizi helal yollarla nasıl tatmin edeceğimizi de öğretmiştir. Aynı şey mal için de geçerlidir.

Bize mal düşkünlüğü veren O'dur. Malı kullanma yollarını öğreten O'dur. Malla rızasına ermemizi bekleyen de O'dur. Onu riskli yapan, hesabının sorulacak olmasıdır. Peki, hesabı sorulmayacak olan ne var? Bedenimiz, sıhhatimiz, ailemiz... Hangisi nimet değil, hangisinin hesabı sorulmayacak? Hangisi en az mal kadar riskli değil?

Elbette, mal sahibi olacağız. Peygamber aleyhisselam efendimiz, Enes bin Malik'e çok malı olması için dua etmiştir. (Buharî-Müslim)

Fakirlik neredeyse küfür sayılacaktı! Çünkü gıpta edilmesi caiz olan iki insandan biri Allah'ın mal verdiği insandır ki o, kendisine verilen malı Allah yolunda harcayan insandır.

Mü'minler arasında takva yarışının yapıldığı alanlardan biri maldır. Sılayı rahim gibi bir ibadette bile mal önemli bir yer tutar. Biz, üstteki elin alttakinden daha hayırlı olduğuna iman ederiz. Elbette, malımız olacak ve o malla Ebu Bekir, Osman, Abdurrahman olacağız.

Kulaklarımıza Altından Değerli Küpe

Resûlullah sallallahu aleyhi ve sellem buyurdular ki:

"Kimin derdi ahiret olursa Allah, zenginliği onun kalbine koyar, işini yolunda tutar, dünya ona kendiliğinden gelir. Kimin derdi de dünya olursa Allah fakirliği onun gözüne sokar, iki yakası bir araya gelmez ve ona dünyalıktan da kaderde yazılandan başkası gelmez."

(Tirmizî)

Herkesin Malı Başka!

Kimi kendisini mal hırsına kaptırmıştır. Helal-haram demeden toplar; malın kulu olur, gider. Kimi helal kazanmaya çalışır ve kazanır ama hep dünya için harcar.

Helal ama esir eden bir malın sahibi olur. Kimi helal kazanır, kazandığı ile Rabb'inin rızasını elde etmeye çalışır. Mal onu değil o, malını kullanır. Elindekinden bereket görür. Kimi bereketsizdir. Tuttuğu elinden kaçar. Malsız ve kimliksiz yaşar. Etrafındakilere yüktür. Kimi mal için dinini pazarlar. Dininden sermaye edip mal edinir.

Kulaklarımıza Altından Değerli Küpe

Resûlullah sallallahu aleyhi ve sellem buyurdular ki:

"Sizden kim yuvasında güvende, bedeninde afiyette, günlük rızkı elinde olarak sabahlarsa bütün dünya onun kucağına doldurulmuş gibidir."

(Tirmizî)

Mal Bütün Zamanlarda Silahtır, Mü'min Onunla Silahlanmalıdır

Süfyan Sevri, Peygamber aleyhisselam efendimizden sadece bir asır sonrasını kastederek diyor ki:

"Mü'minin malı olmasını hoş görmezdik. Şimdi ise mal, mü'minin elinde ne güzel bir silahtır. Mal, bu zamanda mü'minin silahıdır. Malımız olmasa şu yöneticiler bize mendil açtırırlardı. Kimin elinde bir şey varsa ve onu öküzün boynuzuna takabiliyorsa yapsın. Öyle bir zamandayız ki bir kişi, insanlara bir iş için muhtaç olsa ilk feda ettiği şey din oluyor!"

Hasan bin Yahya, Habeşistan'da ticaret için bulunuyordu. Şöhretli bir âlim olarak onun ticaret için Bağdat'tan Habeşistan'a gitmesini ayıplanacak bir iş olarak gören bir şahıs "Dünyalık elde etmek için buralara kadar gelinir mi?" şeklinde bir çıkış yapınca Hasan bin Yahya ona şu cevabı vermiş:

"Be adam! Beni buralara kadar getiren, senin gibi birine muhtaç olmama düşüncesidir."

Abdullah bin Zübeyr anlatıyor:

-Zübeyr bana "On bine de olsa bana filan yerdeki araziyi al." dedi. Ben de "On bin mi?" dedim. "Yirmi bin bile olsa!" dedi. "Sübhanellah!" dedim. "Otuz bin de olsa al. Benim bütün malımı verip bir yer almam, onu gasbetmemden hayırlıdır." dedi. Ben de dedim ki:

"Bu çoğalma ve övünme arzusudur." O zaman dedi ki:

"Vallahi, dünyada bir sakınca yoktur. Ahiret de dünya ile kazanılıyor. Sılayı rahim onunla yapılıyor. İyilik onunla yapılıyor. Allah Teâlâ için salih ameller onunla yapılıyor. Sakın sen ve arkadaşların gidip bir günah işledikten sonra 'Şu dünyaya lanet olsun!' demeyesiniz. Dünyanın ne suçu var?"

Süfyan-i Servi

Hicri 97-161 yılları arasında yaşamış, bilhassa hadis ve fıkıh ilminin büyüklerinden sayılan, tâbiûn neslinin izini en iyi sürdüğü kabul edilen âlimlerdendir. Kendilerinden ders okuyup icazet aldığı hocalarının 600 kişi civarında olduğu söylenir. Ders okutup icazet verdiği talebe sayısı ise 20.000 civarındadır. Züht ve takvada örnek olmuş, vaazları ile Allah'a davette etkili olmuştur.

Peygamber Aleyhisselam Efendimizin Bu Duasının Anlamı Ne?

"Allah'ım!

Her şeyim olan dinimi düzelt. Yaşam yerim olan dünyamı düzelt. Döneceğim yer olan ahiretimi düzelt. Hayatı benim için bütün hayırların çoğaldığı yer yap. Ölümü de bütün kötülüklerden korunduğum an yap." (Müslim, Daavât 18/6841)

Kulaklarımıza Altından Değerli Küpe

Resûlullah sallallahu aleyhi ve sellem buyurdular ki:

"Sizden kim bir malı hak ederek alırsa onda bereket bulur. Kim de hak etmeden alırsa o, yiyip de doymayan birine benzer."

(Müslim)

Ebu Bekir Düzeyi

Ebu Bekir radıyallahu anh, geldiği noktaya çok büyük fedakârlıklarla geldi şüphesiz. Ancak şu hadisi şerif, farklı bir noktayı gözümüzün önüne koymaktadır:

"Hiçbir mal, Ebu Bekir'in malı kadar bana faydalı olmamıştır." (Tirmizî, Menakıb 34/3661)

Haram Mal, Yakar!

Haram mal, hem dünyayı yakar hem de ahireti. Ameli salihi yakar. İmanı eritir. Kapıları kapatır. Duaların kabul edilmemesinin en önemli sebeplerinden biri, vücutlara giren haramlardır. Bereketin kaybolmasının özünde haramlar vardır. İbni Kayyım diyor ki:

"Kul, kendisine haram olanı iki nedenden biri için alıyordur. Birincisi, Rabb'ine güveni yoktur. Haramı almasa ona daha iyisini helalinden vermeyeceğini düşünüyordur. İkincisi ise gerçeği biliyordur. Harama tenezzül etmese Allah ona helalinden daha iyisini verecektir. Ancak şehveti sabrını, arzuları da aklını yener ve harama yeltenir. Birincisinin ilmi, ikincisinin de aklı ve basireti zayıftır."

Kulaklarımıza Altından Değerli Küpe

Bir grup Yemenli, gerekli azığı tedarik etmeden hacca gelmişlerdi. Yaptıklarının yanlış olduğu kendilerine söylenince "Biz Allah'a tevekkül edenleriz." diye cevap vermişler. Bu söz Ömer bin Hattab'ın kulağına gittiğinde şunu söylemiş:

"Yalan söylüyorsunuz! Allah'a tevekkül eden, tohumunu topağa attıktan sonra Rabb'inden bekleyendir."

Müslümanca Harcama Kültürümüz Olmalıdır

Kendi malımızı değil sahibi Allah olan bir malı, kiracı mantığı ile kullanmak Müslümanca bir tavırdır. Bizim bile olsa hesabını vermek zorunda olduğumuz bir malı kullanıyoruz. Nereden geldiği ve nereye harcandığı sorusu, herkesin ayağını kıpırdatmadan cevap vermesi gereken bir soru olacaktır.

Helallerle sınırlı ve dengeli bir tüketim politikası şarttır. İsraftan kaçınmak, haramdan kazanmamak kadar dikkat edilmesi zorunlu bir kural olmalıdır. Müslümanların arasında, çocuk gibi harcayan büyüklerin bulunması bir şanssızlıktır.

İnkâr ettiğimiz kapitalizmin samimi uygulayıcıları olmamız, tüketim çılgınlığına katılışımız, ihtiyaçtan çok reklama göre tüketişimiz esef vericidir. Evlerimizi, mallarımızı teşhir merkezine dönüştürmemiz kahredicidir, mala köle olmaktır. Kazançla harcama arasında bir denge olması kişilik göstergesidir.

Abdullah ibni Humeyd anlatıyor:

-Dedem, Ömer bin Hattab'a uğramıştı. Üzerinde bir cübbe vardı. Ömer radıyallahu anh "Bu cübbeni kaça aldın?" diye sordu. Dedem "Altmış dirhem." dedi. Ömer "Bütün paran ne kadardır?" dedi. Dedem "Bin dirhem." dedi. Ömer radıyallahu anh kalkıp elindeki çubukla hem ona vuruyor hem de şöyle diyordu:

"Bütün paran bin dirhem hem de altmış dirheme cübbe alıyorsun! Bütün paran bin dirhem, hem de altmış dirheme cübbe alıyorsun!"

Ekonomik Hayatımızda Öncelikler Sıralaması

Zaruriyat: Hayat için olmazsa olmazlar. Temel gıda ihtiyacı, mesken, giyim gibi... Zaruriyat için ana unsurlar şunlardır: Din, can, akıl, nesil, mal.

Hâciyat: Hayati olmayan ama hayatı kolaylaştıran harcamalar.

Tahsiniyyat: Müreffeh bir hayat için gerekli olanlar.

Tahsiniyattan sayılan bir kalemde harcama yapmanın caiz olabilmesi için hâciyatta ihtiyaç kalmamış olması gerekir. Hâciyatta bir harcama yapabilmek için de zaruriyatta ihtiyaç olmaması gerekir.

Kulaklarımıza Altından Değerli Küpe

Resûlullah sallallahu aleyhi ve sellem buyurdular ki:

"Cebrail bana dedi ki: 'Hiçbir can, rızkını elde etmeden ölmeyecektir.'

Allah'tan korkun ve rızkını helal yoldan arayın. Rızkın bir miktar gecikmesi sizi, Allah'ın yasak ettiği bir yoldan onu elde etmeye sevk etmesin. Bilin ki Allah'ın katındakine ancak O'na itaatle ulaşılabilir."

(İbni Mâce)

Sıhhat, Maldan Değerlidir

Resûlullah sallallahu aleyhi ve sellem buyurdular ki:

"Allah Teâlâ'dan korkan için malda bir sakınca yoktur. Allah'tan korkan için sıhhat, zenginlikten hayırlıdır. Mutluluk bir nimettir." (İbni Mâce, Ticarât 1/2141)

"Müslüman olan, yeteri kadar rızkı olan ve Allah'ın verdiklerine kanaat eden kurtuldu." (Müslim, Zekât 43/2423)

"Üstteki el alttakinden hayırlıdır. Sorumluluğun altındakilerden başla. Sadakanın hayırlısı artandan vermektir. Kim iffetli olmak isterse Allah onu iffetli kılar. Kim kendisini zengin görmek isterse onu da zengin yapar." (Buharî, Zekât 18/1427)

Kulaklarımıza Altından Değerli Küpe

Resûlullah sallallahu aleyhi ve sellem buyurdular ki:

"Gayrimenkulünü satıp parasını benzerine yatırmayan bereketini kaybeder."

(İbni Mâce)

Uzak Durulması Gereken, Kaynağı Kirli Kazançlar

1- Allah'ın, kullarına haram kıldığı; rüşvet, güç kullanma, makamın etkinliğini kullanarak mal alma gibi yollarla elde edilen ve Kur'an'ın ifadesiyle "insanların mallarını batıl bir yolla yeme" türü olan kazanç,

2- Faizden elde edilen kazanç,

3- Karaborsa,

4- Rüşvet,

5- Kumar ve bütün türleri ile hırsızlık,

6- Yetim malı yeme,

7- Ticari hileler sonucu edinilen kazanç,

8- Haram bir nesne üzerinden ticaret,

9- Harama zemin hazırlayan mekânlarda kazanç...

Zengin Olmanın Manevi Dinamikleri

Zengin olmak isteyen;

- Çok çalışacak, yorulmayacak, işten işe geçip dinlenecek. İşinde uzman olmaya bakacak. İşinin kurallarına uyacak.
- Takva sahibi olmaya gayret edecek. Çünkü Allah, takva sahibi olanlara ummadıkları yerlerden rızık vereceğini bildirmiştir. (Talak, 2-3)

- Çok istiğfar edecek. (Nuh, 10-12)
- Fakirlikten Allah'a sığınacak.
- Kısmetine razı olacak. Rabb'inin kaderine asi olmayacak.
- Kalbini malla değil Allah'ın zikri ile dolduracak. Ahireti unutmayacak.
- Allah'ın kullarına vermekten zevk alacak.
- Evlenecek. Evlilikte bereket vardır.
- Haccedecek, umre edecek.
- ılayı rahim yapacak.
- Komşu duası alacak.

Neden Ekonomik Krizler Olur?

Ekonominin krize girmesinin veya maddi sebeplerin tıkanmasının manevi nedenleri şunlardır:

- Ticarette hile ve aldatma,
- Zekâttan kırpma,
- Allah'ın ahkâmının rafa kaldırılması,
- Faiz,
- Ticarette yeminin çoğalması...

"Muhacirler! Beş şey var ki onlara yakalanırsanız vay hâlinize. O hâlden Allah'a sığınırım.

- Bir toplumda fuhuş -onu alenileştirecek kadar- yayıldığı zaman o toplumda, önceki nesillerde görülmemiş hastalıklar ve açlıklar çıkar.
- Ölçü ve tartıda hile yaptıklarında kıtlık ve geçim sıkıntısı yaşayıp yöneticilerin zulmü ile cezalandırılırlar.

Kulaklarımıza Altından Değerli Küpe

Resûlullah sallallahu aleyhi ve sellem buyurdular ki:

"Küçük çocuklarının rızkı için işine çıkan Allah yolundadır. Yaşlı ana-babasına bakmak için çıkan da Allah yolundadır. Şerefini korumak için çıkan da Allah yolundadır. Gösteriş için ve böbürlenmek için çıkan ise şeytanın yolundadır."

(Taberani)

- Zekâtı vermeyince de yağmurdan olurlar, hayvanlar olmasa hiç yağmur görmezler.
- Allah'a ve Nebi'sine verdikleri sözü bozarlarsa Allah onlara yabancı düşmanları musallat eder.
- Liderleri, Allah'ın kitabı ile hükmetmezse Allah onları birbirine kırdırır." (Hakim, 8772)

Ben de Hayırlar Yapan, Sadakayı Cariyeleri Olan Bir Zengin Olabilir miyim?

Elbette!

Allah'ın rahmeti geniştir. Ancak, zenginlik yürekte olur. Önce yüreğini coştur. Bütün yetimleri doyuracak, çıplakları giydirecek, okyanustaki balıklara bile ev yapacak bir yürek kur. Nice varlıkları, bir şehir halkını doyuracak kadar zengin insanlar ailelerini bile aç bıraktılar. Hatta kendileri bile yemeden gittiler. Zenginlik malla değil yürekledir. Verirken alır gibi haz duymak bir nasip işidir. Allah, kuluna hidayet nasip ettiği gibi hayır yapmayı, sadaka vermeyi de nasip eder. O'na yalvarmak gerekir.

Sadakayı cariye sahibi olmanın en büyük engeli, dünyayı ebedî kalınacak gibi görme anlayışıdır. Ahireti unutmak, hastalıkların özüdür. Bu nedenle, asıl yurt olan ahireti tefekkür etmemize katkıda bulunacak ayetleri, hadisleri, ölümü ve sıratı hatırlatan nasihatleri yoğun bir şekilde dinlemek gerekir. Hep dünya göz önünde olursa dünya ebedîleşir. Sürekli modayı izleyenin elbisesini sürekli yenilemesi gibi bir şeydir bu.

Malın helal kökenli olup olmaması da önemlidir. İdrarla abdest alınmayacağı gibi haram veya şüpheli bir malla da Allah'ın rızası elde edilemez. O mal, sahibini sadakaya teşvik etmez.

Az-çok değerlendirmesini Allah'ın terazisine göre yapmak gerekir. "Verdiğimiz az mıdır, çok mudur?" düşüncesinden ziyade niyetimiz ihlaslı mıdır, değil midir? Ona bakalım.

İsraf, gözün aç kalmasına neden olur. Sadakayı cariye yapacak bir Müslüman'ın müsrif olmaması gerekir.

Sadaka ve hayır, imani bir kültürdür. Çocuklarımız namazı, orucu öğrenir gibi sadakayı da öğrenmelidirler. Anneler, babalar çocuklarının alan değil veren el olmalarını sağlamalıdırlar. Bayramlarda misafirlerden bahşiş toplayan çocukla gelen misafirlerin çocuklarına hediye veren çocuk aynı olmaz.

Ortaklaşa sadaka vermeyi geliştirebiliriz. Bir bölümünü üstlendiğimiz sadakalar da bizim için bir sadakadır. Sadaka üzerine yoğunlaşmış kurumlarda fiilî görevler alalım. Sadakanın bedenle de yapılabileceğini unutmayalım. Kimi malını vakfeder kimi de bedenini. Bir başkası da dilini...

Sadaka sahibi olmak, her ne kadar sadaka vermek şeklinde anlaşılıyorsa da sadakaya vesile olmak da bir sadakadır. Vesile olmanın daha büyük ecirler kazandırması da mümkündür. Nihayetinde kendi imkânlarını kullanması hâlinde cüzi bir miktarı ancak sadaka olarak verebilecek bir mü'min, imkanları daha geniş bir mü'minin filan hayrı yapmasını teşvik eder, onun o hayrı yapmasını sağlarsa yapılan o hayra aynen o da ortak olur. Bu da kaçırılmaması gereken büyük bir fırsattır.

Kulaklarımıza Altından Değerli Küpe

Resûlullah sallallahu aleyhi ve sellem buyurdular ki:

"Kimin arazisi varsa onu eksin ya da bir kardeşine bağışlasın."

(Buharî)

Mal ve Zenginlikle İlgili Fıkıh Hükümleri

Zenginlik Ölçüsü

Zenginlik örfe göredir. Bundan şunu anlayabiliriz: Eğer örf, geçimini temin ettikten sonra bir binek satın alabileni de zengin kabul ediyorsa zenginliğin ölçüsü odur. Eğer ikinci bir evi olana zenginlik izafe ediliyorsa dinen zengin, ikinci bir evi olacak kadar varlıklı olandır. Hakkı ödeniyor oldukça da zenginliğin bir üst sınırı yoktur.

Dilenmenin caiz olması için, günlük yiyeceğin altında bir fakirlik düzeyine düşmüş olmak gerekir. Zekât vermek için zenginlik sınırı, asıl ihtiyaçtan fazla olarak nisap miktarına sahip olmaktır. Asıl ihtiyaçtan sonra nisap miktarı kadar varlığı olmayan da zekât alabilir. Yakınlara nafaka vermekle yükümlü olmak için de asıl ihtiyaçlardan sonra nisap miktarına sahip olmak gerekir. Ancak ebeveyne ve eşe bakmak için böyle bir şart aranmaz. Baba, küçük çocuğa da bakmakla yükümlüdür; bir dilim ekmeğinden başka bir şeyi olmasa dahi onu bölüşür.

Haccın farz olması için gereken zenginlik ölçüsü ise hacca gidip gelmeye ve geride kalan ailesine yetecek kadar malın bulunmasıdır.

Zengin Olmanın veya Mal Elde Etmenin Hükmü

Kişinin sorumluluğu altındakileri geçindirip onurlu bir hayat yaşayacak kadar mal elde etmesi farzdır. Borcu olanın borcunu ödeyinceye kadar çalışması farzdır. Ebeveyni olanın, onları geçindirmek zorunluluğu olması durumunda da çalışması farzdır.

İhtiyaçların giderilmesi için yeterli varlığı olan birinin, çalışıp sadaka verecek kadar zenginleşmesi ise müstehaptır. Bunun ötesinde biriktirmek için ya da daha müreffeh yaşamak için çalışmak ve zengin olmak ise mübahtır.

Nafile ibadetleri terk etmeye neden olacak kadar veya mekruhlarla iç içe olmayı gerektirecek şekilde çalışıp zengin olmak mekruhtur.

Haramlara bulaşarak, farzlardan birini terk ederek çalışmak ve zengin olmak veya zenginliği gösteriş için kullanmak ise haramdır.

Mal kazanma yolunda çalışan Müslüman'ın çalıştığı işle ilgili fıkıh ahkâmını öğrenmesi veya ehil biriyle istişare edip onun sözü ile amel etmesi farzdır.

Allah bir kuluna mal vermişse o kul, elindeki malı muhafaza etmek zorundadır. Biz ellerimizdeki malların bekçileriyiz. Mülk, tamamıyla Allah'ındır. Malın gerektirdiği çapta korunmaması vebaldir. Müslüman'ın malını korurken yaptığı mücadele Allah katında makbul sayılmıştır. Bunun için de malını kullanamayacak durumda olan çocuk ve sefihin malı, mahkeme kararı ile kontrol altına alınmaktadır.

Malın korunma çeşitlerinden biri de malın kullanılıp üretime kazandırılmasıdır. Allah'ın kullarına lütfettiği bir nimeti hantal hâlde tutmak caiz değildir.

Malı olanın ölümünden sonraya harcanmak üzere vasiyet yazması caizdir. Fakirin, mali konularda vasiyet yazması ise mekruhtur.

Alkol, domuz mamulü, canlı heykeli, mübah olmayan eğlence gibi haram olan alanlara mal harcamak haramdır.

Yapılan harcamaların Allah katında sorumluluğu olan eylemlere dönüşmemesi için şu kurallara uyulmalıdır:

1- Harcama sırasına uyulmalıdır: Önemliler, önemlilerin arasında öncelikliler gibi.

2- Harcamalarda orta yol izlenmelidir: İsraf yapılmadığı gibi aşırı kısmaya da gidilmemelidir.

3- Çocuk ve sefihin eline onun boyunu aşacak bir mal verilmemelidir.

4- Borç, zekât, hac öncelikli olarak ödenmelidir.

5- Tasadduk, zorunlu ihtiyaçlardan sonra kalandan olmalıdır.

Bir Lokma Olsun Helal Olsun!

Helal Yeme-İçme ve Yaşama Ölçüleri

Duası müstecap, günü bereketli, kalbi mutmain, huzurlu, umutlu, salihlerden bir mü'min olabilmek için şunları unutmamak gerekir:

1- Allah, kullarına kaldıramayacakları şeyleri yüklememiştir. Emrettiği ve yasakladığı ya da haram kıldığı veya serbest bıraktığı şeyler, kulların yararına göredir. Ne haramların haram olmasında ne de helallerde O'na dönen bir şey yoktur. Kullar hikmetlerini bilmeseler de bu böyledir. Zaten eşyada asıl olan da mübahlıktır. Haramlar ise sınırlıdır.

2- Haramı ve helali tayin etmek Allah'ın hakkıdır. Bir harama "helal" demek vebal olduğu gibi helale "haram" demek de vebaldir.

3- Allah'ın haramları da helalleri de bellidir. Ortada ise şüpheli şeyler vardır. Dünyaya imtihan için geldiğini bilen mü'min, şüpheli şeylerden kaçınarak dinini ve şerefini korur. Helali aramak, helal titizliği göstermek bir iman alametidir.

4- Dinimiz rızık için çalışıp yorulmayı teşvik etmiş, bu konuda ecir vadetmiştir. Peygamber aleyhisselam efendimiz "Helali aramak her Müslüman'ın üzerine bir görevdir." demiştir. (Taberani, Evsat 8610) Başka bir hadiste de şöyle buyurmaktadır:

"Helal rızık peşinde koşmak, yiğitlerin vuruşması gibidir. Helal peşinde iken yorulup akşamlayan, mağfiret görmüş olarak akşamlar." (Şuabu'l-İman, 1177)

Allah'ın, kullarına haram kıldığı şeyler 2 türlüdür:

- Özünde haramlık bulunanlar: Domuz ve alkol
- Aslında helal olduğu hâlde bir nedenden ötürü haram olanlar: Çalıntı ekmek vb.

5- Haramlar kalbi öldüren, takvaya giden yolu zorlaştıran tuzaklardır. Haramlarla iç içe olanlar, imanın lezzetinden yoksun olarak yaşamaya, her haramdan sonra bir diğer harama kaymaya mahkûm olurlar.

6- Allah temizdir, temizi kabul eder. Haram yiyen/içen/giyen bir insanın ibadetleri, duaları kabul dairesinin dışında kalabilir. Haramla gıdalanan bedenler, ateşe yakıt olarak beslenmektedirler. Peygamber aleyhisselam efendimiz "Haramla gelişen bir vücut, ateşe daha uygundur." diyerek dikkatimizi çekmiştir. (Ahmed, 13919)

Ashaptan Sa'd radıyallahu anh, Peygamber aleyhisselam efendimize, duasının kabul olması için ne yapması gerektiğini sorduğunda Resûlullah aleyhisselam, ona "Yiyip içtiğini helalleştir ki duan kabul olsun." şeklinde cevap vermiştir. (Taberani, Evsat 6495)

7- Kumar, hırsızlık, rüşvet, gasp, karaborsacılık, hile ve faiz yoluyla elde edilen bütün kazançlar haramdır.

8- Kullanılması haram olan bir şeyin ticareti de haramdır. Üretimi harama dayanan bir iş yerinde çalışmak da haramdır.

"...Bir kimse, Allah yolunda uzun seferler yapar. Saçı başı dağınık, toza toprağa bulanmış vaziyette ellerini gökyüzüne açarak "Ya Rabbi! Ya Rabbi!" diye dua eder. Hâlbuki onun yediği haram, içtiği haram, gıdası haramdır. Böyle birinin duası nasıl kabul edilir?"

(Ebu Hureyre radıyallahu anhın Müslim'deki hadisidir.)

9- Haram yemek için uydurulmuş kılıfların Allah katında bir değeri yoktur. Esas olan harama yol aramak değil haramdan uzak durmaktır. Mesela kullanılması haram bir paranın vergi vb. bir yere harcanması sadece devekuşu mantığına uygundur.

10- Kazancı haramdan olan birisinin ikramı veya hediye vermesi durumunda fakihler şöyle bir yol göstermişlerdir:

Eğer verilen veya yenen şey muhakkak o kazançtan elde edilmiş ise almak veya yemek haram, başka kazançlarından da vermiş olmak gibi bir tereddüt oluşuyorsa o takdirde yemek veya almak mekruhtur.

11- Buluntu bir şeye din ıstılahında "lukata" denmektedir. Lukatanın bulana helal olabilmesi için onu uygun şekilde duyurup bir yıl bekletmesi, buna rağmen sahibinin bulunmaması gerekir.

12- Faiz, Allah ve Resûl'ü ile savaşmaktır. Yedi büyük günahtandır. Faiz ve onun oluşmasına aracı olan her şey melundur. Faiz, kişinin annesi ile zina etmesi gibi çirkindir. Allah'ın toplu azap indirmesine neden olan cürümlerdendir.

13- Faizin bir türü de ölçü birimleri aynı olan malları kendi cinsleriyle peşin olarak değiştirirken elde edilen fazlalıktır. Altın, gümüş, buğday, arpa, tuz ve hurma gibi maddeler kendi cinsleriyle mesela altın, altın ile buğday, buğday ile peşin olarak değiştirilirken miktarlarının eşit olması gerekir. Bu değişimde aynı cins oldukları sürece kaliteli ile kalitesizin farkı yoktur. Altında değişim yapılırken sanata itibar edilmez.

14- Haramdan temizlenmenin yolu, onu zimmetinden çıkarmak ve tevbe etmektir. Zimmetinden çıkarmak onu sahiplerine -ölmüş ise varislerine- vermektir. Sahibi bilinemiyorsa fakirlere sadaka olarak vermektir.

15- Yiyecek ve içeceklerde şunlar haramdır: Kendiliğinden ölmüş hayvan (leş), kan, domuz, Allah'tan başkasının adına kesilmiş hayvan, alkol, tedavi dışında kullanılan uyuşturucular...

Dört Grup Müslüman

İmam Gazâlî'nin İhya'sındaki tarife göre haramlara bakış açısından Müslümanlar dört gruptur:

1. Seviye

Genel Olarak Haram Anlayışı: İmani kimliği belirleyen, mü'mini fâsık sınıfına sokan bakıştır.

2. Seviye

Salihlerin Haram Anlayışı: Harama düşme ihtimalinden ötürü şüpheli şeylerden kaçınmaktır.

3. Seviye

Muttakilerin Haram Anlayışı: Fetva açısından "Haramdır." denmediği hâlde şüphe bile bulunmayan şeyleri titizlik gösterip terk etmektir.

4. Seviye

Sıddıkların Haram Anlayışı: Helale bile sınır getirme seviyesidir.

Zahmetsiz Cihat

İslam, Allah ve Resûl'ü Ne Dediyse Odur

Allah ve Resûl'ü "namaz" dediği için namaz, İslam'dır. "Hac" dediği için hacdır. Cihat dediği için de cihattır. Din Allah'ın, söz Allah'ındır. Kullar itaat eder, kulluğunu belgeler, ilave ve eksiltme yapamazlar. Sınıflandırmaya da müdahale edemezler.

Önem ve öncelik sırasını koyma hakkı Allah'ındır. Eğer Allah ve Resûl'ü "Önce namaz..." dediyse namaz önce olmalıdır. "Anne-baba hakkı" dediyse onlar öne geçmelidir. Cihadı zirvede tuttularsa o, zirvede kalmalıdır.

"Sılayı rahim" dindendir. Kur'an'ımızda yeri vardır. Dinin Nebi'sinin lisanında yer tutmuştur. Cihadın, namazın, zekâtın anıldığı listelerde anılmıştır. Ebedî olarak konmuş, değişikliğe/içtihada açık olmayan temellerdendir. Arş'a tutturulmuş bir halkadır sılayı rahim. Namazın dinden bir bölüm olması gibi sılayı rahim de dinden bir bölümdür. Onun da namaz gibi özel ahkâmı vardır. Namazı eda eden için sevap, terk eden için azap konuşulduğu gibi sılayı rahimi eda eden için sevap, terk eden için ise azap konuşulmuştur.

Müslümanların -namazı eda etmelerine göre- teheccütlü, beş vakitli, Cumacı, bayramcı şeklinde ayrılmasına benzer bir ayrılma da akraba hukukuna riayet etmelerine göre yapılmıştır. Akraba hukukunu gözeten ve elinden geleni esirgemeyen, sılayı rahim ehlidir. O, Allah'ın rızasını kazanacak bir iş yapmıştır. Akraba hukukunu kollamayan, bağlarını zayıflatan ise yasaklardan bir yasak işlemiştir, günahkârdır, kendi elleriyle bereket ağacının köklerini zedelemiştir. İyi davranana iyi davranan, ihmal edeni de ihmal eden ise ortadadır.

Eğer cihat Allah yolunda bulunmak, nefsin ve şeytanın etkisinden sıyrılmak ise -ki öyledir- sılayı rahim bir cihat türüdür. Cephelerde kâfirlerle yapılan cihat ile aynı olmaması, onun cihat değerini düşürmez. Alın teri ve ağır emeklerle kazanılmış maldan zekât vermek, derin ve tatlı bir uykuda iken ezana icabet edip sabah namazını camide kılmak, zorluklarına tahammül edip ilim tahsil etmek, zalim bir yöneticinin önünde hakkı dillendirmek cihat değil midir?

Cihat, Allah'ın adını yüceltmek ise onu Mus'ab bin Umeyr radıyallahu anh, Bedir'e katılanlardan önce yaptı. Uhud'dan önce o Medine sokaklarında Kur'an ayetlerini okudu. Birinde kılıç, diğerinde dil kullanılıyor olabilir. Biri elle, diğeri malla yapılıyor olabilir. Biri meydanlarda, diğeri oturma odalarında icra edilebilir. Aralarındaki fark sadece, birinin Kur'an'ın şu suresinde, diğerinin de bu suresinde zikredilmesi kadardır.

Yaşadığımız hayatın getirdiği sıkıntılar, alıştığımız müreffeh hayat düzeyi bizi evimize kapatıp bırakıyorsa, kaybettiğimiz şey Allah'ın vaadi olan cennetse artık, isimlerle ilgilenmeye gerek yoktur. Zarardayız.

Biz ezanı duyunca mescide, cihat daveti alınca cepheye, infak emri alınca infaka, tefekkür işareti alınca düşünmeye, itaat emri alınca ebeveyn önünde diz çökmeye mecburuz.

Müslüman olmak, seçiciliği engeller. Seçerek değil teslim olarak kazanabiliriz. Hazır olmak ve itaat etmek gerekiyor. İnsanları siyah-beyaz, dinin emirlerini gerekli-gereksiz ayrımına tabi tutmamız bir nevi çöküştür.

Allah ne emrettiyse, Peygamber'i ne gösterdiyse din odur. Bizim gözümüzde biri zahmetli, diğeri zahmetsiz görülebilir. Önemli olan karşılığının cennet olması değil midir?

Fark

Türkçemizde sılayı rahim, "ana-baba ve hısım akrabayı arama, ziyaret etme" şeklinde tarif edilmektedir. İslam ıstılahındaki sılayı rahimle bu anlam karşılaştırıldığında sılayı rahimden sadece cımbızla birkaç kelime çıkarttığımız anlaşılacaktır. Gerçek anlamda ise sılayı rahim, yakınlara iyilikte bulunmak ve zararı -yapabildiğin kadar- onlardan gidermektir.

Sılayı Rahim Hükümleri

Sılayı rahim, Kur'an'da geçen açık seçik bir hükümdür. Bakara 83, 177, 215; Enfal 75; Nisa 1, 36; Nahl 90; İsra 26; Ra'd 25; Muhammed 22. ayetlerinde Rabb'imiz akrabayla ilgilenmeyi emirleri arasında kullarına zikretmiştir.

Kırktan fazla sahih hadiste sılayı rahim, nebevi öğüt konuları arasına girmiştir. Bu hadislerden bir bölümünde "Allah'a iman etmek" gibi bir başlığın altında sıladan söz edilmektedir.

Buharî'nin rivayet ettiği bir hadiste Resûlullah sallallahu aleyhi ve sellem kendisine "Beni cennete koyacak bir iş öğütle." diyen birine şu cevabı verdiği rivayet edilmektedir:

"Allah'a ibadet et. O'na hiçbir şeyi şirk koşma. Namaz kıl. Zekât ver. Sılayı rahim yap." (Buharî, Zekât 1/1396)

Buharî ve Müslim'in, Ebu Hureyre radıyallahu anhtan rivayet ettikleri bir hadiste Resûlullah sallallahu aleyhi ve sellem, sılayı rahimi Allah'a ve ahiret gününe imanla bağlantılı hâle getirip şöyle buyurmaktadır:

"Kim Allah'a ve ahiret gününe iman ediyorsa misafirine ikram etsin. Kim Allah'a ve ahiret gününe iman ediyorsa sılayı rahim yapsın. Kim Allah'a ve ahiret gününe iman ediyorsa ya hayır konuşsun ya da sussun." (Buharî, Edeb 30/6018; Müslim, İman 19/172)

Sılayı rahim sadece dinî bir emir değildir. Ömrün bereketi, rızkın bolluğu, güzel bir ölümle ölmenin de nedenlerindendir. Enes bin Malik radıyallahu anhın rivayet ettiği bir hadiste Resûlullah sallallahu aleyhi ve sellem şöyle buyurmuştur:

"Rızkının bollaşmasını, ecelinin gecikmesini isteyen sılayı rahim yapsın." (Buharî, Büyû' 13/2068)

Sılayı rahimle ilgili hükümler, kişilere ve imkânlara göre değişkendir. Muayyen bir ölçü yoktur. Önemli olan iki yakının birbirlerini unutmamaları ve başkalarına muhtaç olmadan aralarında yardımlaşmalarıdır.

Zengin bir Müslüman'ın fakir bir kardeşi varsa sılayı rahim bu durumda zenginin fakire yardım etmesidir. Her iki kardeş de zenginse o zaman sıla, ilgi ve alakadır. Belki de bir selamdır. İki kardeş de fakirseler birinin diğerine bir desteği gerekmez veya yine selam ve ilgi düzeyinde kalır. İhtiyaç olsaydı vermek vacip olacaktı. İhtiyaç olmayınca vermek müstehap düzeyine iner. Çünkü yine de hediyeleşme diye bir Sünnet ihya edilmelidir. Sıla, güce ve gerekliliğe göredir.

Sılada en yakından yakına doğru bir sıra izlenir. Durumu iyi olan bir Müslüman'ın fakir bir kardeşi ve fakir bir amcası olsa, ikisine de destek olamayacaksa en yakınını tercih eder. Bu örnekte kardeşle ilgilenmesi vacip, amca ile ilgilenmesi müstehap olur. Sılanın hükmü değişkendir. Daha yakın bir akrabanın görevini ihmal etmesi, uzak akrabayı sorumluluktan kurtarmaz. Fakir bir Müslüman'ın zengin bir kardeşi ve zengin bir amcası bulunsa ilgilenme görevi zengin kardeşin üzerindedir. Kardeş ilgilenmediği zaman, amca uzak akraba olmasını gerekçe göstererek görevinden kaçamaz. Başkasının ihmali beni kurtarmaz.

Zahmetsiz Cihat

Ukbe bin Âmir radıyallahu anh diyor ki:

-Resûlullah sallallahu aleyhi ve sellem ile karşılaştım. Hemen ona doğru yöneldim. O da bana döndü. Elimden tuttu ve şöyle buyurdu:

"Ukbe!

Dünyalıların ve ahirettekilerin en iyi ahlakını sana söyleyeyim mi? Sana ilgi göstermeyene sılayı rahim yap. Sana vermeyene sen ver. Sana zulmedeni affet. Kim ömrünün uzamasını, rızkının artmasını istiyorsa akrabasına sılayı ihmal etmesin."

(Hakim)

Kim Akrabadır?

Müslüman'ın birinci dereceden akrabaları, yakınlık sırasına göre şunlardır: Anne-baba, dedeler-nineler, çocuklar ve çocukları, kardeşler ve çocukları, amcalar, halalar, dayılar, teyzeler. Sonra kan bağı bulunan herkes gelir.

Sıla Görevinin Zamanı

Sılanın zamanı, günü yoktur. Ne zaman gerekiyorsa zamanı o zamandır. Cenazede gerekiyorsa cenazede, düğünde gerekiyorsa düğündedir. Bu gereklilik de akrabalık ve yerleşim yeri yakınlığına göre değişebilir. Kardeşle amca çocuğu aynı durumda olmadığı gibi aynı semt-

Zahmetsiz Cihat

İbni Ömer radıyallahu anhuma diyor ki:

-Bir adam Resûlullah sallallahu aleyhi ve selemle gelerek şöyle dedi:

"Ben büyük bir günah işledim. Tevbem olur mu?" Resûlullah sallallahu aleyhi ve sellem ona "Annen var mı?" diye sordu. Adam "Hayır." dedi. "Teyzen var mı?" diye sordu. Adam "Evet." dedi. Bunun üzerine şöyle buyurdu:

"Ona iyi davran."

(Tirmizî)

teki akraba ile uzaktaki akraba da aynı değildir. İhtiyaç, nesep ve mesafe önceliği söz konusudur. Kimi her gün kimi ayda kimi de yılda bir defadır.

Sılayı Rahim Haritamız

1- En önde kan bağı, sonra süt bağı, sonra da evlilik bağı gelir.

2- İlgi yukarıdan aşağıya göredir. Birinciden ikinciye atlanabilmesi için birinciye sıla gereği olmamalıdır. "Diğerleri"ne gelindiğinde vaciplik seviyesi müstehap seviyesine düşer.

Bu Zahmetsiz Cihat Kaçar mı?

Neyi neden yaptığımızı bilmezsek, "'Gelmedi.' demesinler!" için gidersek, yol zahmetini, bilet ücretini abartırsak ecir kaçar. Sılayı rahimin kaçması, dinin zayıflaması, ayetin-hadisin etki etmemesi olabilir.

Kibir, kazancı heba eder. Zenginin, fakirin evine gitmeye kendisini uygun görmemesi, çıkıp büyüdüğü köyünü birikimine uygun bulmaması bir Müslüman'ın kibirlendiğini gösterir. Hâlbuki kalbinde zerre miktarı kibir bulunan, cennete girmeyecektir.

Ailenin geleneklerini, kabalıklarını, lüzumsuz kavgalarını körü körüne taklit etmek sılayı rahim gibi bir sevap hazinesinden kulu mahrum edebilir. Anne-babaların kavgalarını, evlatlar sürdürmek zorunda değillerdir. Onları da kırmadan -gerekiyorsa gizlice- Allah'ın emri uygulanmalıdır.

Mesafenin bir defa açılmış olması, bir daha girip çıkmaya karşı soğukluk üretebilir. İlk hamleyi yapan kazanacağına göre Müslüman'ın ne yapacağı veya ne yapması gerektiği bellidir.

Cimrilik, akraba uğruna harcanacak olanda gözün kalması da sevabı kaçırır. Bir bardak çayı bile masraftan sayan için sılayı rahim, cihat bile olsa derttir.

Bir selam ve bir bardak ayranla olacak iş için günlerce süren hazırlıklar, davetiyeler, karşılama, uğurlama törenleri... Hepsi zorlaştıran, tekrarı gereksizleştiren külfetlerdir. Gönüllere hitap edip Allah'ın rızasını kazanmak yerine gövde gösterisinde bulunmak, emeğin karşılığını zayi edebilir.

Bilhassa ziyaretlerde, telefon görüşmelerinde ilgisizlik kişiyi soğutabilir. Müslüman'ın her anı görüşmeye uygun olmayabilir. Böyle bir durumda, özür beyan ederek kendisi başka zaman aramalı ve bağı zayıflatmamalıdır.

Bilhassa sonradan zengin olanların, birdenbire aile yapısı değişenlerin akrabadan uzak kalma, gizli yaşama arzusu da sıladaki kazancı unutturup kaçıran nedenlerdendir.

Mirasın bölüşülüp hak sahibine hakkının zamanında verilmemesi, akraba arasındaki yakınlığın ve bağların zayıflama nedenlerindendir. Öte yandan Kur'an'ımız neredeyse cenaze kalkmadan mirası dağıtmaktan söz etmektedir.

Haset, suizan, dedikodu gibi afetler, hısımlar arası özel sorunlar, sıkıntılı alışverişler de hedeften uzaklaştırıcıdır.

Sıla Yolları

- Ziyaretleşmek,
- Misafir etmek,
- Hâl hatır sormak, selam vermek, selam göndermek,
- Hediyeleşmek, karşılıksız bağışta bulunmak, borç vermek,
- Büyüğe hürmet, küçüğe şefkat göstermek,
- Sevince ve üzüntüye iştirak etmek,
- Yakınların hastalıklarıyla gereği gibi ilgilenmek,
- Cenazenin ağırlığına karşı destek olmak,
- Davetlere icabet etmek,
- Dargınlıkların giderilmesine çalışmak,
- Açıkça ve gıyaben dua etmek,
- Yakınların hak yolda bulunmaları için onlara karşı davet çalışması yapmak sıladır. Gerekiyorsa tamamı, gerekiyorsa biri...

Zahmetsiz Cihat

İyi bilinmelidir ki Allah rızası gözetilerek ve İslam terbiyesine uygun bir sılayı rahim, Allah'a yakınlıktır; cennete girmeyi kolaylaştırmaktır. Çünkü sırf Allah rızası için ve olumsuzlukları, tepkileri dikkate almadan eda edilen bir sıla, imanı göstermektedir. Ömrün ve malın bereketini görmektir. En güzel ahlak örneğidir. Kötü ölümden korunmaktır.

Bu Büyük Sevabı Umuyorsan...

- Bu konuyla ilgili ayet ve hadisleri oku, dinle.
- Affet. Özür kabul et.
- Mütevazı ol. Misafire kendin hizmet et.
- Yaptığını hatırlatma, sen bile onu unut.
- Külfet üretme, külfete razı olma. Sade ol.
- Çocuklarını sılayı rahimde beraberinde bulundur.
- Unutma! Cennet ucuz değildir.

Zahmetsiz Cihat

Sılayı rahimin kopmak üzere olduğunu gösteren işaretler şunlardır:

- Muhtaç akrabaların ihtiyacıyla ilgilenmemek, zaruretlerinden etkilenmemek,
- Önemli Sünnetlerden biri olduğu hâlde "İhtiyacı yoktur, zaten ben de muhtacım." gibi gerekçelerle hediyeleşmeye karşı soğuk durmak veya hediyeleşmeyi değeri yüksek şeyler üzerinden düşünmek,
- Çam sakızı çoban armağanı zamanının geçtiğini zannetmek,
- Ziyaretleşmeleri bayramlara, tatillere sıkıştırmak,
- Düğün, cenaze dışında özel davetler yapma ihtiyacı hissetmemek,
- Siyasi düşünceleri ön planda tutmak,
- "O da gelmiyor." gibi savunmaları öne sürmek...

Sılayı Rahim ama Nasıl?

İmkânımız kadar sılayı rahimden sorumluyuz. Allah, kimseye takatinin üstünde yük yüklemez. Hiç kimse çocuğunu ihmal edip amcaya bakmak durumunda olmaz.

İmkânı olmayan, gönül almanın ikinci yolunu kullanır. Sılayı rahim ne ziyarettir ne de para vermek. Sılayı rahim, gerekeni yapmaktır.

Zahmetsiz Cihat

Ebu Hureyre radıyallahu anhın rivayet ettiğine göre Resûlullah sallallahu aleyhi ve sellem şöyle buyurdular:

"Âdemoğullarının amelleri her Cuma gecesi Allah'a arz olunur. Sılayı rahimi koparanın ameli kabul edilmez!"

(Ahmed)

Sılayı rahim, farklı durumlara göre değişikliğe uğrayabilir. Mesela zorunlu olmayabilir. Zengin bir akrabaya gönlünü almak için selam vermek yeterlidir. Acil gerekiyor da olabilir. Bayramı veya tatili beklemek olmaz. Mal ile olabilir. Boşluk mal ile dolacaksa mal verilir. Borç, hediye, bağış vb. Ne gerekiyorsa o yapılmalıdır. Herkesin durumu farklıdır. Önemli olan dua almaktır.

Sılayı rahim, yakınlık derecesine göre de farlılık arz edebilir. Akrabalık yakınlığı çok önemlidir. Önce en yakından başlanmalıdır. Baba ve anneye yakınlığa göre öncelik verilir. Önce şehirdekinden başlanmalıdır. Bu daire evdeki, binadaki, sokaktaki, mahalledeki, şehirdeki vb. şeklinde devam eder. Sonra uzaktakiler gelir. Öbür şehirdeki, öteki ülkedeki vb.

Zahmetsiz Cihat

Cihat, şeytanın Müslüman'ı boş bırakmadığı bir ibadettir. Şeytanın meydan cihadında bir taktiği, sılayı rahim gibi bir cihatta başka bir taktiği olabilir. Sılayı rahimin kopup unutulmasının nedenlerinden biri, ihmallerin abartılmasıdır. "Sen bizi ziyaret etmeyeli ne kadar oldu biliyor musun? Bu nasıl akrabalık?" gibi çıkışların özet ifadesi, gittiğine gideceğine pişman etmektir. Bu ise zaten zayıf olan bağın tamamen koparılmasıdır.

Sılayı rahimin muayyen bir zamanı yoktur. Gerektiğinde yapılır. Bayramlar, yaz tatilleri diye bir şey yoktur. Günlük olabilir, yıllık olabilir. Önemli olan gerektiği kadar ve gerektiğindedir.

Sılayı rahimin bir çok yolu vardır. Ziyaretleşme, selamlaşma, mesajlaşma, sıhriyet bağı kurma, referans olma, dua etme, yemek yedirme vb. şekillerde olabilir.

Sılayı rahime engel teşkil eden durumlar da olabilir. Değerini bilmemek, kin gütmek, intikam almak, dedikoduya itibar etmek, yaşam standardındaki farktan ötürü kibirli davranmak, ebeveynin küskünlüklerini sürdürmek vb.

Zahmetsiz Cihat Haritası

Âdemin çocuklarıyız. Babamızdan ötürü olan bağımızı koruruz. Müslümanlar olarak aynı cennete koşuyoruz. Tek bir ümmetiz. Onu koruruz. Aynı toprakta beraber yaşadıklarımızla komşuluğumuzu koruruz. Kan bağımızı koruruz. Sıhriyet bağımızı koruruz. Nikâh bağımızı koruruz.

Komşuluk Bir İbadettir

Ebu Hureyre radıyallahu anhtan rivayet edildiğine göre Peygamber aleyhisselam şöyle buyurdu:

"Vallahi iman etmiş olmaz! Vallahi iman etmiş olmaz! Vallahi iman etmiş olmaz!" Sahabiler "Kim iman etmiş olmaz ya

Resûlellah? diye sordular. Buyurdu ki:

"Yapacağı fenalıklardan komşusu güven içinde olmayan kimse..."

(Buharî, Müslim, Tirmizî)

Müslim'in rivayet ettiği bir hadis ise şöyledir:

"Yapacağı fenalıklardan komşusu güven içinde olmayan kimse cennete giremez!"

Komşuluk İbadettir, İmandan Bir Parçadır

Hem Kur'an'ımız hem de Sünnet'imiz "komşu" hakkında uyarılarda bulunmuş, komşuluğun imanımızla olan bağlantısına dikkatimizi çekmiştir. Bunun için komşu seçmek esastır. Salihlerin komşusu olmak, komşuların gözünde salihlerden olmak esastır. Değerli olan şeyler, peşinde koşturabilir, kendilerini arattırabilir. Değerlinin, ödenmesi gereken bir bedelinin olması normaldir.

Komşulukta da bir sıralama vardır. Komşu sorumluluğu, yakından uzağa doğru azalan bir sorumluluktur. Evi veya iş yeri en yakın olan, bir sonrakine göre daha çok ilgi alanımızdadır.

Komşulukta Din Ayrımı Yoktur

Evimizi, işimizi, herhangi bir nedenle bulunduğumuz yeri bir süre için dahi bizimle paylaşan kişi komşumuzdur.

İster Müslüman olsun ister kâfir; komşu, komşudur. Ancak, yakınlıkları aynı olursa şu sırayı gözetiriz:

1- Müslüman ve akraba olan komşu. (Akrabalarda ise önce kan bağı ile akraba olan, sonra da hısımlıktan akraba olan gelir.)

2- Akraba olmayan Müslüman komşu.

3- Müslüman olmayan komşu.

"Allah'a ve ahiret gününe iman eden, komşusuna eziyet etmesin." (Buharî, Edeb 31/6017)

Dikkat!

Şunlar komşuya eziyettir:

- Evinin, bürosunun mahremlerine bakmak,
- Geçiş koridorunu, yolunu daraltmak; menfaatine tek taraflı zarar vermek,
- Çevresini kirletmek,
- Evine, bürosuna giren çıkanı gözetlemek,
- Özel mülkünde izinsiz tasarrufta bulunmak,
- Bulaşıcı bir hastalığının bulaşıcılığına aldırmamak,
- Kendisinin veya çocuklarının, işinin gürültü ve ışık kirliliğine dikkat etmemek,
- Selamı kesmek, verebileceği hâlde borç vermemek,
- Hastalığı, cenazesi ile ilgilenmemek,
- İyilikte öncelik hakkını yok saymak,
- Bağışlanabilir ve sürekli olmayan hatalarını abartmak, onu bağışlamamak.

Kesin İstikametimiz: Sırat

Fani Dünyada Kısacık Bir Hayat

Tasasıyla, kederiyle, sevinciyle, neşesiyle, yazıyla, kışıyla, emellerden küçük ve sonu meçhul bir hayat... Ne gelirken ne de giderken bize sorulmadan önümüze konmuş bir hayat... Ağlayanı ile güleni aynı yerde yaşayan, altı ölülerle üstü dirilerle dolu bir dünya... Ne yalnızlığına dayanılır ne de kalabalığı çekilebilir bir dünya... Çiçekleri ve dikenleri ile imtihan için kurulmuş koca bir alan...

Vakti Geldiğinde Ertelenemez Ölüm

En büyük gerçek ölümdür. İstenmeyen, sevilmeyen ama gelen, ayrım yapmayan, her canlının çaresiz tadacağı acı... Ne öne alınabilir ne de ertelenebilir. Kim öldü ise onun kıyameti kopar. "Nerede olursanız olun, tahkim edilmiş yüksek kalelerde bile bulunsanız ölüm sizi bulur." (Nisa, 78)

Kıyamet Vaktine Kadar Kabirde Beklemek

Kabre konduktan sonra ruh, sorulan sorulara verdiği cevaplara göre ya İlliyyin'e ya da Siccîn'e gönderilir. Ruhlar orada yeniden diriltilme vaktine kadar bekletilir. Diriltilme gününde ise Allah'ın emri ile tekrar cesetlere girerler. Vücutlar ise kıyamet sabahına kadar kabirde bekler.

Önemli

Ahiret âlemine ait konular, bu dünya şartları ile ve beşerî mantıkla kavranmaya kalkışılırsa -Allah korusun- "iman" ile çelişen sonuçlara düşülebilir.

Birinci Sûr'a Üfürülmesi ve Kıyametin Kopması

Zamanını sadece Allah'ın bildiği bir günde İsrafil aleyhisselam Sûr adlı bir şeye üfürür. Bu konudaki ayetler şunlardır:

"Sûr'a üfürüldüğü gün -Allah'ın diledikleri bir yana- göklerde olanlar da korku içinde kalırlar. Hepsi Allah'a boyun eğmiş olarak gelirler." (Neml, 87)

"Gök, yarılıp Rabb'inin emrine boyun eğer; yer, uzatılır, içinde olanları atıp tamamen boşaltır ve Rabb'ine boyun eğer." (İnşikak, 1-4)

"Büyük bir gürültü koparır, o gün insanlar ateş etrafında çırpınıp dökülen pervaneler gibi olur, dağlar atılmış renkli yüne benzer." (Karia, 1-5)

"Tek bir çığlıkla hepsi bir düzlüğe dökülecekler." (Nâziat, 6-14)

"Sûr'a üfürüldüğü gün herkes bölük bölük gelecek, gökler kapı kapı açılacak, dağlar yürütülüp serap olacak." (Nebe, 18-20)

Sûr'a üfürülmesi, herkesin tekrar diriltilmesi ve ruhlarla bedenlerin tekrar birleştirilmesi ise Kur'an'da şöyle anlatılmaktadır:

"Gözleri dalgın dalgın, çekirgeler gibi yayılmış olarak, o çağırana koşarak kabirlerinden çıkarlar. Kâfirler 'Bu ne zorlu bir gün!' derler." (Kamer, 8-9)

"Kabirlerinden çabuk çabuk çıkacakları gün gözleri dönmüş, yüzlerini zillet bürümüş olarak sanki dikili taşlara doğru koşarlar. İşte! Bu, söz verilmiş olan gündür." (Mearic, 43-44)

Mahşer Meydanında Toplanma

Melekler, cinler, hayvanlar ve insanlar yeniden yaratıldıktan sonra bir meydanda toplanırlar. Bu toplanma yerine "mahşer" denir. Akıllı, deli, büyük, küçük, kadın, erkek, iyi, kötü herkes orada toplanır. Hayvanlar, hak-hukuk alınıp verildikten sonra toprak olup giderler. Kâfirler, onların bu durumunu görünce toprak olmayı dilerler. Ama fayda etmez.

Mahşer yerine herkes dünyada peşinden gittiği lideri ile gelir. Firavun, kendisini ayakta tutanların başında durur. Diğer tağutlar da adamları ile gelirler.

Sıcağın haddi hesabı olmayacak şekilde bunalttığı bir yer olan mahşerde ne kadar bekleneceğini sadece Allah bilir. İnsanlar bir an önce akıbetlerini görmeyi isterler. Mahkeme-i Kübra'nın kurulması istenir. Şefaatçi aranır. Peygamberler dolaşılır. O gün insanların gerçek önderlerinin peygamberler olduğu anlaşılmış olur. Peygamber aleyhisselam efendimizden başkası şefaate yanaşamaz.

"O gün kişi kardeşinden, annesinden, babasından, karısından ve oğullarından kaçar. O gün, herkes kendi derdine düşer. O gün birtakım yüzler aydınlıktır, gülmekte ve sevinmektedir. O gün, birtakım yüzler de tozlanmış ve onları karanlık bürümüştür. İşte, bunlar inkârcı olanlar, Allah'ın emrinden çıkanlardır." (Abese, 34-42)

O gün yedi sınıf insan hiçbir sıkıntı ile karşılaşmaz, Arş'ın gölgesinde gölgelenir. O yedi sınıf insan şunlardır:

1- Adaletle hükmeden bir sultan,

2- Allah'a ibadetle büyüyen genç,

3- Kalbi mescitlere kilitlenmiş insan,

4- Allah için birbirini seven ve O'nun için buluşup ayrılan iki mü'min,

5- Güzel ve mevki sahibi bir kadının zina teklifini "Ben Allah'tan korkarım." diyerek reddeden,

6- Sağ elinin verdiğini sol eli bilmeyecek şekilde gizli sadaka veren,

7- Yalnız bir yerde Allah'ı hatırlayıp göz yaşı akıtan.

Herkese Amel Defterinin Okutulması

Herkese, dünyada yaptığı işlerin hepsinin kayıtlı olduğu amel defteri verilir. Defterleri sağ tarafından verilen kimseler cennetlik bahtiyarlar, sol tarafından veya arkasından verilen kimseler ise cehennemlik bedbahtlar olacaklardır. Bahtiyarların hesabı ya çok basit geçecek veya onlar hiç hesaba çekilmeyecek, bedbahtlar ise çok çetin bir hesapla karşılaşacaklardır.

"...İşte, o vakit, kitabı (amel defteri) sağ eline verilmiş olan kimse der ki: 'Gelin kitabımı okuyun. Çünkü ben hesabıma ulaşacağımı (hesaba çekileceğimi) zannetmiştim!' Artık o hoşnut bir hayatta, yüksek bir Cennet'tedir." (Hakka, 19-22)

"Kitabı sol eline verilmiş olan ise der ki: 'Eyvah, keşke kitabım bana verilmeseydi. Hesabının da ne olduğunu bilmeseydim!'" (Hakka, 25-27)

İnsan, kendi amel defterinde hayatının bütün teferruatını görünce hayret edecek ve Kur'an'ın tabiriyle şöyle diyecektir:

"Eyvah bize, bu deftere ne olmuş, küçük-büyük bırakmayıp hepsini toplamış!" (Kehf, 49)

Mizanın kurulması ve amellerin tartılması hakkındaki ayette ise şöyle denmektedir:

"Kıyamet günü adalet terazileri koyacağız. Hiçbir kimseye hiçbir haksızlık yapılmaz. Hardal tanesi kadar bile olsa yapılanı ortaya koyarız. Hesap görenler olarak bizler yeteriz." (Enbiya, 47)

Sırat Köprüsünden Geçiş

Sırat, cehennemin üzerinde kurulu bir köprüdür. Kılıçtan keskin, kıldan incedir. Kaygandır, dikenlidir, kapkaranlıktır. Allah mü'minlere ve münafıklara bir nûr verir, onlar o nûr ile sırata gelirler. Münafıkların nûru söner ve cehenneme düşerler. İyisi ve kötüsü ile mü'minler kalır. Herkes onun üzerinden geçecektir. Kâfirler ise önceden cehenneme atılırlar.

Mü'minlere de dünyadaki amellerine göre nûr verilir. Kimininki çok, kimininki az olur. Dağ gibi bir nûr ile gelen olur. Cılız bir nûr ile gelen olur. Herkes nûru kadar bir süratle sırattan geçer.

Ahiret âleminin en zor olaylarından biri sırattır. Orada insan, kendisinden başka kimseyi düşünmeyecektir. Âişe radıyallahu anha validemiz, bir defasında Peygamber aleyhisselama kıyamet gününde ailesini hatırlayıp hatırlamayacağını sorduğunda şu cevabı vermiştir:

"Üç yerde kimse kimseyi hatırlamaz: Mizanda, amel defteri verilirken ve sıratta." (İbni Ebi Şeybe, 35409)

Melekler bile günahsız oldukları hâlde sırattan korkmuşlardır. Herkes imanına ve ameline göre bir hızla onun üzerinden geçer. Kimi şimşek hızıyla, kimi at hızıyla, kimi de sürünerek... Herkes ameline göre...

O günün dehşetinden kimse konuşamaz. Sadece Peygamber aleyhisselam efendimiz şöyle dua eder:

"Allah'ım! Selamet ver, selamet ver, selamet ver."

Sırattan ilk geçen ümmeti Muhammed ve onun başında da Resûlullah sallallahu aleyhi ve sellem olur.

Haramlar, riya, zulüm, zekâtı ihmal, namazlarda tembellik, emanete hıyanet, sılayı rahimi koparma, küçük günahlarda ısrar vb. nedenler sıratta çengellere takılmaya neden olan şeylerin başında gelir.

Kâmil bir imanın yanında o imanın gereklerini yerine getirmek, dara düşmüş bir mü'minin sıkıntısı ile ilgilenmek, Peygamber aleyhisselamın şefaatini hak edecek amellere sarılmak, küçük çocukların ölümüne sabretmek, kız çocuğu büyütmenin sıkıntılarına katlanmak, sadaka, Allah yolunda cihat, Allah korkusundan göz yaşı akıtmak vb. ameller de sırattan geçmeyi kolaylaştıran en önemli işlerdir.

Sırattan Cennete Geçmek veya Cehenneme Düşmek

"O gün erkek-kadın bütün mü'minlerden çıkan nûrun önleri ve sağ yanları yönünde ilerlediğini görürsün. Onlara 'Müjdeler olsun ki altlarından ırmaklar akan ve içlerinde sürekli kalacağınız cennetler sizi bekliyor. İşte, büyük başarı budur.' denir.

O gün erkek-kadın bütün münafıklar, mü'minlere 'Bize doğru bakın da yüzünüzün nûrundan ışık alalım.' derler. Fakat onlara 'Geldiğiniz yere dönün de nûru orada arayın.' diye seslenilir.

Bu sırada aralarına kapısı olan bir duvar çekilir. Bu duvarın gerisinde rahmet, dış tarafında azap vardır. Münafıklar, mü'minlere 'Dünyada sizinle birlikte değil miydik?' diye seslenirler. Mü'minler de onlara şöyle derler:

'Evet, birlikteydik. Fakat siz kendiniz eğri yola saptınız, hep komplo peşinde koştunuz, gerçeklerden kuşku duydunuz, asılsız kuruntulara kapıldınız, sonunda Allah'ın emri gelince öldünüz. O yaman ayartıcı (şeytan) sizi Allah'ın affediciliğine güvendirerek baştan çıkardı.'

Bugün ne sizden ve ne de kâfirlerden fidye kabul edilir. Varacağınız yer, cehennem ateşidir. Size orası yaraşır. Orası ne kötü bir yerdir!" (Hadid, 11-15)

İstasyondayız, Biletliyiz

Ne Günlere Geldik!

Tarla, arsa, ev, dükkân, diploma, tatil, iş... vb. değerler; uğruna çok şeylerin feda edilebildiği, yüzsuyu dökülen, gerekiyorsa münafıklığa bile katlanılabilen değerler oldu. "Üç günlük" denen dünya, ebedî kıymetlerimize denk oldu. Belki daha da kıymetli oldu. Artık dünya ve dünyalık peşinde yürümüyor, sanki yuvarlanıyoruz. Gülünç bulup ahlaklarından iğrendiğimiz kâfirlerin yaptığını yapıyor, yediğini yiyor, giydiğini giyebiliyoruz. Onların girdiği delik, keler deliği bile olsa peşlerinden giriyoruz.

Dünya, Allah'ın nazarında sivrisinek kanadından değersizken, bizim nazarımızda değil dünyanın kendisi, mobilyası bile kendi canımızdan daha değerli oldu. Faiz, zina, alkol gibi Allah'ın en büyük haramları, mübahlarla aynı raflarda dizilir oldu. Ne ar duyulacak şeylerden ar duyan kaldı ne de fazilet mücadelesi yapan kaldı.

Evler otelleşti; yatılıp kalkılan, ucuz yemek yenen yerler gibi oldu. Büyük-küçük, kadın-erkek, âlim-cahil, ahlaklı-ahlaksız, hayırlı-hayırsız denkleşti. Bütün iyi ve kötü değerler, ilim ve cehalet, fazilet ve rezalet, büyüklük ve küçüklük, paranın önünde denkleşti. İlim parayla ölçüldü, cehalet parayla kapatıldı. Ahlaksızın parası ahlaklının ahlakına muadil sayıldı. Daha da vahimi, bu gidişatı iyi ve kötü herkes gözleri ile seyrettiği hâlde bir şey yokmuş gibi davranıyor. Herkes şikâyet ediyor. Şikâyet eden ve şikâyet edilen aynı koltukta oturuyor, bazen aynı mescitte namaz kılıyor. İslam'a ait değerler, Müslümanlığın şiarı olarak bilinen özellikler, kimse için referans değil artık. Belki de suiistimal göstergesi.

Dünyayı peşlerinden sürüklemiş büyük insanlar, Ebu Bekirler, Ömerler, Salahaddinler tarihin küflü sayfalarında kaldı. Onlara ait hatıralar küçüklere masal oldu. Kur'an; ölülere okunan, doktordan ümidi kesilmişlere tavsiye edilen kitap hâline geldi. Kur'an, kime ne diyor, öncekiler onu nasıl okudu, onunla nasıl amel etti? Ne dert eden var ne de araştıran! Varsa, yoksa para, iş, aş, ev, emeklilik, sosyal hak... Dünya, dünya, dünya!

Nübüvvet Gözüyle Hastalığa Teşhis

Sevban radıyallahu anhın rivayet ettiğine göre Resûlullah sallallahu aleyhi ve sellem efendimiz şöyle buyurdular:

"Oburların sofraya üşüştüğü gibi milletlerin sizin üzerinize üşüşeceği gün vardır! Biri dedi ki:

"O gün azınlık olacağımızdan dolayı mı?" Buyurdular ki:

"Bilakis o gün siz çok olacaksınız ancak suyun üzerindeki çer çöp gibi. Allah, düşmanlarınızın göğsünden size karşı saygınlığı çekip alacak! Ve Allah sizin kalbinize vehn atacak!"

"Vehn nedir ya Resûlellah?" dediler. Buyurdular ki:

"Dünya sevgisi ve ölümden nefrettir!" (Ebu Davud, Melahim 5/4297)

Dünyevileşme Hastalığı Nasıl Belirginleşiyor?

Obur Sofraları

Bedenlerimizin ihtiyacını giderip yaşamak ve kulluk yapmak için yiyip içmemiz gerekirken zevk için hatta gösteriş için yiyip içmeye başladık. Hastalıkların en önemli nedenlerinin başında yemek geldi. Yiyecekler dert oldu. Midelerimiz çürüdü. Açlıktan korkan insanoğlu, yemek bolluğundan ötürü helak olacak. Kilo vermek, zayıflamak hemen her ailede bulunan yaygın bir dert hâline geldi.

Giyim Kuşam Abartıldı

Örtünmek, avretimizi gizlemek için giyiniyorduk. Şimdi ise bizi görenlerin gözlerini okşamak, beğenilmek için giyiniyoruz. Biz giyiniyoruz; arabalarımızı, duvarlarımızı giydiriyoruz. İhtiyacımıza, bedenimize ve zevkimize göre giyinmek yerine modaya göre, bize uysa da uymasa da başkalarının beğenisine göre giyiniyoruz.

Dört Tekerli Olduk

Araba ne büyük bir nimet! Üzerine binilip ulaşımımızı sağlasa ne güzeldi! Ne güzel bir nimetti bize binip gezmeseydi! Biz ona binecektik, o bize bindi. Çocuğumuzdan, canımızdan tatlı oldu.

Ev, Bina Yarışı

Başımızı sokup bizi sıcaktan, soğuktan koruyacak üç günlük misafirhane lazımdı bize. O niyetle şehirlere geldik. Şimdi evler bizi aldı. Biz evlerin olduk. Taksitleri, masrafları, debdebesi, iç tefrişatı, mobilyası tam bir esarete dönüştü. Evlerle evlendik. Hâlbuki bina yarışı, kıyamet alametlerindendi. Öyle inanmıştık.

Nasırsız Ellerimiz Var

Ağır işe, erken uyanmaya, az yemeye, az konuşmaya, yüke tahammülümüz kalmadı. Tarlada çalışmak, elinin emeğini yemek, merdiven çıkmak, yol yürümek, pişirip yemek, soğan soymak, kirlettiğin tabağı yıkamak "zor" işlerden oldu. Kremli ellerin, nasırsız ayakların, terlememiş yüzlerin sahibi olduk. Rahatımıza tapınır olduk.

Ziynetlere Boğulduk

Helali ile haramını, gerekli olanı ile gereksizini, uygun olanı ile uygun olmayanını karıştırdık. Süs ve dekor için ne satılıyorsa onu alır olduk. Güzel olsun, çirkin olsun önemli değil yeter ki reklamı yapılmış olsun!

Dipsiz Kovaları Dolduruyoruz

Büyük bir mal biriktirme aşkına tutulduk. "Haramdır.", "Mübahtır." demeden, nereden geldiğine bakmadan bir yandan topluyor, bir yandan da tüketiyoruz. "Ne kadar tüketirsen o kadar onurlu sayılıyorsun." gibi algıladık tüketmeyi. Ticaret için kurulu merkezler "ticaret ve eğlence" merkezi olarak anıldı. Eskimeden attığımız, bitmeden çöpe koyduklarımız israf kelimesine bile sığmayacak hâle geldi.

Vakit ve Beyinler Heder Edildi

Eğlenmeye ayırdığımız zaman dilimi büyüdü. Kimi zaman dinlenme adı altında kimi zaman da başka adlarla çalıştığımız ve yorulduğumuzdan fazla dinlenme ve eğlenme hakkı gördük kendimizde. Küçük şeylerle ilgilenen büyük kalıplı insanlar çoğaldı. Ömrümüz en değersiz eşya gibi kolay harcanır oldu.

Kendini Beğenmişlik Ur Gibi Yayıldı

Ölçü; mal, şöhret ve makam olunca elinde bunlardan biri olan kendini beğendi. Gizli kibir yayıldı.

Zayıflar Kimsesiz Kaldı

Gariplerin sahibi, elinden tutanı olmadı. Eğer bir zavallı ile ilgilenilecekse o da kameralar önünde oldu. Duası makbul insanların sözü makbul olmadı.

Kör Taklit

"Ne derler acaba?"ya "Allah ne diyecek?"ten çok değer verdik. Sanki bizim gibi fani olan kullar, bizim hesabımızı tutuyor gibi bir tavır içine girdik. Allah'tan çok, kullarından utandık. Toplantılarına, düğünlerine gitmemek insanların ayıplamasına neden olur diye endişe ettik ama "Camiye gitmemek, Allah'ın gazabına neden olur!" diyemedik.

Yalana Yalanlar Söylendi

En büyük günahlardan olan yalan, heybetini yitirdi. "Orta, kötü, zararsız yalan" üretildi. Yalan dünya, yalancı yaptı.

Kılıf Ustasıyız

Müzik için engel çıkınca hoşumuza giden müziğe "İslami, tasavvuf müziği" dedik, o da helal oldu. Zevklerimizi, giyinme hobimizi "gelenek ve kültür"ün içine koyduk, o da mübah oldu. Giydir bir kılıf, kılıfı da içi de senin olsun!

İbadetler Şova Dönüştü

Cihat orduları uğurlanır gibi hacı uğurlamaları, flamalaştırılmış sadakalar, kameraların önünde ibadetler...

"İyi Fetva"

Bize uygun veya bize uydurulmuş bir din için âlimler arasında mekik dokuduk. Hangisinin "bizim şartlarımız"a daha elverişli bir fetva verebileceğini araştırdık. İstedik ki ne din gitsin ne de dünya. Hem istediğimiz gibi yaşayalım hem de ahiret garanti olsun. Biz dine gidemiyorsak din bize gelsin. Bu tavrımız, aynı hastalığı başka türleri ile yaşayan okumuşlarımızın "ilim ve takva"larını etkiledi. Fiyatına göre fetvalar bulundu. Adamına göre, zamanına/köyüne/kasabasına göre fetvalar icat edildi.

> Osman bin Affan radıyallahu anh diyor ki:
> "Allah, dünyayı onunla ahireti kazanasınız diye verdi. Ona tapınasınız diye vermedi. Dünya gidici, ahiret kalıcıdır. Gidici olan sizi meşgul edip kalıcı olandan alıkoymasın. Siz kalıcı olanı gidici olana tercih edin. Dünyanın sonu var. Varış Allah'adır."

Neden Acaba?

En büyük neden, uzun emeller ve ölümü yok saymaktır. Hiç ölmeyecekmiş gibi yaşamaktır. Kör taklit, sürüden ayrılmaktan korkmak da işin cabası oldu. Hayatın gerekleri ile kulluk arasında denge kuramamak tuz biber oldu. Bir imtihan olarak bollaşan mal ve servet, peşinden sürükledi. Eğitim, Kur'an ve Sünnet eksenli olmayınca da çizgi büyüdü. Şehvetler gözleri perdeledi. Ana-baba, hak hukuk çiğnendi.

Denge Şart!

Hedef elbette dünyadan el etek çekmek değildir. Dünyayı, iman etmeyenlerin tasallutunda bırakıp ibadete çekilemeyiz. Bizim dünyayı imar etmemiz de kulluk dairemiz içinde kalır. Şu kadar ki dünyayı imar etmekle dünyanın esiri olmak arasında beyaz ve siyah kadar fark vardır. Zengin olmanın bile sınırı yoktur. Bir mü'min, dilediği kadar zengin olabilir. Dilediği kadar mal, mü'mine helaldir. Yeter ki elde edilme yolları helal olsun ve o mal Allah'a kulluktan, insani kimlikten tavize neden olmasın, o kadar. Kınanan şey mal edinmek, dünyalık sahibi olmak değil mala ve dünyaya esir olmaktır.

Ömer bin Hattab radıyallahu anh diyor ki:
"Her hoşuna gideni yemen, israf olarak yeter!"

Ashaptan yamalı giyinenler de vardı büyük serveti olanlar da. İki grup da aynı safta namaz kılıyor, birbirlerinden uzak kalmıyorlardı. "Allah'ın elindekini senin elindekinden daha değerli ve güvenli" gördükçe mal ve dünya tehlikeli değildir.

Sürüklenme ve Dünyevileşme Süreci

1- Yaşamak hatta kulluk için mal gerekli. Bu gerekçe esasen doğrudur. İmtihan da zaten burada başlıyor.

2- Önce mal edinme ihtiyacı benimsenirken kısa bir sürede bu ihtiyaç hırsa dönüşüyor. Sakınca yok. Çizgiler bellidir.

3- Şüpheli işler burun gösteriyor. Haramlar helallere sızıyor. Tehlike uyarıları başladı. Kulluk sınavı ağırlaştı.

4- Cimrilik ortaya çıkıyor. Mal sahibi, parasını değil çevresine, hak sahiplerine, kendisine bile harcamıyor. Yara kanamaya başladı. Mikrop ürüyor.

5- Kazanmaya hile karıştı. Yara kaşınıyor, yayılıyor.

6- Mal için imandan, ahlaktan, insanlıktan taviz başlıyor. Şeytanın aradığı ortam oluştu.

7- Gelecek endişesi büyüyor. Tehlike hayâlleri kuruluyor. Rızkı Allah değil de kul takdir etmiş gibi bir endişe var. Hastalık masaya yatırdı.

8- Dünya, kula hâkimdir. İş bitti!

Nasıl Bir Zenginlik?

- Ölümü unutturmayan,
- Namaz, zikir, Kur'an tilaveti ve cihadı erteletmeyen,
- Sadakası verilen ve infakı yapılan,
- Sılayı rahimi koparmayan,
- İman kardeşliğini zedelemeyen, cemaatten koparmayan,
- Obur sofrasına oturtmayan

Zenginlik ve dünya zararlı değildir. Bilakis gereklidir de.

Okusunlar ve Düşünsünler Diye Allah, Kullarına Dedi ki...

"Bu dünya hayatı, oyundan ve eğlenceden başka bir şey değildir. Asıl hayat, ahiret yurdundaki hayattır. Kâfirler keşke bunun bilincine varsalardı." (Ankebut, 64)

"Dünya hayatı şuna benzer: Biz gökten su yağdırdık, su sayesinde yörenin çeşitli bitkileri birbirine karıştı, insanların yiyeceği bitkiler ile hayvanların yiyeceği bitkiler iç içe girdi. Sonunda bu yöre süsünü takındı, alabildiğine güzelleşti, yöre halkı da bu ürünleri artık ellerine geçirilmiş sayıyorlardı.

Derken bir gece ya da gündüz sırasında, yok etmeye ilişkin emrimiz o yöreye geldi de orayı biçilmiş, çıplak bir arazi parçasına dönüştürdük. Sanki bir gün önceki yeşillikle meyveli yer, orası değilmiş gibi oldu. İşte, Biz düşünen kimselere ayetlerimizi böylesine ayrıntılı biçimde açıklarız." (Yunus, 24)

"Ey İnsanlar! Allah'ın verdiği söz şüphesiz gerçektir, dünya hayatı sizi aldatmasın. Allah'ın affına güvendirerek şeytan sizi ayartmasın." (Fatır, 5)

"Mal ve evlatlar dünya hayatının süsüdür. Kalıcı iyilikler ise Rabb'in katında sevap kazandırma bakımından daha yararlı ve umut kaynağı olmaya daha layıktır." (Kehf, 46)

"Mal ve evlat çoğaltma yarışı sizi oyaladı. Nihayet kabirleri ziyaret ettiniz. Hayır, yakında bileceksiniz. Yine hayır, yakında bileceksiniz. Hayır, gerçeği kesin bilgi ile bilseydiniz! Andolsun ki cehennemi göreceksiniz. Andolsun ki onu gözünüzle kesin olarak göreceksiniz. Sonra o gün, size verilmiş olan her nimetten sorguya çekileceksiniz." (Tekasür, 1-8)

Peygamber'imiz, Efendi'miz Buyurdular ki...

"Dünya ve dünyadakiler lanetlidir. Allah'ı zikr etmek ve zikirle ilgili olan, âlim ve öğrenen hariç!" (Tirmizî, Zühd 14/2322)

"Dünyanın Allah katında sivrisinek kanadı kadar değeri olsaydı ondan kâfire bir yudum su içirmezdi." (Tirmizî, Zühd 13/2320)

"Müjde edin. Umutlu olun. Vallahi sizin için fakirlikten korkmuyorum. Ama sizden öncekilere açıldığı gibi dünyanın size açılmasından korkuyorum. Onların yarıştığı gibi siz de dünya için yarışırsanız onların helak olduğu gibi siz de helak olursunuz." (Buharî, Meğazi 12/4015)

"Dünya yeşildir, tatlıdır. Allah size onu verecek ve ne yapacağınıza bakacak. Dünyadan sakının. Kadınlardan sakının." (Müslim, Zikr 26/2742)

Notlar

Notlar

Notlar

Notlar

Notlar

Notlar